作者简介

屈广清 男，1963年8月生，教授，法学博士，博士研究生导师。现在福建江夏学院工作，兼任中国国际私法学会副会长、福建省国际法学会会长等职。

万象学术文库

屈广清◎著

海事法律冲突与法律适用研究

Reserch on the Conflict and Application of Maritime Law

中国书籍出版社
China Book Press

图书在版编目（CIP）数据

海事法律冲突与法律适用研究/屈广清著. —北京：
中国书籍出版社，2015.3
ISBN 978－7－5068－4738－4

Ⅰ.①海…　Ⅱ.①屈…　Ⅲ.①海商法—研究　Ⅳ.①D996.19

中国版本图书馆 CIP 数据核字（2015）第 021281 号

海事法律冲突与法律适用研究

屈广清　著

责任编辑	张翠萍　毕　磊
责任印制	孙马飞　马　芝
封面设计	中联华文
出版发行	中国书籍出版社
地　　址	北京市丰台区三路居路 97 号（邮编：100073）
电　　话	（010）52257143（总编室）　（010）52257153（发行部）
电子邮箱	chinabp@ vip. sina. com
经　　销	全国新华书店
印　　刷	北京彩虹伟业印刷有限公司
开　　本	710 毫米×1000 毫米　1/16
字　　数	286 千字
印　　张	16.5
版　　次	2015 年 4 月第 1 版　2015 年 4 月第 1 次印刷
书　　号	ISBN 978－7－5068－4738－4
定　　价	68.00 元

版权所有　翻印必究

真想解除一国的内忧应该依靠良好的立法,不能依靠偶然的机会。

——[古希腊]亚里士多德

目 录
CONTENTS

第一章 概 述 ··· 1
 第一节 海事国际私法之调整方法 1
 第二节 海事国际私法之渊源与当代发展 17

第二章 海事物权之研究 ··· 54
 第一节 船舶所有权 56
 第二节 船舶抵押权 61
 第三节 船舶优先权 67
 第四节 船舶留置权 74
 第五节 其他船舶物权 78

第三章 海事合同之研究 ··· 91
 第一节 海上货物运输合同 91
 第二节 海上保险合同 113

第四章 海事侵权之研究 ··· 125
 第一节 船舶碰撞 126
 第二节 船舶油污 134
 第三节 海上人身伤亡 142
 第四节 其他海事侵权 154

第五章　海难救助与共同海损之研究 …………………… **166**
　　第一节　海难救助　167
　　第二节　共同海损　187

第六章　涉外海事赔偿责任限制之研究 …………………… **197**
　　第一节　法律冲突　197
　　第二节　法律适用　213

第七章　《民事法律适用法》后我国海事国际私法的实践、问题与对策 …… **226**
　　第一节　《民事法律适用法》后我国海事国际私法的实践　226
　　第二节　《民事法律适用法》后我国海事国际私法的问题与对策　241

后　记 ……………………………………………………… **254**

第一章

概 述

人之个性的差异,人的活动的多样性,人类事务无止境的变化,使得人们无论拥有什么技术都无法制定出在任何时候都可以绝对适用于各种问题的规则。①

——[古希腊]柏拉图

第一节 海事国际私法之调整方法

罗马皇帝安多尼斯(Emperor Antoncus)曾说:"朕统治陆地,统治海洋者为罗地海法。"②安多尼斯皇帝的回答后来被化为"朕为陆上之王,海商法乃海上之王"。笔者认为,海商法乃海上之王,那么调整各国海上之王海商法的海事国际私法就是"王中之王"。

国际私法是解决私法之间法律冲突与法律适用问题的一个部门法,其调整对象是含有涉外因素的民商事法律关系(civil and commercial legal relations involving foreign elements),或称涉外民商事法律关系,或称国际民商事法律关系,或称跨国民商事法律关系,或称国际私法关系,也有学者称之为含有国际因素的民商事法

---

① 参见《法律名人名言》,http://www.newxue.com/mingyan/12773508085299.html,2012年11月5日访问。
② William Tetley. The General Maritime Law – The Lex Maritime[J]. 20 Syracuse J. Int'l L. &Com. 1994: 109.

律关系。① 国际私法包括民事关系和商事关系,民事国际私法即调整含有涉外因素的民事法律关系的法律部门。商事国际私法即调整含有涉外因素的商事法律关系的法律部门。我国商事领域比较广泛,包括保险、破产、民用航空、票据、证券、银行、合伙和公司等领域,而从另外角度又可以分为涉海商事领域、涉陆商事领域和涉空商事领域,可分别表述为商事国际私法涉海篇、涉陆篇、涉空篇,或海上篇、陆上篇、航空篇等。关于民事国际私法,我国2010年已经通过《中华人民共和国涉外民事关系法律适用法》单行法,没有包括商事领域的法律适用问题,关于商事国际私法,也亟待制定一部《中华人民共和国涉外商事关系法律适用法》单行法,这样国际私法的内容才是完整的。但商事领域情况复杂,需要针对具体领域一一研究,如涉海商事领域、涉陆商事领域和涉空商事领域宜分别制定各自的法律适用法,甚至单行法,然后共同构成《中华人民共和国涉外商事关系法律适用法》。涉海商事领域的国际私法即涉外海事关系法律适用法,其调整对象是涉外海事关系,调整涉外海事关系的具体方法如下:

一、涉外海事关系法律适用法的一般调整方法

(一)间接调整方法

所谓间接调整方法,是指在解决涉外民商事关系中的法律适用冲突问题时,通过冲突规范指出调整该国际民商事关系中当事人的权利义务应适用的法律,而并不直接规定当事人的权利义务关系。例如,世界成文法史上最早的冲突规范是我国唐朝公元652年完成的《唐律疏仪》中的规定:"诸化外人,同类自相犯者,各依本俗法;异类相犯者,以法律论。"②但是,这是当时伴随唐朝与各国国际经济文化交往的增多,对涉外刑法的补充规定。"因为唐律中所谓'债'(责)的含义较为狭窄,主要指负财、欠钱而言。凡是不法行为对他人造成损害,可以请求'备(赔)偿',但侵犯他人自由和名誉,尚无赔偿的规定。所以,唐时契约是债发生的重要依据。为了保证债务契约的履行,对于违契不偿者处以刑罚"③。因此,唐时无侵权民事责任发生,更不用说涉外侵权能产生民事责任,调整其内容的只是刑法。14世纪意大利法则区别说代表人物巴托鲁斯在其学说中也提出了许多重要的冲

---

① 韩德培主编:《国际私法》,高等教育出版社、北京大学出版社2000年版,第1页。
② [唐]长孙无忌等撰:《唐律疏仪》,中华书局1983年版,第133页。
③ 张晋藩著:《中华法制文明的演变》,中国政法大学出版社1999年版,第287页。

突规范。现代国家的国际私法立法及国际统一实体法中更是有着大量的冲突规范。如我国《海商法》第270条规定:"船舶所有权的取得、转让和消灭,适用船旗国法律。"通过间接调整方法确定某个民商事关系中当事人的权利义务,必须通过两个步骤:第一步,对某个民商事关系进行定性,并借用冲突规范确定该民商事关系的准据法;第二步,以该民商事案件的事实为根据,以确定的准据法为准绳,具体确定当事人间的权利义务。

从国家主权观念看,"立法权本身是国家制度的一部分,国家制度是立法权的前提"①。这样,国家制度的不同就会导致冲突规范在各国之间的差别,有时甚至差别颇大。其结果必然是,在不同国家诉讼,对案件定性和适用的冲突规范不同,确定的准据法就会不同,最终确定的当事人间的权利义务就必然不同。这种立法状况不但使法律冲突未能有效解决,而且还助长了当事人择地诉讼的做法。在这种情形下,19世纪中叶经意大利国际法学者孟西尼及后来荷兰国际法学者阿瑟等人的倡导,国际社会出现了统一冲突规范的局面。这样,统一冲突法在缔约国之间就消解了以前各国制订冲突规范所产生的弊端。因此,统一冲突法的活动颇受欢迎。但是仔细分析就会发现,经过统一冲突规范所指引的法律仍然只是各国的国内法,而该国内法在制订时显然只考虑了各国的利益和政策,并未考虑国际民商事关系的实际情况,所以这种统一冲突法并不一定能公正地解决国际民商事关系问题。在此情况下,从19世纪末,人们便开始寻找能从根本上避免法律冲突的方法,这样,调整国际民商事关系的直接调整方法就产生了。

(二)直接调整方法

所谓直接调整方法,是指在解决国际民商事关系中的问题时,直接依据国际统一实体法(条约和国际惯例等)确定当事人间的权利义务。"国际统一实体法,又称国际统一实体私法(private international uniform substantive law),是调整平等主体之间的国际民商事法律关系的统一实体法律规范的总和,或者说是调整国际私法关系的统一实体法律规范的总和"②。由于适用国际统一实体法规范避免了在国际民商事交往中可能发生的法律冲突,因此有人将其称为"避免法律冲突的规范",而将冲突规范称为"解决法律冲突的规范"。实际上,我们可以形象地把国

---

① [德]黑格尔著:《法哲学原理》,范扬、张企泰译,商务印书馆2013年版,第315页。
② 黄进主编:《国际私法》,法律出版社1999年版,第517页。

际统一实体法方法称为"预防法",把冲突法方法称为"临床法"。

1883年,法国、比利时和巴西等几个国家在法国首都巴黎签订了《保护工业产权的巴黎公约》,这标志着现代意义上的国际统一实体法的诞生。

直接调整方法的出现有其理论的基础。康德认为:"如果任何一个个人按照他与别人相反的观点去决定一切事情,那么,他就可能经常对别人做出不公正的事情。但是,如果由大家决定,并颁布作为他们自己的法律,就绝不会发生这种事情。俗话说:'自己不会伤害自己'。"①如果直接调整方法按照这一思路发展,广泛吸收世界范围内的"大家"决定事情并颁布法律,不"对别人做出不公正的事情",其生命力肯定会越来越旺盛。

(三)从司法管辖权的划分来解决法律冲突的方法

从历史的角度看,调整国际民商事关系的方法除上述间接调整方法和直接调整方法外,还有一种从司法管辖权的划分来解决法律冲突的方法。早在13世纪初,意大利各城邦之间,以及意大利与叙利亚、阿拉伯、西班牙和南法国之间的商业交往需要有法律规范来调整可适用的法律制度问题。起初似乎所有的法官都局限于适用其自己城邦的法律。这种做法……部分地因为当事人选择法官就默示选择其法律制度的观念而被认为是正当的。由于城邦间缔结的众多条约并不涉及法律选择问题,所以,首要的问题不是准据法问题,而是确定法官的管辖权问题。国际私法的真正问题是在注释法学派的著作中提出来的。根据纽迈耶(Neumeyer)的仔细研究,第一个提出这个问题的是地方法官阿德瑞科斯,他于12世纪末讨论了这个问题。② 在英国,"对英国法院有管辖权的许多情形下,它将适用其内国法。在国际海上货物运输合同中,管辖权条款或者仲裁条款往往规定当事人同意把合同项下的争议交由某国法院或者某一仲裁机构仲裁等事项。但在普通法下,货物运输合同中管辖权条款或者仲裁条款的存在,被认为是默示选择法院或者仲裁机构所在地法的强有力的指示,因为可能合同双方想让法官或者仲裁员适用他们最熟悉的法律"③。

---

① [德]康德:《法的形而上学原理》,沈叔平译,商务印书馆2012年版,第139页。
② 参见 Martin Wolff, *Private International Law*, Oxford University Press, 1945, p22.
③ 王国华:《论国际海上货物运输合同的法律选择》,载《海商法研究》1999年第1辑,第140页。

二、涉外海事关系法律适用法的特殊调整方法

(一)涉外民事关系法律适用法领域的强制性规范

在涉外民事关系法律适用法领域,随着西欧"福利国家"的兴起,国家干预行为日渐渗透到社会经济生活的各个领域,强制性规范在国际民商事案件中被频繁运用,于是催生出涉外民事关系法律适用法领域的"直接适用的法"的理论,即一国为了维护其在政治、经济、社会、文化等领域的重大公共利益,在涉外民商事法律关系中,无须援引适用多边冲突规范,而直接适用该国国际民商事法律中的实体强制性规范。这种强制性规范在涉外海事关系法律适用法领域更是大量存在,构成涉外海事关系法律适用法的特殊调整方法。①

值得注意的是,直接适用的法已经在许多国家的立法和国际公约中得到规定及在司法实践中得到应用。在我国,直接适用的法的概念在1984年被引入以后,理论界对之进行了热烈、深入的研究,遗憾的是至今还没有形成统一的认识与看法。② 实践中也产生了较多的案例。③

(二)涉外海事关系法律适用法领域的强制性规范

在19世纪中叶美国法院所审理的一系列涉及海上货物运输法强制性体制的诸多判例中,以Liverpool & Great West Steam Co.案为里程碑,奠定了海上货物运输法强制性法制的基础。从海商法的不同历史发展阶段来看,其所具有和维系的强制性规范体制是一贯性的,只是在范围和程度方面有所不同而已。正如William Tetley将"公共政策""适航""共同风险""因果关系"以及"公平"一起视为海商法的基本主题之一。认为:"在国家干预私法和私人生活的当今世界,私人合同比如提单、运货单、租船合同、船票、救助协议和拖航合同等,所有这些都在各种程

---

① "强制性法律"的概念早在德国法学家萨维尼的国际私法学说中就被提出来了。希腊裔法国国际私法学家福勒·弗朗西斯卡基斯于1958年在《反致理论和国际私法的体系冲突》一文中,首次提出了直接适用的法律这一概念,并对其作用进行了具体说明。

② 我国关于直接适用的法的名称,还有"警察法""自我限定的法""空间上有条件的法""积极的公共秩序"等称谓。参见朱丛琳《直接适用的法在中国的发展简评》,载《黑河学刊》2012年第5期,第90页。

③ 在《中华人民共和国涉外民事关系法律适用法》生效之前,我国法院判决适用我国国内法中强制性的规定,理由有的是"适用外国法会违反我国内地的公共政策",有的理由是"规避我国强制性规定法律无效"。参见万鄂湘主编《中华人民共和国涉外民事关系法律适用法条文理解与适用》,中国法制出版社2011年版,第37-42页。

度上以服从公共秩序的默示条件为前提,同时,还要遵守与船舶和船员安全以及环境保护相关的各种强制性的规定。任何关于海运的研究都必须要意识到这一点。"①

涉外海事关系法律适用法领域直接适用的法通常由两类规范组成,即自我定位的空间适用规范和实体性规范。

所谓自我定位的空间适用规范,是指根据法律本身的性质和所体现的政策、目的,规定自己适用范围的规范。如法国1926年颁布的《海上劳动法典》第5条规定:"本法适用于一切在法国船舶上完成劳动的雇佣合同。它不适用于在法国领域内订立、而旨在外国船舶上履行的雇佣合同。"又如美国1999年《海上货物运输法(草案)》第3条第1款规定:"本法适用于涉及至或远离美国的任何运输合同。"《中华人民共和国国际海运条例》第2条规定:"本条例适用于进出中华人民共和国港口的国际海上运输经营活动以及与国际海上运输相关的辅助性经营活动。前款所称与国际海上运输相关的辅助性经营活动,包括本条例分别规定的国际船舶代理、国际船舶管理、国际海运货物装卸、国际海运货物仓储、国际海运集装箱站和堆场等业务。"根据该条例,进出我国港口的国际海上运输经营活动必须适用该条例的规定。上述规定都具有同样的特点,即明确地规定、限定自身的适用范围。

所谓实体性规范是指海事立法涉及海事海商法的各个领域,包括船舶、船员、海上运输、海上救助、船舶碰撞、责任限制、船舶扣押、船舶优先权以及船舶抵押权等各个方面的具有强制性的实体法规范。例如:1924年《海牙规则》第3条第8款规定:"运输合同中的任何条款或协议,凡是解除承运人按该规则规定的责任或义务,或以不同于该规则的规定减轻这种责任或义务的,一律无效。有利于承运人的保险利益或类似的条款,应视为属于免除承运人责任的条款。"

我国《海商法》第44条规定:"海上货物运输合同和作为合同凭证的提单或者其他运输单证中的条款,违反本章规定的,无效。"此法条虽为强制性规则,但由此推论出《海商法》也是强制适用于所有进出口中国的提单则是不无疑问的。根据我国《海商法》第269条的规定,对海上货物运输关系适用意思自治和最密切联系原则。据此,进出我国港口的海上货物运输合同的当事人可以按照意思自治原则选择适用的法律;没有选择法律的,则适用最密切联系的原则。针对提单运输,也

---

① [加]威廉·台特雷著:《国际海商法》,张永坚等译,法律出版社2005年版,第46页。

应是准用《海商法》269条的相关规定的。因此,我国《海商法》第44条尚不能认为是涉外海事关系法律适用法领域中的涉外强制性规范,仅应认为是面向国内的运输合同和提单而作的强制性规则。

针对实务中对该问题的理解争议,2012年7月18日,最高人民法院审判委员会委员、民事审判第四庭庭长刘贵祥在全国海事审判工作会议上的总结讲话中对《海商法》第四章不属于《法律适用法》第四条规定的"强制性规定"予以了明确说明:"有的法院对于如何理解《法律适用法》第4条有关强制性规定提出了疑问。有种观点认为《海商法》第4章属于《法律适用法》第4条规定的'强制性规定',并认为在审理海上货物运输合同纠纷时,应当直接适用《海商法》而排除外国法的适用,这种理解是不准确的。该条中的'强制性规定',一般是指我国法律中明确规定某类涉外民事法律关系应直接适用我国某法律规定,不允许当事人选择,当事人不能通过约定排除适用,法院在审理案件过程中也不必通过冲突规范的指引而予以直接适用的法律。国内法中以'不得'、'必须'体现的禁止性、强行性规范,并非必然是上述'强制性规定'。这里的'强制性规定',主要是体现国家利益和公共利益、公共卫生、金融与经济安全、国家安全的法律条款。《海商法》第4章并不属于该条规定中所指的'强制性规定'。当事人可以在合同中约定海上货物运输合同适用的某一国际公约或者某国法律等准据法。我们检索《海商法》的全部条文,初步认为整个《海商法》中并没有《法律适用法》第4条规定的'强制性规定'。今后,如果各级法院在适用《海商法》时,认为《海商法》中有该'强制性规定'的,请逐级报告请示最高人民法院研究认定。"①

一般认为,如果是法院地国的强制性规定,则无论情况如何都可以得到适用。1980年的《罗马公约》第7条第2款规定:"本公约任何条款不得限制法院地法强制性规则的适用,不论合同适用什么法律。"

在实践中,如果外国强制性规则是可适用的外国准据法的组成部分,其应该得到适用。然而迄今为止,英国、法国、加拿大法院对适用外国的强制性规则,还有保留,即使该外国强制性规则是准据法必不可少的组成部分。②

---

① 最高人民法院审判委员会委员民事审判第四庭庭长刘贵祥2012年7月18日《在全国海事审判工作会议上的总结讲话》,http://www.court.gov.cn/spyw/mssp/201212/t20121226_181432.htm,2012年12月18日访问。
② [加]威廉·泰特雷著:《国际冲突法:普通法、大陆法及海事法》,刘兴莉译,法律出版社2003年版,第81页。

在涉外海事关系法律适用法的实践过程中,适用第三国强制性规范的情况比较少见。值得一提的是著名的"阿尔纳迪"案(Alnati case)。该案中,荷兰轮船"阿尔纳迪号"从比利时港口载着一批马铃薯运往巴西。马铃薯运到目的地时已经腐烂。这就产生了关于承运人责任的诉讼。相关提单中规定:本运输合同受荷兰法律支配,但本提单已有规定的除外。比利时有关法律规定:凡是从比利时港口出发或进入比利时港口的船舶所签发的提单,均受比利时提单规则的支配。此时,法院就面临着如何确定支配该运输合同的法律的问题。最终,荷兰法院于1966年做出判决。在该案中荷兰高等法院表达了这样的观点:对于此处讨论的这种合同,对于某一外国而言,在其域外适用其法律规定具有如此重大的利益,因而荷兰法院也应该对其加以考虑,并应当优先适用这些法规,而排除当事人选择的其他国家的法律;但本案中比利时上诉法院所适用的比利时法律不具有这种性质,因此荷兰法院没有义务优先适用该法律规定而排除当事人所选择的荷兰法律。可见在该判例中,荷兰法院认可了对第三国"直接适用的法"的适用,只不过因为比利时的法律不具有"直接适用的法"的性质而没有适用。值得注意的是,适用第三国"直接适用的法"并不是随意而为的,而是必须要求满足一定条件的,如要求该案件与第三国存在最密切联系、非常密切联系、最密切联系等。如1980年的《罗马公约》第7条第1款规定:"在依照本公约适用某国法律时,若情况与另一国家有密切联系,而且如果该国法律规定,无论合同适用什么法律,这些强制性规则都必须予以适用,则可以适用该国法律的强制性规则。"

《瑞士联邦国际私法》第19条规定:"当合法利益需要予以保护,并且显然诉讼与某一外国法律有着非常密切的联系,有必要适用该项法律时,根据法律的立法宗旨和法官的自由裁量权,可不适用本法指定的法律而适用该法律。"

(三)关于我国涉外海事关系法律适用法领域强制性规范的立法建议

1. 借鉴国外相关理论与法律规定

国外不少学者对强制性规范、直接适用的法进行了研究,观点明确。德国的法学家萨维尼认为:有些严格的法律规则,不管法律关系的"本座"是否在法院地国家,法院总是要适用的。[①]

法国的法学家福勒·弗朗西斯卡基斯提出:为了使法律在国际经济和民事交

---

① 参见田曼莉《再论国际私法中直接适用的法》,载《同济大学学报(社会科学版)》2003年第6期,第73页。

往中更好地维护国家利益和社会经济利益,国家制定了一系列具有强制力的法律规范,用于调整某些特殊的法律关系。这些具有强制力的规范在调整涉外民事关系时,可以撇开冲突规范的援引,而直接适用于涉外民事关系。①

加拿大海商法学者威廉·泰特雷认为:"强制性规则是规定在可适用的国际公约或国内法中的具有强制力的法律规则,不得约定排除适用。强制性规则(优于制定法)被说成是'公共政策的成文规则'更为恰当。"②

英国国际私法学者戴西和莫里斯在讨论英国有关私法与冲突法的关系时,把该国的成文法从冲突法的角度分为六类:(1)指定未指出其适用空间的实体法或内国法规则的条文;(2)指定用来指明实体规则或内国法规则何时适用的单边冲突规则条文;(3)制定用来指明说明法律支配一个特定问题的一般或多边的冲突规则条文;(4)包含空间限制或者限制实体法或内国法规则的范围的条文(自我限制法);(5)在成文法提及的情况下适用的条文,即使这些条文依据正常的冲突规则不会被适用(超越法 – overriding statutes);(6)在成文法提起的情况下的不适用的条文,即使依据正常的冲突规范它们会被适用(自我否定法)。笔者认为"超越法"是那些不管冲突规则如何规定都必须得到适用的法律,该类成文法与"直接适用的法"最为切合。"自我否定法"与"超越法"相反,如1977年《英国不公平合同条件法》第21条第1款规定:当合同准据法仅为当事人自主选择适用联合王国的法律时,该法的某些强制性规则就不得适用于合同,因为合同本应适用的法律可能是与该合同有最密切最真实联系的某一外国法。保证该外国法中的强制性规范得以适用也是国际合同和侵权法律适用上的一项重要原则。③

类似的规定如1980年《关于合同义务法律适用欧洲公约》的第3条第3款、1971年《海牙交通事故法律适用公约》第7条、1973年《海牙关于产品责任法律适用公约》第9条、1977年《关于统一船舶碰撞中有关民事管辖权、法律选择、判决的承认与执行方面若干规则公约》第4条等,均有类似的规定。这种"自我否定法"所起的作用就是在法定情况存在时,保证外国有关强制法的适用。这是与尊重他国的公共秩序的法有关系的。

---

① 参见李广辉、卿娜《论"直接适用的法"在合同领域的新发展》,载《汕头大学学报(社科版)》2006年第3期,第64页。
② [加]威廉·泰特雷著:《国际冲突法:普通法、大陆法及海事法》,刘兴莉译,法律出版社2003年版,第66页。
③ 参见屈广清主编《国际私法导论》,法律出版社2011年版,第80页。

国外关于强制性规范的立法也非常多。实体法上的规定如《法国海上劳动法典》第 5 条规定:"本法适用于一切在法国船舶上完成劳务的雇佣合同,对在法国境内订立而旨在外国船舶上的雇佣合同不适用。"1979 年《英国商船航运法》规定,在英国法院提起的所有责任限制诉讼均强制性地适用该法,不论船舶碰撞发生在哪里。

在冲突法上的规定如《瑞士联邦国际私法》第 18 条规定:"根据立法宗旨和案情,案情显然有必要适用瑞士法律的,则适用瑞士法律。"《突尼斯国际私法》第 38 条规定:"根据立法动机必须适用的突尼斯法律的有关规定应当直接适用,而不论冲突规则如何指定。法官可以适用某项未被冲突规则指定的外国法的有关规定,只要此种规定被证实与需要解决的法律事实或情况具有紧密的联系,而且根据其目的该种规定确实有适用的必要。"《意大利国际私法改革立法》第 17 条规定:"尽管已指定外国法,但并不排斥由于其目的和宗旨而应予以适用的意大利法律的强制性规定。"《比荷卢国际私法统一法》第 17 条第 1 款规定:"但合同与某一国家有密切联系时,合同应受该国法律的支配。但当事人希望合同的全部或部分受其他国家法律调整的除外。然而,如果该国的强制性规范与合同有最密切联系时,当事人不能以其意愿排除该强制性规范对合同的支配。"

国外也有不少相关的案例,如赖利兄弟案:原告西班牙船东和被告英国租船方订立将货物从印度运至西班牙的合同。由于运输途中西班牙颁布了价格限制令,双方就运费发生争议。英国法院认为,虽然合同准据法为英国法,当合同要求在国外履行时,合同约定的内容在外国履行地不应构成该国法下的不法。①《美国第二部冲突法重述》第 187 条第 2 款规定,当出现如下情形之一,针对当事人不能自由处分事项的法律选择条款无效:(1)当事人选择法律与当事人或者交易无重要联系,且不存在合理的基础;(2)所选择法律的适用违反与案件有最密切联系的另一更大利益法域的基本公共政策。根据此规定,只要求没有重要联系或者违反与案件有最密切联系的其他法域的强制法即可以否定法律选择条款的效力。

2. 我国法律对强制性规范的规定

在实体法上的规定如《中华人民共和国中外合资经营企业法实施条例》第 12 条规定:"合营企业合同的订立、效力、解释、执行及其争议的解决,均应适用中国的法律。"

---

① 参见 Ralli Brothers v. Compa Ia Naviera Sota Y Aznar,[1920]2KB304(CA).

《中国银行对外商投资企业贷款办法》第25条及其实施细则第34条规定："除中国银行同意外,外商投资企业与中国银行签订的借款合同所适用的法律为中国法律。"

我国《合同法》第126条规定："在中华人民共和国境内履行的中外合资企业合同、中外合作经营企业合同、中外合作勘探开发自然资源合同,适用中华人民共和国法律。"

《中华人民共和国拍卖法》第67条规定："外国人、外国企业和组织在中华人民共和国境内委托拍卖或者参加竞买的,适用本法。"

《中华人民共和国招标投标法》第2条规定："在中华人民共和国境内进行招标投标活动,适用本法。"

《中华人民共和国产品质量法》第2条第1款规定："在中华人民共和国境内从事产品生产、销售活动,必须遵守本法。"《中华人民共和国保险法》《中华人民共和国著作权法》《中华人民共和国收养法》等都有对外国自然人、法人必须遵守本法方面的规定。

在冲突法上的规定如我国《法律适用法》第4条规定："中华人民共和国法律对涉外民事关系有强制性规定的,直接适用该强制性规定。"

3. 我国司法实践的做法

虽然在《法律适用法》第4条的规定之前,我国冲突法领域缺少对直接适用的法明确系统规定,但是法院通过国际私法的相关制度,也达到了比较理想的效果。如当事人在涉外担保合同中明确约定适用外国法或者外法域法,我国是外汇管制国家,根据我国法律规定,我国当事人对外提供外汇担保,必须经过外汇主管部门审批,否则对外担保无效。而如果适用了当事人选择的外国法或者外法域法,这些法律往往没有对外担保履行报批手续的要求,这样就会架空我国外汇管制制度。"实践中,我国法院有两种处理方式:一是以当事人约定适用的外国法或者外法域法违反我国社会公共利益为由,不予适用,转而适用我国法律;二是根据《最高人民法院关于执行〈中华人民共和国民法通则〉若干问题的意见(试行)》第194条的规定,认为当事人选择适用外国法或者外法域法构成了规避我国强制性或禁止性法律规范的行为,不发生适用外国法或者外法域法的效力,进而适用我国法律的规定。如中国银行(香港)有限公司诉中国广澳开发集团公司、刘天茂保证合同纠纷案;中国银行(香港)有限公司诉香港新纪元实业有限公司、佛山市东建集团有限公司等借款担保合同纠纷案等等"①。

值得注意的是,"如果法院地不在中国,我国外汇管制制度等强制性规定是否能够得到适用呢?答案是肯定的。如涉港金融合同往往约定由香港法院管辖,并适用香港法,不属于准据法的内地金融管制法仍然有可以适用的途径:一是以当事人选择香港法目的是逃避内地金融管制方面的法律的适用为由否定选择法律的效力,而根据最密切联系原则确定内地法的适用;二是内地金融管制方面的法律构成能导致金融合同的履行地为非法的履行地法,则于合同的非法性事项应适用内地的管制法;三是当事人在缔约时有违反内地管制法的意图,即使合同不需要在内地履行,合同因违反维护与内地友好关系的特殊公共政策而不得强制执行"②。

4. 我国有关涉外关系法律适用法立法草案、立法建议案的规定

2002年全国人大法工委拟定的我国《民法(草案)》第九编第51条规定:"具有中华人民共和国国籍的自然人、法人与外国自然人、法人订立的在中华人民共和国领域内履行的下列合同,必须适用中华人民共和国的法律:(1)中外合资经营企业合同;(2)中外合作经营企业合同;(3)中外合作勘探、开发自然资源合同;(4)中外合作开发房屋和土地合同;(5)外国自然人、法人承包经营在中华人民共和国领域内的中国企业的合同。"

2000年中国国际私法学会拟定的《中华人民共和国国际私法示范法》第102条规定:"中华人民共和国的自然人、法人以及其他非法人组织和外国的自然人、法人以及其他非法人组织订立的在中华人民共和国境内履行的下列合同,必须适用中华人民共和国的法律:(1)中外合资经营企业合同;(2)中外合作经营企业合同;(3)中外合作勘探、开发自然资源合同;(4)中外合作开发房屋和土地合同;(5)外国自然人、法人以及其他非法人组织承包经营在中华人民共和国境内的中华人民共和国企业的合同。"

2010年中国国际私法学会拟定的《涉外民事关系法律适用法(建议稿)》第7条规定:本法规定不影响中华人民共和国法律的强制性规定的直接适用。第55条规定:在中华人民共和国境内履行的下列合同,适用中华人民共和国法律:(1)

---

① 万鄂湘主编:《中华人民共和国涉外民事关系法律适用法条文理解与适用》,中国法制出版社2011年版,第37-38页。
② 董金鑫:《论选法条款外的内地金融管制法在港适用的途径》,中国国际私法学会2012年年会论文集(下),第1037页。

中外合资企业合同;(2)中外合作经营企业合同;(3)中外合作勘探开发自然资源合同;(4)中外合资经营企业、中外合作经营企业、外商独资企业股份转让合同;(5)外国自然人、法人或者其他组织承包经营在中华人民共和国领域内设立的中外合资经营企业、中外合作经营企业的合同;(6)外国自然人、法人或者其他组织购买中华人民共和国领域内的非外商投资企业股东的股权的合同;(7)外国自然人、法人或者其他组织认购中华人民共和国领域内的非外商投资有限责任公司或者股份有限公司增资的合同;(8)外国自然人、法人或者其他组织购买中华人民共和国领域内的非外商投资企业资产的合同;(9)两个或者两个以上外国投资者共同申请设立外资企业合同;(10)外国自然人、法人或者其他组织在中华人民共和国领域内设立合伙企业的合同;(11)中华人民共和国法律、法规规定应适用中华人民共和国法律的其他合同。

5. 我国理论上学者的观点与立法建议

我国学者之间对强制性规范问题认识不一,这说明了直接适用的法的复杂性。"由于国家的不同,时代的变迁,直接适用的法相应地可能会在内容、范围、层次和水平等方面发生变化。直接适用的法是一种立法模式,其表现形式是由具体的法律规范组成的法"①。应该认为,直接适用的法包括实体法(公法)的规定和冲突法的规定两部分内容。冲突法的规定是直接适用的法适用的前提;实体法(公法)的规定是直接适用的法适用的依据。

我国学者研究强制性规范的文章比较多②,部分文章也提出了一些有价值的立法建议。有学者建议我国强制性规范的立法设计为:"(1)中华人民共和国法律中若存在必须直接适用的强制性或者禁止性的法律规定时,可直接适用,不管原应适用的是什么法律。(2)在不存在第一款规定的情况下,依照本法应适用的某法律时,如果涉及的情形与另一法律有密切的联系,并且按照中华人民共和国的法律观念认为其存在合理的并且明显占优势的利益需求,则可以考虑其强制性规定。在考虑此种强制性规定是否为有效时,应注意此种规定的性质和目的,以及

---

① 田曼莉:《再论国际私法中直接适用的法》,载《同济大学学报(社会科学版)》第6期,第73页。

② 研究国际私法强制性规范或直接适用的法的文章有:吴晓红:《国际私法中直接适用的法》,载《平原大学学报》2005年第4期;蔡鑫:《直接适用的法与公共秩序保留制度的比较》载《河南司法警官职业学院学报》2005年第12期;田晓云:《直接适用的法语合同准据法的确定》载《甘肃政法学院学报》2004年第4期;冰青、陈立虎:《直接适用的法之解析》载《法商研究》2002年第1期等。

适用或不适用的后果。"①

2003年大连海事大学修改《中华人民共和国海商法》课题组拟定的建议案第374条规定:"提单或者其他运输单证证明的海上货物运输合同,单证的签发地或者合同的履行地在中华人民共和国境内的,适用本法的规定。第375条规定:海上旅客运输合同,承运船具有中华人民共和国国籍,或者合同的签订地或者履行地在中华人民共和国境内的,适用中华人民共和国法律的规定。"②

除了以上建议之外,其他研究涉外海事关系法律适用法中强制性规范的成果、观点与建议较少,学者的立法建议案中都往往都没有涉及海事强制性规范的规定③。

6. 笔者的立法建议

我国海事强制性规则广泛存在于海上雇员的劳动权益保护、船舶适航安全、旅客运输安全、海洋环境保护、航运竞争制度以及海上强制责任保险等领域,涉外海事关系法律适用法应该专门规定这些海事强制性规范的内容。如果采用大连海事大学修改《中华人民共和国海商法》课题组建议案第374条规定那样的方式,也是可行的选择,只是这样的方式没有整体的概括性,而且遗漏了对其他领域的强制性规范的规定。我国《法律适用法》第4条的规定具有很好的概括性,可资借鉴。

笔者的立法建议为:中华人民共和国法律对涉外海事关系有强制性规定的,如案件与中华人民共和国具有密切联系,应直接适用该强制性规定。

值得说明的是,该建议参考了我国《法律适用法》第4条关于强制性规范的规定。该第4条规定为:"中华人民共和国法律对涉外民事关系有强制性规定的,直接适用该强制性规定。"本建议增加了"如案件与中华人民共和国具有密切联系"这一限定条件,因为对与我国没有密切联系的案件,我国的强制性规范适用的意

---

① 苏颖霞、王卿:《"直接适用的法"与相关立法的完善》,载《理论探索》2007年第3期,第138页。
② 司玉琢、胡正良主编:《中华人民共和国海商法修改建议稿条文、参考立法例、说明》,大连海事大学出版社2003年版,第636-637页。
③ 如下列文章的作者都提出了具体的或多或少的关于涉外海事关系法律适用法的立法修改建议,但没有一位作者的建议中涉及强制性规范问题。参见王国华《我国海事法律适用法立法研究》,载《海大法律评论》,上海社会科学出版社2007年版,第200页;毕道俊:《中国海事冲突法的立法研究》,安徽大学法学院2007年硕士论文,第44-46页;肖永平:《论〈中华人民共和国国际民商事关系法律适用法〉的立法体系》,中国国际私法学会2004年年会论文集,第151页等。

义不大①。与此同时,我国强制性规范的范围通常非常广泛,如我国《合同法》第126条规定的强制性规范:"在中华人民共和国境内履行的中外合资企业合同、中外合作经营企业合同、中外合作勘探开发自然资源合同,适用中华人民共和国法律。"这里的"中华人民共和国法律"范围非常大,增加"如案件与中华人民共和国具有密切联系"这一限定条件,对防止"强制性规定"适用的扩大化有一定作用。而且我国增加"如案件与中华人民共和国具有密切联系"这一限定条件,也不影响外国法院对我国强制性规范的适用。因为一国法院适用外国强制性规范与否,并不需要看该外国的冲突法是如何规定的。由于直接适用的法倾向于保护国家利益,相对忽视了国际社会的整体利益,如果对其不加以限制,可能影响国际交往环境,并最终损害国家利益。

关于如何对待外国的强制性规范问题,在目前全球化的形势下,虽然没有什么强制性规范要求法官适用第三国直接适用的法,但也没有规范禁止法官这么做。理论上及立法上有不同的观点与规定:(1)有限适用的观点与规定。(2)平等适用的观点与规定。(3)比拟适用的观点与规定。(4)最密切联系的观点与规定。

通常情况下,外国直接适用的法在下列情况下可以被考虑适用:"(1)为了使本国直接适用的法的空间效力范围得以扩展到外国,促进国家间平等互利关系。对外国直接适用的法,要求与本国直接适用的法平等对待。(2)主要依法院地冲突规范指向的外国法是该国的直接适用的法时,法官就可以直接适用之。(3)当某一外国直接适用的法与案件有最密切联系时,法官可以排除准据法的适用,而直接适用该外国的直接适用的法。"②但在实践中各国的步履都走得非常谨慎。通常,法官在决定是否适用外国直接适用的法时,坚持的原则有:(1)国内法优先,即存在不同的直接适用的法时,国内直接适用的法优先。(2)公共秩序保留。如果外国的直接适用的法与法院地的公共政策相冲突,就可以直接排除之。(3)存在密切联系。只有外国直接适用的法与案件存在最密切的联系,才可以得到适用。如1987年《瑞士联邦国际私法》第19条规定:"当合法利益需要予以保护,并

---

① 事实上我国实体法关于强制性规范的规定与适用都是考虑了与中国有密切联系等因素的。如《中国银行对外商投资企业贷款办法》第25条及其实施细则第34条规定:"除中国银行同意外,外商投资企业与中国银行签订的借款合同所适用的法律为中国法律。"因此,规定与否对实践影响不大,但表现出来的国家的公正、大度的正面影响力及价值却是无法估量的。

② 田曼莉:《再论国际私法中"直接适用的法"》,载《同济大学学报(社会科学版)》第6期,第75页。

且显然诉讼与某一外国法律有着非常密切的联系,有必要适用该项法律时,根据法律的立法宗旨和法官的自由裁量权,可不适用本法指定的法律而适用该法律。"该规定可以为我国借鉴,但目前各国对这一问题认识不一,我国也可等待时机成熟以后再做考虑,因为这还不是直接关乎我国利益的重大事情,而且关于该问题的解决可能还需要各国做出同一的规定为妥,以示对等。① 不过,在不损害我国公共利益的情况下,本着立法超前性的考虑,也可以这样规定:外国强制性规定与案件有最密切联系的,可以得到适用。但违反中华人民共和国社会公共利益或中华人民共和国法律、行政法规强制性规定的除外。②

值得注意的是,适用外国强制性规定情况复杂,要有充分的认识与正确的理解。适用外国强制性规定的不同情况如下表(表1-1)所示:

表1-1 适用外国强制性规定的不同情况

案情	当事人在中国起诉,选择适用的法是日本法,但最密切联系地是美国。
当事人在中国起诉,选择适用的法是日本法	1. 如案件与中国没有联系,不必适用中国的直接适用的法(如有联系,应适用中国直接适用的法)。
	2. 当事人选择适用的法是日本法,应当包括日本直接适用的法。(否则不将之规定为直接适用的法可以适用,规定为直接适用的法后反而不能适用,是没有任何道理的)。
	3. 因为美国是最密切联系地,美国强制性规定也可以得到适用。当日本、美国两国强制性规定发生冲突时,根据本建议,应该适用美国的强制性规定。

---

① 也有学者认为,外国强行法在我国是可以允许的。如我国《海商法》第269条规定了当事人选择合同适用的法律的例外(法律另有规定的除外),即强行法。但没有指明强行法是国内法还是外国法。由于未界定"法律"一词,那么可以得出的结论是,内国和外国的强行法在本法中都是允许的。参见威廉·泰特雷著《国际冲突法:普通法、大陆法及海事法》,刘兴莉译,法律出版社2003年版,第720页。

② 笔者在建议适用我国国内强制性规定时,要求"案件与中华人民共和国具有密切联系"。即"中华人民共和国法律对涉外海事关系有强制性规定的,如案件与中华人民共和国具有密切联系,应直接适用该强制性规定"。在适用外国强制性规定时,要求"外国强制性规定与案件有最密切联系"。即"外国强制性规定与案件有最密切联系的,可以得到适用"。还规定了除外条款,足于保证我国利益的维护。注意这里的规定是"可以"得到适用,而不是"应当"得到适用,法院地国可以灵活掌握。值得注意的是,在我国的立法中,存在用词不规范的现象,包括"可以"的误用等,有学者建议:凡是出现用"可以"表示"应当"之处,一律换成"应当",如《中华人民共和国刑法》第67条规定:"对于自首的犯罪分子,可以从轻或者减轻处罚。其中,犯罪较轻的,可以免除处罚"。此处的"可以"就应该换成"应当"。否则无法起到鼓励自首的作用。参见周赟著《立法用词规范研究》,法律出版社2011年版,第75页。

续表

案情	当事人在中国起诉,选择适用的法是日本法,但最密切联系地是美国。
如果当事人在中国起诉,选择适用的法是中国法	因为美国是最密切联系地,美国强制性规定也可以得到适用(条件是不与法院地中国直接适用的法相冲突)。
如果当事人在日本起诉,选择适用的法是日本法	日本强制性规定肯定得到适用。
如果当事人在日本起诉,选择适用的法是中国法	中国强制性规定应该得到适用。

结语:笔者关于该节内容的立法建议条款为:

1. 中华人民共和国法律对涉外海事关系有强制性规定的,如案件与中华人民共和国具有密切联系,应直接适用该强制性规定。

2. 外国强制性规定与案件有最密切联系的,可以得到适用。但违反中华人民共和国社会公共利益或中华人民共和国法律、行政法规强制性规定的除外。

说明:笔者的立法建议与其他立法建议案不同的地方是:1. 在适用国内强制性规定方面,增加了"案件与中华人民共和国具有密切联系"这一条件;2. 规定了外国强制性规定的适用,适用的条件是要求外国强制性规定与案件有最密切联系。

第二节 海事国际私法之渊源与当代发展

一、涉外海事关系法律适用法的国内法渊源

"如果法律没有国家,那这种法律秩序就只是一种不切实际的幻想"①。该观点虽然有些绝对,但也充分说明了法律的国内法渊源的地位。

法律渊源指法的来源或者法的栖身之所,也有学者称之为法产生的原因或途

---

① [美]拉德布鲁赫著:《法学导论》,米健译,法律出版社2012年版,第176页。

径,故又称法源,是指法律规范的表现形式。这一术语源自欧陆(在罗马法里称为 Fontes iuris;在意大利文里称为 Fonti del diritto;在德文里称为 Rechtsquellen;在法文里称为 Sources du droit),后衍及英美(在英文里称为 Sources of law)。

涉外海事关系法律适用法的渊源就是各种涉外海事关系法律适用法规范的存在及赖以产生法律效力的表现形式。由于涉外海事关系法律适用法的调整对象是超出一国领域的含有外国因素的海事关系,在其发展的过程中,又逐渐产生了国际统一实体规范,这就决定了其渊源的双重性质。涉外海事关系法律适用法的渊源从其创制主体和涉及内容角度可以分为国内法源和国际法源,前者包括国内立法和国内判例,后者包括国际条约、国际惯例。

德国法学家萨维尼说过,在我们从前辈那里得到的许多概念、规则以及术语中,所获得的真理无疑是与众多错误的添加混杂在一起的,这些错误添加以一种古老财富的传统力量对我们产生影响,并且易于取得对我们的支配。为了防止这种危险,我们必须要求,不时地重新审查所有传下来的东西,质疑它们,拷问其起源。① 探究涉外海事关系法律适用法的渊源,不仅是为了更好地理解与适用,而且更重要的是为了进一步完善与发展。

(一)国内立法

1. 外国涉外海事关系法律适用法的立法概况

在各国制订的海事法中,最具代表性的是欧洲第一部综合性海事法典——1681 年法国路易十四制订的《海事条例》。它不仅成为 1807 年《法国商法典》中海事篇的基本内容,而且极大地影响了其他国家海事法的制订。另外,具有重大意义的是,它和 1673 年颁布的《商业法令》一起为狭义的民法和商法之间的区分奠定了基础,罗马法系与日耳曼法系各国(瑞士和意大利除外)至今仍然坚持民法典和商法典同时并存来确认这种区分。这样,各国海事法的局面取代了中世纪及以前的统一局面,加之各国政治、经济等发展的差异性决定了海事法在内容和形式上的不同,最终导致各国或者地区的海事法发生冲突。但是,自机动船的普遍应用使航海活动越来越国际化,这样,海事法立法的国内化和航海活动的国际化,使各国海事法冲突愈加明显,从而形成了法国法系、德国法系、英国法系和新法系等至今仍并存的四大海事法系。

---

① 参见孙新强《我国法律移植中的败笔——优先权》,载《中国法学》2011 年第 1 期,第 153 页。

为了避免各国海事法冲突,维护国际海事关系和法律秩序,国际社会采取了多方努力,涉外海事关系法律适用法中的海事冲突法应运产生。1861 年《德国商法典》、1894 年《英国商船航运法》、1906 年《英国海上保险法》、1893 年《美国哈特法》、1916 年《美国联邦提单法》、1904 年《澳大利亚海上货物运输法》、1919 年《加拿大水上货物运输法》、2008 年《阿根廷航运法》中,都有海事冲突规范。到现代几乎所有国家都有海事冲突法规范方面的立法。

2. 涉外海事关系法律适用法的立法形式

从各国立法来看,涉外海事关系法律适用法的立法形式主要有三种:

(1) 散见式

即在民法、商法或其他法典的有关章节中,分别规定涉外海事关系法律适用法规范。例如:德国国际私法条款主要规定在其《民法施行法》中,海事法律冲突解决即适用该法。该法第六节物权篇第 45 条运输工具条款中规定了涉及水上运输工具的权利以及法定担保权及其等级顺位之准据法。《德国重新调整国际破产法的法律》中第十一编之国际破产法对于在船舶登记处、在建船舶登记处或航空器留置权登记处注册的财产权利处置之法律适用做出了规定。日本在《法例》《票据法》《支票法》中有一些涉外海事关系法律适用法的规定。2008 年的《阿根廷航运法》中,包含有海事冲突的法律规定。

1973 年的《新西兰海事法》中规定了海事管辖权。1988 年的《澳大利亚海事法》(Admiralty Act) 中规定了一些海事法律适用及管辖权规则。美国《海事管辖权法》(Admiralty Jurisdiction Act)、《海上货物运输法》(Carriage of Goods by Sea Act)、《外国航运实施法》(Foreign Shipping Practices Act)、《沿海及港口工人补偿法案》(Long shore and Harbor Workers' Compensation Act) 等中都有海事法律适用方面的规定。加拿大 2001 年《加拿大航运法》(Canada Shipping Act) 中对船舶适航义务规定了强制适用规则。

(2) 专篇专章式

即在民法典、海事法或者其他有关法律中设专篇或专章,对涉外海事关系法律适用法规范进行专门的规定。俄罗斯 1999 年《俄罗斯联邦商船航运法》(The Merchant Shipping Code of the Russian Federation) 中第 26 章以专章的形式对有涉外因素的商业运输行为之法律适用做出了特别的规定。《中华人民共和国海商法》第 14 章也是以专章的形式规定了涉外海事关系的法律适用规则。

(3) 单行立法式或者法典式立法

即以单行法规或者法典的立法形式,专门规定海事国际私法规范。例如1993年《荷兰海事冲突法》(Conflict of Maritimetin Laws Act of 1993)的规定等等。

3. 涉外海事关系法律适用法的立法内容

由于各国对涉外海事关系法律适用法的范围存在不同理解与规定,因此,各国对涉外海事关系法律适用法的立法内容的规定是不一样的。归纳一下,有如下内容:

(1) 海事冲突规范方面

冲突规范是海事关系法律适用法的核心内容,各国一般对此均有规定。如《俄罗斯联邦民法典》第三卷第六编之国际私法第1207条规定:船舶和航空器的物权的准据法:"须经国家注册的飞船、海运船舶、内河船舶和航空器的所有权和其他物权及其实现和保护,适用该船舶和航空器的注册地国法。"《德国重新调整国际破产法的法律》中第十一编之国际破产法中第336条规定:"破产程序对于涉及不动产物权或不动产使用权的合同的效力,由财产所在地国法支配。对于在船舶登记处、在建船舶登记处或航空器留置权登记处注册的财产,准用保管该注册的国家的法律。"

(2) 海事实体法方面

涉外海事关系法律适用法通常不包括一国国内的相关实体法。本处所指的海事实体法方面系涉及涉外海事关系法律适用法规范的实体规范,主要是强制性的规范。如2001年《加拿大航运法》第85条对于船长或船员雇佣合同中,无论是否有相反的约定,其均应有义务采用一切合理手段,确保船舶在航程开始前适航,并在航程中保持适航状态。1958年《希腊海事私法典》第202条规定:"未得到受押人同意而做出的转让抵押船舶和引起船舶丧失希腊国籍的法律行为无效。"

(3) 海事程序法方面

各国对海事程序法方面的内容多有规定,如1958年《希腊海事私法典》第211条规定:"赔偿令送达24小时以后,才可对船舶执行扣押。如果船舶由第三方占有,扣押令应对债务人执行。除非已将赔偿令送达占有船舶的第三方,或其不在时送达船舶,否则扣押令无效。如果债务与船舶经营有关或债务由留置权或抵押权担保,则可向船长送达赔偿令"。1988年《澳大利亚海事法》第22条规定:"(1)联邦法院对位于澳大利亚任何地方的船舶和其他财产享有对物诉讼的管辖权,包括澳大利亚的领海;(2)州法院或地区法院享有对船舶或其他财产的管辖权:a.

在州或地区,或毗连的领海内;或 b. 澳大利亚的任何地方,包括领海范围内,如果传票可能送达,船舶或财产位于法院可以行使管辖权的地方"。《美国仲裁法》第2条规定:"海事交易或合同中的书面仲裁条款是有效的、不可撤销和可以执行的。"

有的国家认为,涉外海事关系法律适用法包括海事程序法方面的内容,这些内容可以构成其海事关系法律适用法的范围。[①] 其他国家尽管也有这些方面的规定,但这些内容可能属于其他法律体系或范畴。

(二)国内判例

在普通法系国家,判例为各种法律之直接渊源,也是涉外海事关系法律适用法之直接渊源。[②] 这些国家虽然也不乏成文的海事关系法律适用法规范,但主要的涉外海事关系法律适用法规范还是来自于判例。如《英国航运法案例集》收集了大量的海事判例。如果涉及这些国家的海事法律适用问题而不考虑其海事判例,那么适用的法律应该是不全面的。[③] 如果不承认判例的渊源效力,还会造成这样一个事实:同样的一个案件,在我国审判和在普通法系国家审判,结果会相差甚远,这应该是涉外海事关系法律适用法所不愿意达到的结果。大陆法系国家,一般认为判例只具有辅助的作用。在处理案件时,如果没有成文的冲突规范可供援引,也可以引用法院的判例作为判决的依据。"大陆虽然确实没有先例拘束原则,但实际上,无论是法国还是德国,下级法院都遵从上级法院的判例。否则,下级法院做出的判决就在上级审时被撤销。况且,在存在法官升任制度的情况下,有敢于反抗上级审的人,实属罕见。"[④] 我国也有学者认为:"其实在不少大陆法系

---

① 如普通法系国家认为关于涉外民商事案件管辖权的规范属于国际私法的范畴。还有的国家如法国规定的国际私法范围更宽,包括"适用于国际关系中私法主体间的所有规范"。参见屈广清编著《国际私法》,科学出版社2008年版,第7页。

② 但是国外也有学者认为,适当限制由司法权以推翻先例的行为,旨在获得一种稳定性,但是,倘若无所作为,则稳定性一样会荡然无存,因为对于先例的严格奉守将会使得过时的规则逐渐增加。参见丹尼斯·劳埃德著《法理学》,许章润译,法律出版社2007年版,第507页。

③ 如普通法系国家的澳大利亚虽然成文立法比较完备,制定了1909年《海上保险法》;1911年《海员赔偿法》;1912年《航行法》;1981年《海上保护(民事责任)法》、《航运登记法》;1983年《(防止船舶污染)海洋保护法》;1988年《海事法》;1989年《海事索赔责任限制法》;1991年《海上货物运输法》等等,但至今英国枢密院对来自澳大利亚联邦法院的上诉案件做出的判决仍然是澳大利亚法院的办案依据。参见张进先《澳大利亚海商法了的改革与发展》,载《中国海商法年刊》1992年第3卷,第274页。

④ [日]大木雅夫:《比较法》,范愉译,法律出版社1999年版,第126页。

国家,判例也是其国际私法冲突法的渊源。"①

2011年4月29日,欧盟理事会做出推广"欧洲判例法标识码(European Case Law Identifier)"的决议,目的是便利各成员国法院相互使用各国的判例。②

(三)我国涉外海事关系法律适用法的国内法渊源

我国涉外海事关系法律适用法的立法主要反映在海事海商立法中。

我国是一个文明古国,航海业有过辉煌的历史,积累了一些海商方面的法律,但因年代久远且疏于整理,已经难以查考。

清朝末年,西方列强的坚船利炮轰开国门。清政府基于内忧外患的压力,被迫修订法律。清末修律是中国法制现代化的开端,也是我国近代海商立法的开端。1909年制订的《大清商律》中就包括263条的《海船法》。但该部法律还未正式颁布清政府就被推翻。1929年,南京国民政府在清末《海船法》的基础上,制订并颁布了我国近代第一部《海商法》,并于次年颁布了配套的《海商适用法》,如下图(图1-1)所示:

年代久远的海商立法已难以考察 → 1909年大清商律中的海船法 → 1929年南京国民政府海商法 → 1930年南京国民政府海商适用法

图1-1 新中国之前的我国海商立法

新中国成立后,废除了旧法,经数十载努力,在学习国际条约和国际先进立法经验的基础上,制定了一系列海商法律法规。同时,我国台湾地区继续适用1929年南京国民政府制定的《海商法》,并于1958年和1999年进行了两次大的修订。在我国香港地区,主要受英国法的影响,制定了诸多与英国法相差无别的海商法律,并参加了许多条约。在我国澳门地区,则继受了葡萄牙的法律,采用大陆法系的传统做法,在民法典中规定了海商法的内容。

---

① 张强:《论在涉外民商事案件中适用外国判例的必要性》,载《法制与社会》2009年第1期,第351页。
② 统一标识码包括成员国代码、法院代码、判决的年份、案件的序号等内容。参见Council conclusions Inviting the Introduction of the European Case Law Identifier (FCLI) and a Minimum Set of Uniform Metadata for Case Law 2011, OFFICIAL JOURNAL OF THE EUROPEAN UNION(C/127)1(Apr. 29, 2011).

从上述历史发展可以看出,我国的海商法主要是在学习外来法律的基础上建立起来的。而且,目前还形成了在海商法领域四个法域并存,法律传统各不相同的局面。

我国大陆现行海商立法的核心是 1992 年制定,1993 年 7 月 1 日起正式实施的《中华人民共和国海商法》。它是一部法典性质的法律,共 15 章 278 条,内容涵盖了海商法几乎所有重要领域①。我国《海商法》专章规定了涉外海事关系法律适用法的冲突规范。另外,在我国其他法律中,也包含有涉外海事关系法律适用法的有关内容,成为我国涉外海事关系法律适用法国内法渊源,如下表(表 1 – 2)所示:

表 1 – 2　我国涉外海事关系法律适用法国内法渊源②

名称	性质	内容
宪法类:《中华人民共和国宪法》等	国内实体法	2004 年《中华人民共和国宪法》序言第 12 段、第 18 条、第 32 条所表述的内容以及社会经济和民事生活的基本原则的规定,有关我国国际经济合作发展和对外交流的基本方针的规定,是涉外海事关系法律适用法立法必须遵守的。
法律类:《中华人民共和国民法通则》、《中华人民共和国涉外民事关系法律适用法》、《中华人民共和国海商法》、《中华人民共和国合同法》、《中华人民共和国海事诉讼特别程序法》等	国内冲突法与实体法;实体法;程序法	1986 年我国《民法通则》第 8 章的规定(国内冲突法与实体法)。
		1993 年我国《海商法》第 14 章的规定等(国内冲突法与实体法)。
		1999 年的我国《合同法》(实体法)。
		2000 年《中华人民共和国海事诉讼特别程序法》(程序法,以下简称我国《海诉法》)。

---

① 参见屈广清主编《海商法》,中国法制出版社 2004 年版,第 25 – 26 页。
② 由于各国(包括我国)对涉外海事关系法律适用法的范围认识不一,形成"大""中""小"等不同的观点,因此,此处的渊源范围是按照各观点中"较大范围"的观点来论述的。

续表

名称	性质	内容
国务院颁布的条例或行政法规	国内实体法（大多数内容是属于公法、行政法、经济法的范畴，强制性规定）	2002年《中华人民共和国外商投资国际货运代理业管理规定》、2002年《中华人民共和国货物进出口管理条例》等。
司法解释	冲突规范性质	2012年最高人民法院关于适用《中华人民共和国涉外民事关系法律适用法》若干问题的解释等。
	实体规范性质	2011年《最高人民法院关于审理船舶油污损害赔偿纠纷案件若干问题的规定》等。
国内判例		中国香港主要适用判例法。
		中国大陆不承认判例的法律约束力，不认为国内司法判例是法律的渊源。我国也有不少学者主张确立判例特别是海事判例在我国司法实践中的地位和作用，认为这是因为海商法的特殊性质决定的："与其他国家的海商法来源于古老的判例法一样，我国海事法律制度也大多来源于长期形成的判例法的基本原则和习惯做法。每一个国家的法律都是反映统治阶级意志的特殊社会规范，而作为特殊行业领域的海商法不只受一个国家的特殊利益和风俗的影响，特定的共同的海上行业风险和特点在世界航运各国中都是普遍存在的。由世界范围内航海贸易的长期实践形成和发展起来的专业性很强的海商法，与各国的社会变化没有多大关系，这种具有独立内容的海商法，使具体体现海商法的海事判例同样具有这样的特殊性，使得一国的海事判例在其他

续表

名称	性质	内容
国内判例		航运国家被广泛接受成为可能。"①
		在中国适用判例法的另一种情形是"经当事人选择或经冲突规范指引确定案件的准据法为英美国家的法律时,法官即需查明相关国家判例法的相关事实和规则,辨明其与待处理案件之间的联系后加以援引裁判"②。
		2011年11月26日,最高人民法院出台了《关于案例指导工作的决定》,标志着法院的案例指导工作进入了一个新阶段,承载着统一法律适用、规范法官自由裁量权的功能。可以说,这些典型案例也已逐渐成为我国国际私法的"准渊源"。③

二、涉外海事关系法律适用法的国际法渊源

美国学者杰克·戈德史密斯、埃里克·波斯纳说过,国际法长久以来都被这样的指责所困扰,即它不是真正的法律。④ 但国际法在现代日益受到人们的关注:"一方面褒之者称其为美好未来的唯一保证;另一方面,贬之者则因国际法在目前实践中的软弱无力及其空泛的表面真实性而对之冷嘲热讽。而正是这种表面真实性使得国际法向来都自视为具有一种法律秩序的本质。"⑤

---

① 曲立东:《论海事判例在我国司法实践中的地位和作用》,载《中国海商法年刊》1991年第2卷,第71页。
② 肖永平:《论英美法系国家判例法的查明和适用》中国法学,2006年第5期。
③ 参见卿莹《我国涉外民商事司法现状、问题与建议——以2000—2012年最高法公报案件为据》,中国国际私法学会2012年年会论文集(下),第932页。
④ [美]杰克·戈德史密斯、埃里克·波斯纳著:《国际法的局限性》,龚宇译,法律出版社2010年版,第1页。
⑤ [德]拉德布鲁赫著:《法学导论》,米健译,法律出版社2012年版,第176页。

（一）国际条约

国际条约是指："在国际法约束下涉及至少两个国际法主体相互间的并对彼此有约束力的有关国际关系成立、变更或者消灭的合意的意思表示。条约因此可能具有双边或者多边的性质，多边条约被称为公约。条约的依据倒不在于其称呼（例如条约、协定、议定书等）或者其调整对象，而在于缔约方是否有赋予其法律约束力的意愿。"①简单地说，国际条约是"两个或两个以上国际法主体缔结的调整其权利义务的协定"②。

海事国际条约是指两个或两个以上国际法主体缔结的调整其海事权利义务的协定。海事国际条约可以分为有关船舶、海上货物运输等法律关系的统一实体法公约、有关海事法律冲突的统一冲突法公约、有关海事诉讼和仲裁的统一程序法公约。一般认为，一国正式参加的有关海事法律方面的条约是该国海事法的渊源，也可以成为其涉外海事关系法律适用法的渊源。根据国际法的原理，一国正式参加有关海事法方面的条约，除了要经过该国政府签署、批准加入等必要程序外，还必须解决国际法与该国国内法的关系问题。在处理条约和国内法的关系问题上，国际法理论上存在着"一元论"和"二元论"两种不同学说。根据"一元论"的观点，一国参加的条约自然成为国内法，构成国内法律体系的一部分，约束国家与个人，无须二次立法，即可成为一国海事法律的渊源。与此相反，"二元论"认为条约与国内法是截然不同的两种法律秩序，要使条约成为国内法，必须经过二次立法，采纳或者适用与条约相同的国内法规则后，方可以成为一国海事法律的渊源。

（二）国际惯例

国际惯例指在国际交往中，经过长期反复的实践、逐步形成的具有确定内容、为世人所共知的行为规则。海事方面的国际惯例通常是指在国际航运中，对同一问题经过长期反复实践逐步形成的、为大多数航运国家所接受的、具有法律约束力的行为规则。

海事惯例可分为强制性惯例和任意性惯例两种。强制性惯例无须当事人选择，就产生法律上的拘束力，如国家财产豁免等即是强制性惯例。任意性惯例只有经当事人的选择，才对其具有法律效力。

---

① ［德］W. G. 魏智通主编：《国际法》，吴越、毛晓飞译，法律出版社2012年版，第43页。
② 韩德培主编：《国际私法》，高等教育出版社、北京大学出版社2002年版，第26页。

国际组织制定的示范规则、标准合同、在实践中被广泛采用的由行业协会或民间团体指定的跨国规则或格式合同条款、一些虽尚未具有成文形式但被广泛遵从的实践做法等,都可被识别为海事国际惯例。影响较大的国际航运惯例有《约克—安特卫普规则》《租船和航运用语》等。另外,"外国法或国际条约在被其他国家所广泛参照、采纳或承认的情况下也可以构成海事国际惯例"①。"由于国际惯例是在国际海运过程中反复实践形成的,为海上运输界所普遍接受,可以补充各国国内法和国际公约规定的不足,故成为海商法的一种法律渊源"②。

海事惯例作为海事法的渊源,具有一定的作用,它可以补充国内立法和条约的不足。但也有明显的缺陷:首先,惯例的含义往往不十分明确,特别是在不同的国家或地区可能有不同的解释;其次,地方性惯例是否已经成为国际性惯例,也往往不易确定;最后,在某一方面有几个国际惯例时,究竟适用哪一惯例也是个问题。

值得注意的是,政治学者及一些国际法学者认为20世纪晚期出现了两大新的、相关联的趋势:国际关系的"法律化"和多边机制的兴起。这一观点设想国际法主要是由多边条约所创设的国际体制如联合国、世界贸易组织、海洋法体制和欧盟等构成。然而,"这一观点缺乏认真的观察,因为在条约之外,还有另外一种形式的国际法——习惯国际法。习惯国际法通常被认为是国家基于一种法律义务感而遵行的惯常实践。该定义包含了两个要素:一是必须存在广泛并且一致的国家实践,二是各国必须基于一种法律义务感而从事该实践"③。在国际法中,它具有与条约相同的法律效力。尽管有多边条约和多边体制的兴起,习惯国际法依然是国际法的重要组成部分以及国际法学者的重要研究对象。

然而,学者们对国际习惯与国际惯例的认识并不一致,有学者认为:"国际惯例又称国际习惯。"④有学者认为我国外交文件国内法规见到的是国际惯例非国际习惯,如我国《民法通则》第142条第2款规定:"中华人民共和国缔结或者参加的国际条约同中华人民共和国的民事法律有不同规定的,适用国际条约的规定,

---

① 陈亚芹:《有关海事国际惯例的立法思考》,载《中国海商法年刊》2009年1月第19卷,第192页。
② 王国华:《海事国际私法的冲突原则及我国立法的有关规定》,载《武汉大学学报》(哲学社会科学版)1995年第5期。
③ [美]杰克·戈德史密斯、埃里克·波斯纳著:《国际法的局限性》,龚宇译,法律出版社2010年版,第17页。
④ 黄进主编:《国际私法》,法律出版社1999年版,第81页。

但中华人民共和国声明保留的条款除外。中华人民共和国法律和中华人民共和国缔结或者参加的国际条约没有规定的,可以适用国际惯例。"这里的国际惯例可能不是国际习惯,或者可能包括国际习惯在内。①

目前,我们对于习惯国际法的理解非常贫乏。"政治学者们几乎从未论及习惯国际法,更不用说它与条约之间的联系了。事实上,政治学中的法律化理论的一大缺陷便是将国际法等同国际条约的潜在假定"②。国际法学者提出了一些理论,但不存在共识。如关于习惯国际法的标准问题,"政策声明、立法及外交通信、条约特别是多边条约经常被用作习惯国际法存在的证据。法学家的著述是习惯国际法的一种通常但具有倾向性的来源。甚至争议更大的是,联合国大会的决议以及其他国际组织所做的无拘束力的声明及决议经常被视为习惯国际法的证据"③。

另外,在传统的国际法理论中,国际习惯法和国际条约作为各自独立的法源存在,即使两者由于在抵触相互效力关系上产生问题,也可以想到用一般法(国际习惯法)和特别法(国际条约)的关系上的特别法优越原则来解决。然而,现代国际习惯法和国际条约出现了相对化的倾向,即一方面是"国际习惯法的条约化",另一方面是"国际条约的国际习惯法化"④。"国际习惯法的条约化"表现在国际习惯法形成的时间大幅度缩短,国际习惯法内容的普遍妥当性、效力的一般性(对所有国家的拘束力)正在被剥离,呈现出"个别化"的倾向。"国际条约的国际习惯法化"表现在条约规定的非条约化问题(de-conventionalization of conventional rules),即条约对当事国以外的第三国涉及效力的情况也并不少。这既有通过双边条约积累的情形,也有多边条约之间所谓法典化条约的情形,无论哪一种情形,现在的条约和国际习惯法之间的相互作用、相互渗透都是很明显的。⑤

(三)其他渊源

《国际法院规约》第 38 条规定的法院可以适用的依据有:条约、国际习惯、一般法律原则为文明各国所承认者、司法判例及各国国际法权威最高之学说作为确

---

① 参见王铁崖著《国际法引论》,北京大学出版社 1998 年版,第 69 页。
② [美]杰克·戈德史密斯、埃里克·波斯纳著:《国际法的局限性》,龚宇译,法律出版社 2010 年版,第 18 页。
③ 同上,第 19 页。
④ 参见[日]村濑信也著《国际立法——国际法的法源论》,秦一禾译,中国人民公安大学出版社 2012 年版,第 11 页。
⑤ 同上。

定法律原则的补助材料。以上规定不妨碍法院在当事国同意时采用"公允及善良"原则裁判案件。有人认为国际法院规约的规定即是国际法的渊源。也有人持不同意见。另外,《国际法院规约》的列举是否对成员国有约束力也存在争议。

《国际法院规约》第38条规定的条约、国际习惯作为国际法的渊源得到认同,被认为是"实证意义上的国际法渊源"或"实定国际法"①。条约与习惯法就像一部车辆的两个轮子,各行其道,在互不交错的轨道上发挥作用。关于一般法律原则,前苏联的理论否认将一般法律原则视为独立的国际法渊源。"关于司法判例及各国国际法权威最高之学说,是确定法律规范的辅助手段,主要作用在于验证国家的、有约束力的实践,并不是法律渊源"②。

有学者认为:"国际法院规约第38条仅仅规定了法院可以适用的法律的渊源,而不涉及法律的渊源的一般问题,那种认为国际法院规约列举的法律渊源已经穷尽的观点,不符合其中性的字面意思。"③该观点提出了国际法渊源在《国际法院规约》第38条规定之外的发展问题。规约的列举只是为了便利国际法院适用法律,不过国际法院要完成自己的使命,仅仅将渊源限定在38条之内而远离其他渊源是不可能的。况且,《国际法院规约》的列举在当时可能是周延的,但也会随着时代的发展而变化,在国际法秩序中,国家才是立法者,国家也有能力发展新的国际法渊源。如国家在交往中经常采用的单方行为(承认、解约、中止、抗议、放弃、承诺、撤回等)也可能成为单独的法律渊源,只要这种单方行为不属于条约或者国际习惯法的某个规范。至于国际组织的决议是否属于国际法渊源,取决于国际组织的成立条约是否授予其权限。

近些年来,"软法"(Soft Law)的概念开始在一部分国际法学者之间提倡。④虽然没有统一的"软法"定义(一般认为软法是没有作为条约或国际习惯法地位的形式性国际文书),但其一般具有下列特点:(1)不具体划分权利义务关系,而是以一般的、抽象的原则、指针为内容;(2)欠缺规范内容的明确性;(3)不具有法律的

---

① 参见[日]村濑信也著《国际立法——国际法的法源论》,秦一禾译,中国人民公安大学出版社2012年版,第11页。
② [德]W. G. 魏智通主编:《国际法》,吴越、毛晓飞译,法律出版社2012年版,第56页。
③ 同上书,第57页。
④ 该概念最初由Lord Mcnail所使用。参见G. J. H. van Hoof, *Rethinking the Sources of International Law*, 1983, Bibliography, p. 187.

拘束力,对它的履行往往依据当事人的善意。也有学者对"软法"进行了分类①,如下表(表1-3)所示:

表1-3 软法的表现形式

成文的国际文书	具有条约地位、但拘束力稀薄的国际文书	1. 项目规定的条约、框架性的条约,如1966年《关于各国探索和利用包括月球和其他天体在内外层空间活动的原则条约》等
		2. 具体条约规定的实施、权利义务关系划定作为事后的条约、协定性条约
		3. 容易回避条约义务的条约
		4. 义务履行依赖当事国的善意或者信意的文书
		5. 义务履行时承认当事国大幅度裁量性保留的文书
		6. 达成当事国努力目标的条约
	具有不作为条约地位的国际文书	1. 国际组织、国际组织会议的决议、宣言等
		2. 行动纲领、行动标准
		3. 君子协定
		4. 非拘束性的国际协定
没有形成国际习惯法的不成文规范	未成熟的规范、事实性习惯、游戏规则等	

关于"软法"的国际法法源,由于学者对软法的定义、内容、分类等问题存在分歧,因此对其法源问题也无一致看法。甚至有学者认为:"从法律逻辑上说,它要么已经生效,要么它在当时还不是法,因而没有法的'软硬'之分。"②但该学者也认为:"在对传统的法律渊源进行解释时,软法经常是参照对象。此外,依据信赖原则来说明其法律上的效力也是可以考虑的。"③

---

① [日]村濑信也著:《国际立法——国际法的法源论》,秦一禾译,中国人民公安大学出版社2012年版,第13-14页。
② [德]W. G. 魏智通主编:《国际法》,吴越、毛晓飞译,法律出版社2012年版,第59页。
③ 同上。

(四)我国涉外海事关系法律适用法的国际法渊源

我国涉外海事关系法律适用法的国际法渊源包括国际条约①和国际惯例。具体规定如下表(表1-4)所示：

表1-4 我国涉外海事关系法律适用法的国际法渊源

名称	性质	内容
宪法的规定		我国宪法在第67条第14项、第67条第18项、第81条和第89条第9项对条约在我国的缔结做了概括性规定。
法律		1986年的我国《民法通则》第142条第2款规定："中华人民共和国缔结或者参加的国际条约同中华人民共和国的民事法律有不同规定的，适用国际条约的规定，但中华人民共和国声明保留的条款除外。中华人民共和国法律和中华人民共和国缔结或者参加的国际条约没有规定的，可以适用国际惯例。"第150条又规定："依照本章规定适用外国法律或者国际惯例的，不得违背中华人民共和国的社会公共利益。"我国《海诉法》《海商法》《中华人民共和国民事诉讼法》(新修正的民事诉讼法于2013年1月1日起实施)《中华人民共和国行政诉讼法》、《中华人民共和国外商投资企业和外国企业所得税法》等法律做出了类似的规定。
行政法规		1990年国务院发布的《海上国际集装箱运输管理规定》第12条规定："用于海上国际集装箱运输的集装箱，应当符合国际集装箱标准化组织规定的技术标准和有关国际集装箱公约的规定。"
司法解释		2012年的《最高人民法院关于适用〈中华人民共和国涉外民事关系法律适用法〉若干问题的解释(一)》第9条规定："当事人在合同中援引尚未对中华人民共和国生效的国际条约的，人民法院可以根据该国际条约的内容确定当事人之间的权利义务，但违反中华人民共和国社会公共利益或中华人民共和国法律、行政法规强制性规定的除外。"《最高人民法院关于适用〈中华人民共和国涉外民事关系法律适用法〉若干问题的解释(一)》第5条规定："涉外民事关系的法律适用涉及适用国际惯例的，

---

① 从1978年12月31日到2004年12月9日，我国关于"直接适用条约"的法律法规一共79部117个条款。这些规定，根据适用前提或条件的不同，可以具体区分为以下三种：一是当国内法与国际条约规定不一致或条约另有规定，适用条约的规定，但我国声明保留的除外；二是在相关事项上规定直接适用条约；三是国内法没有规定时，才适用条约规定。参见王勇《条约在中国适用之基本理论问题研究》，北京大学出版社2007年6月第一版，第146页。

续表

名称	性质	内容
司法解释		人民法院应当根据《中华人民共和国民法通则》第132条第3款以及《中华人民共和国票据法》第95条第2款、《中华人民共和国海商法》第268条第2款、《中华人民共和国民用航空法》第184条第2款等法律规定予以适用。
其他	我国加入的国际条约、承认的国际惯例的规定等。	

值得注意的是,由于商事习惯法具有不确定性,举证上的困难往往使得该条款并不能得到充分的适用。"综观《海商法》颁布实施后的涉外海事司法情况,国际惯例被直接作为裁判依据的情况可谓屈指可数"①。为此,最高人民法院在2006年《关于审理信用证纠纷案件若干问题的规定》第2条规定:"人民法院审理信用证纠纷案件时,当事人约定适用相关国际惯例或者其他规定的,从其约定;当事人没有约定的,适用国际商会《跟单信用证统一惯例》或者其他相关国际惯例。"直接以司法解释的方式将成文海事国际惯例列为正式的法律依据,成为法律渊源之一。

从分类上看,国际条约和国际惯例都包括实体性质的、程序性质的、冲突法性质的等三种类型,分别调整不同的法律问题。在国际条约方面,实体性质的、程序性质的、冲突法性质的国际条约都比较多。在国际惯例方面,实体性质的国际惯例比较多。其他性质的国际惯例比较少,特别是冲突法方面的国际惯例,更加少。甚至有人认为:"冲突法领域并无具体的国际惯例,国际上通行的冲突规范性质的国际惯例如'不动产依不动产所在地法原则''当事人意思自治原则'等都被我国或他国立法吸收而不再是国际惯例。"②也有学者认为,对国际惯例应该做广义的解释,凡中国没有参加的国际条约、一切外国法律、一切国际民间团体编撰的规则

---

① 陈亚芹:《有关海事国际惯例的立法思考》,载《中国海商法年刊》2009年1月第19卷,第199页。
② 吴文汀:《论我国立法中的冲突性国际惯例》,载《潍坊教育学院学报》2011年第3期,第38页。

都可以视为国际惯例,因此冲突法国际惯例在理论上和实践中都是存在的。①

但我国法律的相关规定是不明确的。如1986年《民法通则》第142条第2款规定:"中华人民共和国缔结或者参加的国际条约同中华人民共和国的民事法律有不同规定的,适用国际条约的规定,但中华人民共和国声明保留的条款除外。中华人民共和国法律和中华人民共和国缔结或者参加的国际条约没有规定的,可以适用国际惯例。"该条规定的国际惯例就没有明确是什么性质的国际惯例。②

从《民法通则》来看,其第142条第1款规定:"涉外民事关系的法律适用,依照本章的规定确定",显然是指有关冲突法的法律适用问题。第2款规定:"中华人民共和国缔结或者参加的国际条约同中华人民共和国的民事法律有不同规定的,适用国际条约的规定",显然指的是实体方面的规定。第3款"中华人民共和国法律和中华人民共和国缔结或者参加的国际条约没有规定的,可以适用国际惯例",又没有提及是实体性质规范还是冲突性质的规范,或者也可以说是包括了两者。可见,"该法律条文的规定有严重的逻辑错误会造成理论和实践的混乱,必须予以修正"③。

(五)相关立法建议

如前所述,我国相关立法对国际条约、国际惯例的适用问题有明确的规定。

国内有关立法草案、立法建议案也有不少规定。

2000年中国国际私法学会《中华人民共和国国际私法示范法》第6条规定:"中华人民共和国缔结或者参加的国际条约同本法有不同规定的,适用国际条约的规定,但中华人民共和国声明保留的条款除外"。第7条规定:"中华人民共和国法律和中华人民共和国缔结或者参加的国际条约对国际民商事关系的管辖权、

---

① 如上海海事法院在"美国梯・捷・斯蒂文逊公司与欧文信托公司诉利比里亚詹尼斯运输公司追索垫付船员工资、船舶费用纠纷及行使抵押权纠纷案"中,就援引国际惯例,判定适用船舶抵押权人优先权的准据法为船旗国法。由于我国没有关于船舶抵押贷款法律适用方面的规定,在确认抵押合同的效力方面,法院按照国际惯例"船舶抵押的效力问题,适用抵押登记国法",在船舶抵押受偿的优先权方面,法院参照国际惯例,适用了船旗国法律。参见吴文汀《论我国立法中的冲突性国际惯例》,载《潍坊教育学院学报》2011年第3期,第40页。
② 学者关于此条规定的国际惯例有不同看法:有的认为仅指实体性质的国际惯例,有的认为仅指冲突性质的国际惯例,有的认为包括实体性和冲突性的国际惯例。参见吴文汀《论我国立法中的冲突性国际惯例》,载《潍坊教育学院学报》2011年第3期,第38页。
③ 吴文汀:《论我国立法中的冲突性国际惯例》,载《潍坊教育学院学报》2011年第3期,第40页。

法律适用和司法协助没有规定的,可以适用国际惯例"。第 110 条规定:"中华人民共和国缔结或者参加的国际条约对与合同有关的问题有直接规定的,中华人民共和国的自然人、法人以及其他非法人组织和缔约国自然人、法人以及其他非法人组织订立的合同应适用该国际条约的有关规定"。第 111 条规定:"当事人在合同中可以选择适用国际惯例,也可以选择适用国际民商事公约"。

2002 年的我国《民法(草案)》第九编第 3 条规定:"中华人民共和国缔结或者参加的国际条约同中华人民共和国的民事法律有不同规定的,应适用国际条约的规定,但中华人民共和国声明保留的条款除外。中华人民共和国法律和中华人民共和国缔结或者参加的国际条约没有规定的,可以适用国际惯例"。第 4 条规定:"涉外民事关系的当事人可以经过协商一致以明示的方式选择适用国际惯例。依照本法规定应该适用的法律为中华人民共和国法律,而中华人民共和国法律对于该涉外民事关系的争议事项未作规定的,可以适用国际惯例"。

2010 年中国国际私法学会《涉外民事关系法律适用法(建议稿)》第 3 条规定:"对中华人民共和国生效的国际条约就涉外民事关系有规定的,适用国际条约的规定,但中华人民共和国声明保留的条款除外"。第 4 条规定:"依照本法规定适用中华人民共和国法律时,而中华人民共和国法律和对中华人民共和国生效的国际条约就涉外民事关系没有规定的,可以适用国际惯例"。第 53 条规定:"合同当事人可以选择适用国际惯例。当事人可以选择适用对其所属国并未生效的国际条约"。

在理论研究上学者们的观点与看法同以上相关立法建议基本一致①。2003 年大连海事大学修改《中华人民共和国海商法》建议稿第 366 条同《中华人民共和国国际私法示范法》第 6 条、第 7 条的规定完全一致。

有学者认为,关于国际条约与国际惯例的立法条款还可以再详细一些规定:"中华人民共和国缔结或者参加的国际私法条约被转化为国内立法后,除非该国际条约与我国的立法不同,应当适用我国的法律。中华人民共和国缔结或者参加的国际统一实体法条约在转化为国内立法以前,对其调整范围内的缔约国当事人之间的关系具有直接优先适用的效力,中国声明保留的条款除外。如果当事人选择适用中华人民共和国没有参加的国际统一实体法条约,只要符合本编规定的关

---

① 参见王国华《我国海事法律适用法立法研究》,载《海大法律评论》2007 年,第 200 页;毕道俊《中国海事冲突法的立法研究》,安徽大学法学院 2007 年硕士论文,第 44 页。

于当事人意思自治的条件,也可以适用该国际条约的规定。中华人民共和国缔结或者参加的国际统一程序法条约对该公约范围内的缔约国之间的事项具有直接优先适用的效力,中国声明保留的条款除外。如果条约本身规定其适用具有排他性,该条约具有排他的适用效力。中华人民共和国缔结或者参加的国际统一冲突法条约对公约范围内的缔约国之间的事项具有直接优先适用的效力,中国声明保留的条款除外。本条不适用于世界贸易组织协议在我国的适用。"①

有学者认为:"涉外民事关系的法律适用,中华人民共和国缔结或者参加的国际条约同本法有不同规定的,适用国际条约的规定,但中华人民共和国声明保留的条款除外。中华人民共和国法律和中华人民共和国缔结或者参加的国际条约对国际民商事关系的管辖权、法律适用和司法协助没有规定的,可以适用国际惯例。应适用中华人民共和国民事法律时,优先适用中华人民共和国缔结或者参加的国际条约。两者都没有规定的,可以适用国际惯例"。②

有学者认为:"中华人民共和国缔结或者参加的国际条约没有规定的,或者根据我国冲突规范应该适用的外国法没有规定,该外国缔结或者参加的国际条约也没有规定,或者当事人依法选择国际惯例作为确定他们之间权利义务的依据,我国法院可以参照适用国际惯例。"③

有学者认为,《民法通则》第142条应该这样修改:"涉外民事关系的法律适用,中华人民共和国缔结或者参加的国际条约同本法有不同规定的,适用国际条约的规定,但中华人民共和国声明保留的条款除外。中华人民共和国法律和中华人民共和国缔结或者参加的国际条约没有规定的,可以适用国际惯例。

依本章规定应适用中华人民共和国民事法律时,优先适用中华人民共和国缔结或者参加的国际条约。两者都没有规定的,可以适用国际惯例。"④

综上所述,我国在制定涉外海事关系法律适用法时,应该明确规定国际条约、国际惯例的适用问题。笔者认为,可以分如下几个层次考虑:

---

① 肖永平:《论〈中华人民共和国国际民商事关系法律适用法〉的立法体系》,中国国际私法学会2004年年会论文集,第148页。
② 吴文汀:《论我国立法中的冲突性国际惯例》,载《潍坊教育学院学报》2011年第3期,第41页。
③ 高宏贵、司珊:《我国处理涉外民商事关系时对国际惯例的适用——以国际私法的渊源为视角》,载《华中师范大学学报》2010年第3期,第35页。
④ 吴文汀:《论我国立法中的冲突性国际惯例》,载《潍坊教育学院学报》2011年第3期,第41页。

1. 原则性规定

原则性规定表明我国对待国际公约、国际惯例的基本态度。原则性规定的内容以在我国取得一致认识为前提，其内容为"中华人民共和国缔结或者参加的国际条约同本法有不同规定的，适用国际条约的规定；但是，中华人民共和国声明保留的条款除外。中华人民共和国法律和中华人民共和国缔结或者参加的国际条约没有规定的，可以适用国际惯例。"该规定与目前我国诸法律规定一致。但《民法通则》所指的"本法"包括实体法也包括冲突法，规定又是在法律适用一章出现的，适用容易引起不同看法。而本建议中的"本法"指涉外海事关系法律适用法，不容易引起歧义。

2. 当事人意思自治的规定

国际条约、国际惯例通常应该比一国的国内法更有代表性、更有普遍性。如果允许当事人选择外国法，那么也就没有理由不允许当事人选择国际条约、国际惯例。因此，可以允许当事人选择适用国际条约或国际惯例。但违反中华人民共和国社会公共利益或中华人民共和国法律、行政法规强制性规定的除外。

当事人可以选择适用国际惯例，通常没有什么异议。当事人选择适用国际条约，在我国存在不同的认识。2010年中国国际私法学会《涉外民事关系法律适用法(建议稿)》第53条规定："合同当事人可以选择适用国际惯例。当事人可以选择适用对其所属国并未生效的国际条约。"该建议稿考虑的是"对其所属国并未生效的国际条约"。2012年《最高人民法院关于适用〈中华人民共和国涉外民事关系法律适用法〉若干问题的解释(一)》规定："当事人在合同中援引尚未对中华人民共和国生效的国际条约的，人民法院可以根据该国际条约的内容确定当事人之间的权利义务，但违反中华人民共和国社会公共利益或中华人民共和国法律、行政法规强制性规定的除外。"《涉外民事关系法律适用法(建议稿)》在当事人选择国际条约的问题上，没有限定适用的领域，《最高人民法院关于适用〈中华人民共和国涉外民事关系法律适用法〉若干问题的解释(一)》将之限定在合同领域。在条约范围上，《涉外民事关系法律适用法(建议稿)》规定的是"对其所属国并未生效的国际条约"；《最高人民法院关于适用〈中华人民共和国涉外民事关系法律适用法〉若干问题的解释(一)》规定的是"尚未对中华人民共和国生效的国际条约"。对中国或当事人所属国而言，条约就两类：对中国或当事人所属国生效的条约和对中国或当事人所属国未生效的条约。既然允许选择对中国或当事人所属国未生效的条约(对中国或当事人所属国生效的条约就更不用说了)，这实际上等于允许选择所有国际条约。因此,两者范围是等同的。

最高人民法院的司法解释将适用范围限定在合同领域,笔者认为可以放开领域,只要是允许当事人意思自治的领域,都可以适用之。理论上讲,当事人选择国际惯例、选择对我国或者其所属国并未生效的"国际条约"比当事人选择其他法律更好一些,国际性也更强一些。应该允许。而且"违反中华人民共和国社会公共利益或中华人民共和国法律、行政法规强制性规定的除外"的规定又等于是增加了一个安全阀,对我国也不会产生副作用。

当然也可以考虑步伐不要一下迈得太快,可以先迈半步这样规定:"当事人可以选择适用国际惯例。合同当事人可以选择适用对我国并未生效的国际条约。但违反中华人民共和国社会公共利益或中华人民共和国法律、行政法规强制性规定的除外"。对我国并未生效的国际条约,或者条约本身还没有生效,未生效的原因是多种多样的,在意思自治最强的合同领域外,其他领域可以暂缓规定,也是稳妥的方法。但是,涉外海事领域的国际性更强、国际统一性要求更高、国际公约更多。法律适用法的立法规定应具有超前性,反映国际社会的主流。因此最好不要限定在合同领域。值得注意的是,"违反中华人民共和国社会公共利益或中华人民共和国法律、行政法规强制性规定的除外"条款不一定在法条中多处规定,主要在公共秩序保留条款中统一规定即可,作为总的原则统揽全局。即规定:"依照本章的规定适用外国法律、国际惯例或者未对我国生效的国际条约,不得违背中华人民共和国的公共利益或中华人民共和国法律、行政法规强制性规定。"

结语:笔者关于该部分内容的立法建议条款为:

"1. 中华人民共和国缔结或者参加的国际条约同本法有不同规定的,适用国际条约的规定;但是,中华人民共和国声明保留的条款除外。中华人民共和国法律和中华人民共和国缔结或者参加的国际条约没有规定的,可以适用国际惯例。

2. 当事人可以选择适用未生效或未对中华人民共和国生效的国际条约或国际惯例。

3. 依照本法的规定适用外国法律、国际惯例或者未对中华人民共和国生效的国际条约,不得违背中华人民共和国的公共利益或中华人民共和国法律、行政法规强制性规定。

4. 当案件的准据法为判例法国家的法律时,可以适用该国的判例。"

说明:1. 与其他建议案不同的是,增加了"当案件的准据法为判例法国家的法律时,可以适用该国的判例"这一规定。2. 规定"当事人可以选择适用未生效或未对中华人民共和国生效的国际条约或国际惯例",没有限制适用领域,如没有限制在合同领域等。

三、涉外海事关系法律适用法的当代发展

(一)涉外海事关系法律适用法的晚近立法与趋势

涉外海事关系法律适用法经历了其由统一(国际法阶段)走向分裂(国内法阶段)的阵痛。然而合久必分,久分必合。共同利益的存在驱使着它会再次走向统一。任何事物的发展都是这样。当代涉外海事关系法律适用法进入了发展的第三阶段(国际法阶段)。

1. 发展概述

在涉外海事关系法律适用法的第一阶段即国际法时期,海事国际统一实体法中的海事惯例和习惯性做法(the practices and usages)始终是其发展的主线。到国内法阶段,这条主线的似乎被掐断了,实际上只是弱化了而并没有完全消失,只是成为各国内法中共同因子这条隐线。因此,可以说,直至到当代,涉外海事关系法律适用法之所以具有其他法律所无法比拟的顽强生命力,正是海事惯例和习惯性做法发挥了无人可替代的作用。但毕竟国内法时期仍在一定程度上削弱了涉外海事关系法律适用法的"统一"程度,法律冲突时有发生。因此,各国海事法中的冲突法应运而生。但即使如此,各国海事法中的冲突法仍是国内法,各国在制订时仍主要顾及了本国的各种政策和利益,所以,各国海事法中的冲突法仍会发生冲突。由此,国际社会便对这种冲突法的冲突找到了解决途径——海事国际统一冲突法。同时,海事惯例和习惯性做法尽管能使大家遵守,但毕竟法律拘束力不强,它的高级形态——条约可起到法律拘束力。由此,在比较统一的领域,可以通过条约这种形式进行统一,在统一性不是很高的阶段,海事惯例和习惯性做法可以达到某种程度的统一。因此,在海事国际统一实体法领域,存在着统一程度不完全相同的形式——海事条约和海事惯例及其习惯性做法。

法律是各国政治、社会制度的组成部分并为其服务。虽然各国政治、社会制度不一,但只要存在各国共同或暂时共同的利益或互利的条件,共同的利益迫使妥协,这就有统一的基础。因此,妥协就是求同,求同则得到国际统一。同时,国际性似乎成了海事法的本性。海洋并非任何一个国家的领土,海上运输通常是跨国性运输,并且船员的责任和生活方式及其所谓风险也受制于同一种自然环境,这种环境不会因船舶或船员国籍的不同而不同。在这种情况下,在海事法领域统一性总是显得很必要。私法可能与政府的性质和民族的习惯及伦理道德联系得紧密,但对于海运行业的法律就不是这样了。在每个国家它产生于类似的需求,并且基于这个原因具有普遍的性质。然而,人们在法律思想上的对立和分歧,实际工作人员的习惯或墨守成规,以及民族自尊心等因素,给统一造成了难以克服,甚至不可克服的障碍。但无论如何,当代涉外海事关系法律适用法的最大特点就是统一化。例如近十多年来,"当代欧盟各国国际私法正在面临一个重大转折,就是从各国国际私法向欧洲国际私法转化,这被称为国际私法的'欧洲化'"[①]。关于这种国际私法的统一,有学者称其为"第三代欧洲冲突法"[②]。

2. 海事冲突法的统一

在涉外海事关系法律适用法统一化进程中,起初,"有关海事法的条约和国际惯例多是围绕传统的私法部分和实体法内容来制订和整理的"[③]。但是,在最近几十年,随着统一化程度的加深和扩展,海事法领域出现了冲突法方面的统一。制订统一的海事冲突法,既可通过制订单一的海事冲突法条约,也可在统一实体法条约中制订一些冲突规定。目前,涉及海事领域的冲突法条约数量可观,如下表(表1-5)所示:

表1-5　海事冲突法的统一

类型	名称	内容
单一的海事冲突法条约	1928年《关于国际私法的布斯塔曼特法典》	《关于国际私法的布斯塔曼特法典》第二卷《国际商法》第三编关于"航海和航空商业"中,就船舶和飞机及航海和航空商业的特别契约作出规定。如船舶方面,《布斯塔曼特法典》分别就船舶的国籍、船舶所有权的转移、扣押和出卖船舶、船长的权利和义务、船舶的检查、租船契约、共同海损、船舶碰撞等所适用的准据法做出了规定。
	1977年《统一船舶碰撞中有关民事管辖权、法律选择、判决的承认和执行方面若干规定的国际公约》	《公约》的第4、5、6条规定了船舶碰撞的准据法。

[①] 杜涛:《国外国际私法发展前沿年度综述(2011-2012)》,中国国际私法学会2012年年会论文集(上),第66页。

[②] 参见 Christian Kohler, *Europaishes Kollisionsrecht zwischen Amsterdam und Nizza*, in Zeus2001, S.575ff.

[③] 张明远、司玉琢:《世纪之交海商法走势探析》,载《中国海商法年刊》(1997年),第2页。

续表

类型	名称	内容
单一的海事冲突法条约	1980年《关于合同义务法律适用公约》	《公约》第二篇规定了法律适用的统一规则。另外，该《公约》还规定，只要是本公约所指定的法律，即使不是缔约国的法律，也应适用。
	1986年《国际货物销售合同法律适用公约》	《公约》第二章规定了法律适用的统一规则。另外，该《公约》还规定，在本公约的范围内，"货物"包括船舶、船只、小船、气垫船、飞机、电力。
	其他	如1955年海牙《代理法律适用公约》等等。
统一实体法条约中制订一些冲突规范	1910年《船舶碰撞公约》	公约第7条第3款规定："损害赔偿的诉讼期限可以中止或者中断的理由，由审理该案的法院所在地的法律确定。"第12条但书规定："对于非属于缔约国的利害关系人，每一缔约国可在互惠条件下适用本公约的规定；如所有利害关系人与审理案件的法院属于同一国家，则应适用国内法的规定，而不适用本公约的规定。"。
	1952年《扣船公约》	公约第6条规定："在任何情况下，请求人对扣押船舶所引起的损害，或为船舶的释放或防止扣押而提供的保证金或其他担保的费用是否负责问题，应根据在其管辖区域内执行或申请扣押的缔约国法律予以确定。有关船舶扣押和为申请取得第四条所指的权利，以及扣押可能引起的各种程序问题的程序规则，应受在其境内执行或申请扣押的缔约国法律的制约。"
	1957年《责任限制公约》	公约第4条规定："在不妨碍公约第三条第二款的条件下，有关设立和分配限制基金的各种规则，以及一切程序规则，应受基金设立国法律的约束。"
	1976年《海事赔偿责任限制公约》	公约第14条规定："有关责任限制基金的设立与分配的规则，以及与之有关的一切程序规则，除本章另有规定外，应受基金设在国法律的制约"

续表

类型	名称	内容
新的立法动向	欧洲国际私法统一问题	2011年3月,法国国际私法学家拉家德提交了欧洲历史上第一份《国际私法总则的立法(草案)》。草案分四章(前言、管辖权、冲突规范、判决的承认与执行),24条。草案引起了学者对欧洲国际私法法典化的热情。
	布鲁塞尔第一条例的修订	欧盟委员会2011年7月25日公布了修订布鲁塞尔第一条例《关于民商管辖权和判决承认与执行的第44/2001号条例的(草案)》供欧洲议会审议通过。
	海牙国际商事合同法律适用原则草案	海牙《国际商事合同法律适用原则(草案)》起草工作组2012年完成起草工作,交由特别委员会对草案进行审议。

值得注意的是,欧盟国际私法领域鉴于冲突法的缺陷,还发生了以"承认原则"取代"冲突法"的革命性变革。这在欧盟理事会2010年通过 Stockholm Programm(斯德哥尔摩计划)之后,发展迅速。目的是通过在欧盟各成员国之间建立相互承认彼此法律公文的机制。有学者预计如果承认制度完全建立,则可以达到消除法律冲突的效果。[①] 2010年以来,欧盟加快了这种机制的建立,按照落实 Stockholm Programm(斯德哥尔摩计划)的安排,欧盟委员会最晚应于2013年底出台"关于相互承认身份文书的立法建议"[②]。

3. 海事实体法的统一

在解决海事领域的法律适用问题方面,海事冲突法及海事统一冲突法都不是直接的解决法律冲突的方法。海事国际统一实体法条约的出现,弥补了法律适用

[①] 参见 Heinz – Peter Mansel, *Anerkennung alsGrundprinzip des Europaeischen Rechtstraums – Zur Herausbildung eines euroaeischen Anerkennungs – Kollisionsrechts*: Anerkennung statt Verweisung als neues Strukturprinzip des Europaeischen internationalen Privatrechts, RabelsZ70 (2006), S. 651.

[②] 欧盟经济一体化导致私法领域需要实现交易规则的一体化。于是欧盟逐步通过"条例"和"指令"的形式对私法领域进行干预。为了更广泛促进私法的统一,欧洲议会在1989年5月第一次提出了构建"欧洲民法典"的设想。此后,在丹麦兰德教授领导的欧洲合同法通则委员会的努力下,经过20多年的努力,在2002年完成了《欧洲合同法通则》的起草。德国冯·巴尔教授在1998年成立了"欧洲民法典研究所","欧洲民法典研究所"与"欧洲现行私法研究所"于2009年3月完成了《欧洲民法原则、定义与示范条文(共同框架建议草案)》,是一次很好的统一民事领域实体法的活动与尝试。

方法上的不足。

目前制订的海事国际统一实体法条约已经涉及到海事法律的各个领域,主要有:

(1) 1910 年《统一船舶碰撞某些法律规定的国际公约》;

(2) 1924 年《统一提单某些规定的国际公约》;

(3) 1926 年《统一船舶优先权和抵押权某些法律规定的国际公约》;

(4) 1957 年《海运船舶所有人责任限制的国际公约》;

(5) 1967 年《统一船舶优先权和抵押权某些法律规定的国际公约》;

(6) 1968 年《修订〈1924 年统一提单某些规定的国际公约〉》;

(7) 1974 年《海上旅客及其行李运输雅典公约》;

(8) 1976 年《海事赔偿责任限制公约》;

(9) 1978 年《联合国海上货物运输公约》;

(10) 1985 年《确定海事碰撞损害赔偿金的国际公约预案》;

(11) 1989 年《国际救助公约》;

(12) 1993 年《船舶优先权和抵押权公约》;

(13) 2001 年《燃油损害民事责任国际公约》;

(14) 2002 年《旅客及其行李运输的雅典公约》;

(15) 2006 年《国际劳工公约》;

(16) 2011 年《〈经修正的 1974 年国际海上人命安全公约〉的修正案》;

(17) 2011 年《〈1973 年国际防止船舶造成污染公约 1978 年议定书〉附则修正案》等等。

此外,《欧洲统一货物买卖法条例》草案在 2011 年 10 月 11 日正式提交欧洲议会审议。①

统一实体法取代冲突法的思想,得到最近的理论——新商人法的支持,这一思潮的代表人物即施米托夫、菲利普·卡恩等。施米托夫认为:"结论是:如果我们仅仅考虑法则区别说及其继承者所论及的法律冲突问题,我们得到的只是片面的和不完整的观念……事实上有两个领域相辅相成:一个领域产生法律冲突问

---

① 参见 Proposal for a Regulation of the European Parliament and of the Council on a Common European Sales Law, Brussels, 11. 10. 2011, COM(2011)635final.

题,另一个领域则通过诉诸普遍承认的法律体系如新商人法,来避免法律冲突问题。"①

在实践中,实体法主义者分为两类:"一类是对他们认为按照冲突规范指定的方法适用的实体法,准据法内容并不令人满意的案件,希望构建新的实体法即补充性的实体法。另一类是认为世界贸易中已自发产生一种统一实体法——新商人法。"②

海事国际统一实体法条约大大便利了海事领域法律适用问题的解决。然而,在统一的道路上,一方面出台了不少的统一的条约,另一方面恰恰因为这些统一使统一变得不统一了。如《海牙规则》意图统一关于提单的某些法律规定,在"二战"之初,基本上达到了这一目的。但是,自此以后,统一性逐渐消失了。这首先源于变化发展的技术,例如"集装箱革命",这是《海牙规则》起草者所始料不及的。发展变化的政治环境是另一个重要原因,如以前的殖民地成为独立的国家,形成了一套自己的操作程序。不同国家法院对海牙规则的解释也产生了要求新的解决方案的问题。20世纪50年代末,国际海事委员会相应着手这项工作,最终产生了1968年《维斯比规则》。所以,关于统一海上货物运输产生的责任的法律问题,国际海事委员会从1907年就开始工作持续到1968年的《维斯比议定书》。然而,联合国此时也致力于该项工作,并最终诞生了1978年《汉堡规则》。《汉堡规则》生效后,分裂的步速大大加快了。同时,由于《汉堡规则》未获得任何主要航运国家的批准,自此以后,海上货物运输的分裂状态变得更加明显。事实上,有关国际海上货物运输的法律曾是世界上所有国际法中最统一的。但我们近多年来为什么会陷入不统一的局面?有人认为原因是:"由于国际海事委员会和联合国国际贸易法委员会不顾世界上所有航运国家关于革新规则和谋求统一的呼声,未能更新自己制订的规则或协调这些规则。"③

值得注意的是,统一的进程使统一变得不统一,这是一个正常的矛盾运动过程。对此,我们既不能消极悲观,也不能盲目乐观。国际统一实体法的"统一",是一个多层次的概念,有时甚至是程度很低的统一,中间出现不统一的小曲折甚至出现大的倒退都是正常情况,也许某一天我们猛回头,发现已基本上统一了。

---

① [德]格哈德·克格尔著:《冲突法的危机》,萧凯、邹国勇译,武汉大学出版社2008年版,第184页。
② 同上书,第160页。
③ [加]William Tetley:《统一的国际海上货物运输法的瓦解——新的美国参议院海上货物运输法律建议稿》,载《中国海商法协会通讯》总第58期,第15页。

(二)解决海事法律冲突的方法体系的现状与创新

1. 历史分析的方法

冲突法从其最初发源就一直是理论研究的问题。从历史分析的方法入手,可以将冲突法理论分成三类或将解决法律冲突分成三种方法:单一学说或原则——解决法律冲突的第一种方法;多边冲突规范汇编(冲突规范法典化)——解决法律冲突的第二种方法;综合论著、法学评论和学术论文——解决法律冲突的第三种方法。而制定国内冲突法和国际冲突法公约是现代解决法律冲突的方法,或者说是解决法律冲突的第四种方法。①

在以上四种方法的基础上,有学者提出了解决法律冲突的第五种方法——构建法律适用的统一方法体系。因为以上方法包括采用国内冲突法和国际冲突法公约的第四种解决法律冲突的方法,都不是理想的方法。"法院、律师和学者在解决具体的法律冲突问题时要求有一种确定的方法和规则,即法律适用的统一方法体系,以便适用那些国内冲突法和国际冲突法公约,运用它能够分析和解决发生在任何国家中的每一个法律冲突问题。构建法律适用方法体系的目的是,获得统一的解决法律冲突的冲突法理论和实践,或至少是方法,以明确无论在哪里提起诉讼,都适用同一的可适用的准据法"②。该方法体系包括下列两大内容如下表(表1-6)所示:

表1-6 解决海事法律冲突的方法体系

解决法冲突方法的创新	1. 将所有法律冲突问题集中在一起处理
	2. 采用综合的法律适用规则
	3. 摈弃一些制度:如反致、程序问题与实体问题的区分等
	4. 采用一些统一的标准:如准确定义公共秩序、强制性规则等
	5. 合同中强调意思自治与最密切联系原则
	6. 不考虑默示的法律选择
	7. 强调不方便法院原则
	8. 其他

---

① 冲突法的新发展是对特别问题如海事法律冲突的特别规定。如1993年《荷兰海事冲突法》和1993年中国《海商法》第14章的特别规定。但是,这两部法律既没有规定也没有涉及法律适用的方法。参见[加]威廉·泰特雷著《国际冲突法:普通法、大陆法及海事法》,刘兴莉译,法律出版社2003年版,第17页。

② [加]威廉·泰特雷著:《国际冲突法:普通法、大陆法及海事法》,刘兴莉译,法律出版社2003年版,第24页。

续表

采用统一的方法确定准据法	1. 将法律冲突进行分类:如是什么问题的冲突、是什么性质的冲突、可能涉及哪国国家的哪个法律等
	2. 查明所涉法律的一般内容,进而了解适用不同法律可能出现的后果
	3. 法院地强制性规定的正确适用
	4. 审判程序适用法院地法
	5. 确定所有的联系因素
	6. 选择适当的准据法并统一解决时效、推定等附带问题
	7. 判定法院依据所选择的法律是否享有管辖权
	8. 其他

法律适用方法体系的发展对涉外海事关系法律适用法的趋同化发展有很好的促进作用。两者相互影响、相互促进,推动了法律适用法理论体系的完善与审判实践的进步。

2. 经济分析的方法

自从20世纪60年代法经济学兴起以来,利用经济学方法分析法学问题的研究模式逐渐扩展到法学的各个领域。美国著名法经济学家理查德·A. 波斯纳认为:"当然,经济学也被应用于冲突法领域。如罗伯塔·罗曼诺和其他学者已经证明各州有关公司设立的法律是如何刺激了各州之间在吸引公司来本州设立上展开的竞争,并且这种竞争已经趋向于公司法的最优化。威廉姆·巴克斯特和其他学者已经表明,对于州际或国际纠纷适用具有比较管理优势的法域(可能由于是引起纠纷的伤害发生地)的法律——该法域的法律可以对当事人的行为进行最佳管理——能够提高效力。"[①]澳大利亚学者温考普和凯斯则走得更远,他们强调在冲突法律文献中已占主导地位的政府利益转变为在产生冲突法问题时强调当事人的利益。这种以当事人为中心的方法相当于经济学中对自由市场的强调。其基本观点是:"适用于合同纠纷的法律选择应该简单地被视为当事人决策的延伸,即当事人决定将哪些条款写入合同之中。这个法律选择应该得到兑现,即使该选择规避了某些强制性规则。如果当事人没有选择法律,法院应该做出选择,该选

---

① [美]理查德.A. 波斯纳:《序》,载[澳]迈克尔.J. 温考普、玛丽·凯斯著:《冲突法中的政策与实用主义》,阎愚译,北京师范大学出版社2012年版,第1页。

择是当事人在考虑这个问题时最有可能做出的那一个。"①

温考普和凯斯认为:"在冲突法的法律适用方法上,肯定国家利益的选择方法有既得权理论、法院地法理论、利益分析理论、比较损害说和比较管理优势说等。肯定当事人利益的选择方法有较好法律说、法律选择休整(法院确认案件当事人如果有机会协商的话会同意做出的法律选择)、合理预期等。"②

国际私法在保护当事人利益及成本控制方面的功能有:

(1)诉讼的社会成本最小化

因为诉讼对当事人和法院地都产生了较大的社会成本,最小化这些成本就应当成为一个目标。在产生法律冲突的地方,影响社会成本的因素包括风险收益、当事人庭外和解的能力。冲突规则的单边性越高,风险收益就越高,诉讼成本就越高。庭外和解可以降低诉讼成本。

(2)缔约最优

允许合同的选择规避一国强制性规定。因为"第一,执行这些选择限制了因议会缺乏远见而造成的效力低下;第二,当事人最有可能做出的选择往往是家长式法律最不可能予以保护的;第三,合同性的法律选择抵制无效能的寻租利益集团,这些寻租利益集团的政治交易需要强行法"③。

(3)限制法规的垄断和溢出

多边冲突规则和对法院接受法院地被告管辖权的条件的限制能够增进协调、降低自己离开的成本,并因此降低法规溢出的程度。④

综上,在具体的案件中,冲突法方法的经济分析如下表⑤(表1-7)所示:

表1-7 成本控制的冲突法方法

合同	当事人选择的法律;没有选择时,考虑默认规则或者超默认规则(即那些至少在合同法中通常是默认规则的默认规则)。在英美法中有关法律选择的默认规则的现行方法是找出与该交易有最密切联系的法律体系。

---

① [美]理查德.A. 波斯纳:《序》,载[澳]迈克尔.J. 温考普、玛丽·凯斯著:《冲突法中的政策与实用主义》,阎愚译,北京师范大学出版社2012年版,第1页。
② 同上书,第21页。
③ 同上书,第28页。
④ 同上书,第29页。
⑤ 该部分主要归纳了迈克尔.J. 温考普、玛丽·凯斯的观点。

续表

强制性规则	经济分析只在很小程度上承认强制性规则。强制性规则是无效率的，当事人可以 1. 重新订立合同，使其摆脱适用强制性规则的法域；2. 当事人通过将财产转移出某一法域的方式，使依据强制性规则做出的判决无效；3. 当事人可以更改合同的性质来排除强制性规则。如果这样做的收益超过交易成本，则许多强制性规则是可以避免的。
市场性侵权和责任竞合	由合同性的法律选择方法解决。
非市场性侵权	侵权行为地法。
财产权	1. 在当事人之间的纠纷只与合同效力有关时，采用当事人意思自治原则。
	2. 土地。采用物之所在地法。另外根据莫桑比克规则，大多数普通法系国家认为法院对位于本法域之外的任何不动产的诉讼均没有管辖权。
	3. 有形动产。所在地是不固定的，共同住所地、转让人的主要营业地等法律可以考虑。
	4. 无形动产。一般来说，法律选择应该由原来合同选择的法律来定。如贷款合同中的法律选择不仅约束最初的当事人，而且约束与债务有关的所有权之诉。另外，公司的设立地也是较好的冲突规则。
	5. 破产财产。与其他法律适用方案相比，物之所在地法较妥。
管辖与程序	1. 鼓励当事人在提供准据法的法域内提起诉讼。
	2. 有效率的法院是将诉讼成本最小化的法院。如果所有可能的法院都适用同样的多边冲突规则，原告就会选择使其成本最小化的法域。
法律冲突与互联网	1. 互联网扩大了侵犯知识产权的机会，可适用长臂法令的延伸解释。
	2. 互联网通过使世界更为紧密地联系在一起而使政府利益进一步增值。
	3. 关于合同的法律适用方法对互联网合同同样适用。

以经济分析的方法确定法律适用准据法的选择，也是实用主义的方法，对当事人而言具有非常重要的意义与指导作用，对冲突法立法及司法也有重要的参考作用。

(三)涉外海事法律适用法领域对弱者的保护——冲突正义到实体正义的发展

梅因(Maine)在其《古代法》中指出："人类社会的进步，从法律制度史着眼，表现为'从身份到契约'的运动过程。"①然而,梅因得出的结论对20世纪之后的历史并不完全适用。当人类进入20世纪之后发现,20世纪法律史的演进在很大程度上表现为"从契约到身份"的运动过程。② 目前许多国家在自己的实体法中,出现了一些保护特定身份者,如妇女、子女、消费者、船员利益的条文。

相应于此种变化,以间接调整方法为主要调整方法的涉外民事关系法律适用法也产生了一定互动。如1978年的《奥地利国际私法》、1987年的《瑞士联邦国际私法》、1980年的《关于合同义务法律适用欧洲公约》及海牙国际私法会议制定的一些公约中对此都有所明确的规定。在我国,2000年中国国际私法学会起草的《中华人民共和国国际私法示范法》、2002年全国人大法律工作委员会提交讨论的《民法(草案)》第九编"涉外民事关系的法律适用法"、2010年的《法律适用法》等已经开始出现规定弱者利益保护的一些冲突法条款。在涉外海事领域,弱者利益保护的法律规定发展也非常迅速。如《日本商法典》第805条规定:"(1)从事救助的船舶若为轮船,救助报酬的2/3必须支付给船舶所有人,若为帆船,救助报酬的1/2必须支付给船舶所有人,余下金额船长与船员平分。(2)依据前项的规定,支付给船员的报酬金额,由船长进行分配。在此场合,准用第804条规定;(3)违反前两项规定的合同无效。"其他国家也有类似的规定,目的是保证船员的利益得到实现。韩国还规定,根据规定应向海员支付救助报酬时,船长应考虑各船员的努力、效果等因素,在航次终了以前做成分配方案,向全体海员公布。③

冲突规范历来主要使用一些具有空间场所意义或者可以场所化的事实因素来指定应适用的准据法,"故许久以来多被学者指责它虽具有法律规范所应有的确定性,但缺乏灵活性,它只追求'冲突正义',忽视'实体正义'。因而如何解决好上述两个问题,一直是各国国际私法学者所重视的"④。

冲突法主要由仅作"管辖权选择的冲突规则"所构成,法官只需要根据这种冲突规则的指引去适用某一国家的实体法来判定案件的情况。这种情况只能实现"冲突正义"。至于"实体正义"能否实现,依赖于根据冲突规则指引适用的某一国家的实体法。涉外民(海)事关系法律适用法为了依法(冲突法)行事,往往在

---

① [英]梅因著:《古代法》,沈景一译,商务印书馆1984年版,第97页。
② 庞德在其《普通法的精神》中对这一论题进行了详尽的论证。参见[美]罗斯科·庞德著《普通法的精神》,唐前宏译,法律出版社2001年版,第18-20页。
③ 参见《韩国商法典》第845条。
④ 李双元主编:《国际私法》,北京大学出版社2006年版,第97页。

"冲突正义"与"实体正义"之间,选择"冲突正义"。在非法典化国家的英国法院,虽然依判例法中的冲突原则一个案件本应适用某一外国法,可是法院并不负调查、证明和正确解释外国法的职责,因而有时即使法院知道双方当事人对外国法的理解不正确,也不会去主动纠正。①

只追求"冲突正义"的冲突规范被称为"盲眼"的冲突规范。"这一现象在20世纪20年代以后有些改变。一些国家开始考虑冲突法能否达到'实体正义'的问题了。他们在'管辖权选择的冲突规则'中附加'内容或结果导向'的规定,例如附加上适用有利于保护弱方当事人、受害人的规定,适用有利于保护人权的规定等"②。

"法律旨在创设一种正义的社会秩序"③。一项法律制度若要恰当地完成其职能,就不仅要实现正义,而且还须致力于创造秩序。秩序的维续在某种程度上是以存在着一个合理的健全的法律制度为条件的,而正义则需要秩序的帮助才能发挥它的一些基本作用。"当前,国际交往日益发达,全球化和知识经济成为时代的表征。其所导致的后果之一便是参与国际民商事交往双方的实力悬殊日益加大,以至于强者愈强,弱者愈弱,这样,在国际民商事交往中必然引起不平等的现象。为了妥当地制订适应当前社会发展的法律制度,促使国际民商事交往的良性发展,涉外关系法律适用法应当实现保护弱方当事人正当利益的原则"④。该原则在海事领域表现为对船员等弱者的保护。

1. 涉外海事冲突法领域对弱者的保护

(1) 合同领域

冲突法领域多为"盲眼"的冲突规范,实现的是"冲突正义"。如在海员劳动合同中没有约定合同准据法时,各国法律一般规定根据最密切联系原则确定合同的准据法。主要考虑的是承担特征性义务的当事人的住所地法、惯常居所地法、营业所所在地法为合同的准据法。由于承担特征性义务的当事人对自己的住所地法、惯常居所地法、营业所所在地法比较熟悉,规定适用这些地方的法律,体现了立法的价值倾向。

---

① 参见 J. H. C. Morris, *The Conflict of Law*, London Stevens, 1980, p36 – 70.
② 李双元主编:《国际私法》,北京大学出版社2006年版,第103页。
③ [美]博登海默著:《法理学:法律哲学与法律方法》,邓正来译,中国政法大学出版社1999年版,第318页。
④ 屈广清主编:《国际私法导论》,法律出版社2003年版,第41页。

有时,"承担特征性义务履行的当事人的住所地或者营业所所在地与合同的联系并不密切,合同所涉及的其他场所与合同有更密切的联系,这种情况下,有必要另行考虑合同准据法的场所"①。例如,劳动合同适用劳动实施地法。因为虽然一般情况下承担特征性义务的当事人的住所地、特别是营业所所在地也是特征性义务的履行地,与合同有密切联系。但劳动合同并不一定总在承担特征性义务的当事人的住所地或者营业所所在地履行,而且劳动合同与履行地有着更密切的联系。我国《关于适用〈涉外经济合同法〉若干问题的解答》就规定,劳务合同适用劳务实施地的法律。从保护船员的角度来讲,劳务实施地的法律不见得一定就能很好地保护船员,但体现了保护弱者的冲突正义。

在合同冲突法领域,也是能够实现保护弱者的实体正义的。

当事人可以通过意思自治原则确定调整合同法律关系的法律。在船员劳动合同中,就是由船员劳动合同的当事人确定调整船员劳动合同法律关系的法律。

船员在与合同另一方当事人约定法律时,在不违背有关法律的强制性规定或者公共秩序的情况下,应当约定那些其合同之债的海事请求能够产生船舶优先权的法律。因为对船员合同之债的海事请求能够产生船舶优先权的法律,必然能够使船员的合同债权得到保障。这是船员在签订船员劳动合同时应当注意的一个问题。船员在签订船员劳动合同时应当注意的另一个问题是,在船员劳动合同双方当事人约定的船员合同之债的海事请求能够产生船舶优先权的法律中,应当尽量使船员合同之债的海事请求的赔偿处于较前的位置,在实现各种能够产生船舶优先权的海事请求时,船员合同之债的海事请求的赔偿就能够得到真正的保证。这样,通过意思自治原则,能够实现保护弱者的实体正义。

(2) 侵权领域

侵权领域的弱者也可以通过意思自治原则,达到保护自己的目的。有的国家规定,在船员侵权之债准据法的确定上,适用侵权行为地的法律。由于侵权行为地包括侵权行为实施地和侵权结果地,弱者可以在两地的法律之间进行选择。从保护船员的角度来讲,在选择准据法时,所选择的准据法不仅应当尽量使船员的侵权之债的海事请求能够产生船舶优先权,而且在诸多能够产生船舶优先权的各种海事请求中,船员侵权之债的海事请求的赔偿应当尽量处于较前的位置。

---

① 沈涓著:《合同准据法理论的解释》,法律出版社 2000 年版,第 156 页。

(3) 定性问题

在司法实践中,船员劳动合同法律纠纷经常会涉及定性问题。定性是一个国际私法的概念①,国内实体法也会涉及定性的问题,但意思与国际私法上的定性是不同的。如我国《合同法》第 122 条就规定:"因当事人一方的违约行为,侵害对方人身、财产权益的,受损害方有权选择依照本法要求其承担违约责任或者依照其他法律要求其承担侵权责任。"尽管法律规定受害人可以选择以这两种请求权中的任何一种进行索赔,但是,以不同的请求权索赔,其结果是不一样的。"这是因为违约责任和侵权责任之间在归责原则、举证责任、义务的内容、时效、责任构成要件、免责条件、责任形式、责任范围、对第三人的责任以及诉讼管辖等方面都存在差别。"对受害人获得的赔偿有实质性影响的是责任范围。在责任范围问题上,合同的损害赔偿责任主要是财产损失的赔偿,不包括对人身伤害的赔偿和精神损害的赔偿。对于侵权责任来说,损害赔偿不仅包括财产损失的赔偿,而且包括人身伤害和精神损害的赔偿,其赔偿范围不仅包括直接损失,还应包括间接损失。因此,受害人以侵权请求权进行索赔所取得的赔偿数额比以违约请求权多。从保护弱者船员的角度来看,受害人船员以侵权请求权进行索赔比以违约请求权更为有利。所以,船员虽然有在违约请求权和侵权请求权之间选择的权利,但是以侵权请求权进行索赔对其更有利。当然,尽管定性为侵权获得的赔偿范围广,但如果船员违约之债海事请求所处的赔偿位置前于船员侵权之债海事请求的赔偿位置,并且船员侵权之债的海事请求根本不能得到受偿时,将其定性为违约就比定性为侵权更有利于保护船员。所以,通过定性能够实现弱者利益的保护。

冲突法上定性的法律适用方法是不统一的,如有法院地说、准据法说、分析法学与比较法说、个案识别说、择衷说、功能定位说等。国际私法学者提出,应从国际私法公平合理解决纠纷的角度,考虑有关问题或者事实情况归入哪一法律范畴更符合其自身性质与特征,更能兼顾"冲突正义"与"实体正义"②。

2. 涉外海事实体法领域对弱者的保护

国际条约、各国海事实体法律对弱者保护问题都进行了一些规定。如 2006 年《海事劳工公约》第 2 条第 1 款第 6 项将在船舶上工作的所有人员都视为船员,

---

① 定性(识别、分类)是指在适用国际私法规范时,依据一定的法律观念,对有关的事实构成做出分类,将其归入一定的法律范畴,从而确定应援用哪一冲突规范的认识过程。参见韩德培主编《国际私法》,高等教育出版社、北京大学出版社 2002 年版,第 118 页。
② 参见李双元主编《国际私法》,北京大学出版社 2011 年版,第 102 页。

公约对他们的生活条件、工作报酬、休息、医疗、赔偿等方面提供了明确而具体的保护。1926年《统一船舶优先权和抵押权若干法律规定的国际公约》第2条中规定的有关船员的产生船舶优先权的海事请求有：第一，船长、船员和船上其他人员的雇佣契约所引起的请求；第二，船员人身伤害赔偿。1967年《统一船舶优先权和抵押权若干法律规定的国际公约》第4条中规定的有关船员的产生船舶优先权的海事请求有：第一，就其在船上任职而应付与船长、高级船员及其他船员的工资及其他款项；第二，就直接涉及船舶营运问题之在陆上或水上发生的人身伤亡，而向船舶所有人提出的请求。

各国国内立法也都有类似规定，如下表（表1-8）所示：

表1-8 海事实体法领域对弱者的保护

国家	法律名称	规定内容
德国	《商法典》	第754条中规定有关船员的产生船舶优先权的海事请求有：第一，船长及其他船员之工资；第二，在使用船舶时，因人身伤亡产生之赔偿请求权；第三，对抗船东之社会保险及失业保险债权。
中国	《海商法》	第22条规定能够引起船舶优先权的有关船员的海事请求有：第一，船长、船员工资、其他劳动报酬、船员遣返费用和社会保险费用的给付请求；第二，在船舶营运中发生的人身伤亡的赔偿请求。
希腊	《海事私法典》	第205条规定产生船舶优先权的海事请求有：由于船长和船员的雇佣合同而产生的索赔以及由雇佣而产生的船员养老基金的费用。
前苏联	《海商法典》	第80条规定产生船舶优先权的海事请求权有：根据劳动法律关系产生的请求，由于残废、其他损害健康或死亡引起的赔偿请求，在这些请求得到全部补偿后，其次为社会保险请求，但上述这些请求都必须与相应的船舶有关。
日本	《商法典》海商编	第842条规定产生船舶优先权的海事请求权有：船长和其他船员，因雇佣合同而发生的债权。
韩国	《海商法》	第861条规定产生船舶优先权的海事请求有：第一，船员及其他船员雇佣人员，因雇佣合同而产生的债权；第二，对船员的生命或人身伤害。
荷兰	《海商法》	第318C条规定产生船舶优先权的海事请求有：第一，应付给船长和船员的根据其服务协议所产生的并与他们在船上工作期间有关的债务；第二，碰撞所产生的债务。
我国台湾	《海商法》	第24条规定产生船舶优先权的海事请求有：第一，船长海员及其他服务船舶人员，属于雇佣契约所生之债权，其期间未满一年者；第二，船长海员之身体伤害。

各国法律在对船舶优先权规定的同时,还规定了船舶优先权的受偿先于船舶其他权利的受偿。我国《海商法》第 25 条第 1 款规定:"船舶优先权先于船舶留置权受偿,船舶抵押权后于船舶留置权受偿。"同时,各国法律中还规定了各种具有船舶优先权的各种海事请求的受偿顺序,其中,船员的海事请求基本上都是居于第一位的,这表明对于船员的保护,实现的是"实体正义"。

结语:笔者关于该部分内容的立法建议条款为:"除合同另有约定外,船员劳务合同,适用船旗国法、当事人住所地法中对船员保护最有利的法律。"

说明:关于船员的劳动合同的法律适用问题,准据法方面还不统一。有的规定已经体现了保护弱者的精神。如 1999 年《俄罗斯商船航运法典》第 416 条规定:"1. 船员的法律地位以及船舶营运中船员间的关系适用船旗国法。2. 船舶所有人与船员间的关系,适用船旗国法,在规定船舶所有人与外国船员间关系的合同中另有约定的除外。劳动合同的当事人选择的适用于船舶所有人与船员间关系的法律,不得免除在当事人未达成法律选择协议时本应适用的,比照国家标准船员应享有的工作条件。"

我国也有学者建议在冲突法的立法中对船员进行利益保护:"对船上发生的人身伤亡,受害人选择以原已存在的合同关系提起违约之诉时,应适用合同中约定的准据法,受害人选择提起侵权之诉时,应按上述规定分别加以确定准据法,但也可以适用合同中约定的准据法。但在任何情况下,案件所适用的准据法中对受害船员的赔偿低于该船员本国法规定时,应适用该船员本国法。"①

笔者的建议,体现了对弱者的实质性保护,体现的是"实质正义"。同以上立法及立法建议相比,更有利于保护弱势群体。

---

① 韩立新编著:《海事国际私法》,大连海事大学出版社 2001 年版,第 229 页。

第二章

海事物权之研究

物权一词的意义,不仅指"在一物中的权利",它还是所有与真正"我的和你的"有关的法律的基本原则。①

——[德]康德

爱默生诗云:如果我的船沉了,我把它拴到另外的海洋。爱默生是幽默乐观的、超现实主义的。但法律还得面对现实,面对现实的船舶问题。如果现实中的船沉了,法律问题不会沉下去,反而会浮上来。而浮在最上面的可能就是海事物权问题。

康德对物权有一个简短的定义:物权的通常定义,或"在一物中的权利"的定义是:"这是一种反对所有占有者占有它的权利。"②

笔者认为:物权是指依法享有直接支配物并排除他人干涉的权利。根据罗马法,物权共有六种,包括所有权、役权、地上权、承租权、典质权和抵押权。《中华人民共和国物权法》规定了所有权、用益物权和担保物权的物权体系。该法第 2 条规定了物权的概念:"本法所称物权,是指权利人依法对特定的物享有直接支配和排他的权利,包括所有权、用益物权和担保物权"。

海事物权的范围比较广泛,但最主要的是船舶物权。我国《海商法》中规定的

---

① [德]康德:《法的形而上学原理》,沈叔平译,商务印书馆 2012 年版,第 75 页。
② 同上书,第 73-74 页。

船舶物权主要有:船舶所有权、船舶抵押权、船舶优先权以及船舶留置权。①

在我国海事审判实践中,"纠纷的类型主要集中于运费拖欠、提前退租还船、船舶买卖与建造等合同纠纷"②,大量涉及船舶物权问题。

遗憾的是我国理论上还没有形成统一的船舶物权的概念。有人认为:"针对船舶行使的各种权利通称为船舶物权。其中包括船舶所有权、抵押权和优先请求权。"③有人认为:"船舶物权是指船舶权利人所具有的能直接支配其船舶,并享有其应得利益的排他性权利。船舶物权包括船舶所有权、船舶经营管理权、船舶租赁权(指光船租赁)、船舶优先权、船舶抵押权、船舶留置权。"④有人认为:"以船舶为客体的物权就是船舶物权。"⑤有人认为:"船舶物权指直接支配特定的船舶并排除他人干涉的权利。"⑥有人认为:"船舶物权是以船舶物权关系为调整对象的法律规范的总称。"⑦有人认为:"以船舶为客体的物权为船舶物权。"⑧有人认为:"船舶物权是对船舶的支配权,其种类多样,如船舶所有权、船舶抵押权、海事优先权、船舶留置权、光船租赁权、司法处分权、定期租赁权等。随着经济的发展,新型的船舶物权会不断涌现。"⑨

亚里士多德认为:"当若干事务虽然有一个共通的名称,但与这个相应的定义却各不相同时,则这些事务乃是同名而异义的东西。反之,当若干事务有一个共通的名称,而相应于此名称的定义也相同的时候,则这些事务乃是同名同义的东

---

① 我国一般将船舶抵押权、船舶优先权以及船舶留置权列为海事担保物权。至于是否存在海事用益物权,认识不一。我国《海商法》没有出现船舶用益物权的概念,也没有规定任何类型的用益物权。也有学者认为光船租赁权就属于船舶用益物权。参见田博闻《论我国船舶用益物权制度的创设》,载《海大法律评论》2009年;孙霁琛《创设船舶用益物权制度之研究》,大连海事大学法学院2010年硕士论文。
② 万鄂湘《中国涉外商事海事审判的现状与未来》,http://www.wywlawyer.com/shownews.asp? news_Id=346,2013年6月28日访问。
③ 侯军、侯广燕编著:《当代海事法律适用法学》,世界图书出版公司1998年版,第319页。
④ 司玉琢主编:《海商法大辞典》,人民交通出版社1998年版,第796页。
⑤ 李海:《船舶物权之研究》,法律出版社2002年版,第33页。
⑥ 闫洋:《船舶物权法律适用问题研究》,上海海事大学法学院2004年硕士学位论文。第3页。
⑦ 阮芳:《论船舶物权法律制度冲突之解决》,载《法制与社会》2009年第9期(中),第61页。
⑧ 周后春:《论船舶物权的法律适用》,载《广州大学学报(社会科学版)》2012年第9期,第41页。
⑨ 王娟:《船舶物权法律适用的反思》,中国国际私法学会2003年年会论文集,第118页。

西。"①因此,对同一名称定义的不同,讨论的共同基点缺失,会带来更多争论的问题。

笔者认为,船舶物权是物权的一种,指依法享有直接支配船舶并排除他人干涉的权利。

以上定义也只是一家之言,事实上目前各国关于船舶物权的定义、范围等诸多方面存在严重分歧。国际社会虽然订立了一些国际公约,但效果并不十分显著,法律冲突依然大量存在。

第一节 船舶所有权

一、船舶所有权的法律冲突

（一）船舶所有权的定义方面

我国《海商法》虽然对船舶所有权进行了定义,但内容上与一般财产所有权的界定方式基本一样,从民事权利的角度界定了船舶所有权的内涵。

在理论研究上,我国学者关于船舶所有权的定义的观点也不相同。如我国有的学者认为:"船舶所有权是以船舶为客体的所有权。"②有的学者认为:"船舶所有权在广义上是一项法律制度,在狭义上为一项民事权利,并具有所有权的一切特征,包含了所有人依法对船舶的占有、使用、收益和处分。"③有的学者认为:"船舶所有权分外部关系和内部关系,就外部关系而言,船舶所有权是一种所有权关系,由船舶所有人、船舶和所有权构成,表明的是船舶所有人对船舶的支配和基于该支配形成的与他人之间的权利义务关系;就内部关系而言,船舶所有权是所有人针对船舶的一种权利,其内涵和法律属性与一般财产所有权并无本质差异。"④

在立法体例上,各国和有关国际公约大多将船舶所有权相关内容放在船舶或者船舶所有权中规定,但均没有给船舶所有权下定义,只是对船舶或者船东进行

---

① [古希腊]亚里士多德著:《范畴篇解释篇》,方书春译,上海三联书店2011年版,第9页。
② 李海:《船舶物权之研究》,法律出版社2002年版,第44页。
③ 赵德铭主编:《国际海事法学》,北京大学出版社1999年版,第65页。
④ 李志文:《船舶所有权法律制度研究》,大连海事大学法学院2004年博士论文,第31页。

了界定。

由于各国对物权的定义、物权包括哪些内容等方面规定不尽一致,甚至对各具体物权内容中的规定也不相同,在船舶所有权定义方面就存在许多法律冲突。

一般认为,所有权是指所有人依法对物的占有、使用、收益和处分,并排除他人干涉的权利。船舶所有权作具有所有权的一般特征,也具有自己的特点。但船舶所有权在各国与各地区海商法中的规定是不同的:美国、德国等国的海商法律中未规定;日本、希腊的海商法中有规定,但未对船舶所有权进行明确的定义;我国台湾海商法中,没有对船舶所有权进行定义,但其海商法第6条规定:"除本法有特别规定外,通用民法关于动产的规定"。我国《海商法》第7条对船舶所有权进行了定义,规定:"船舶所有权,是指船舶所有人依法对其船舶享有占有、使用、收益和处分的权利。"

(二)船舶所有权的客体方面

船舶所有权的客体是特定的物即船舶,对于何为"船舶",各国法律的规定并不相同。如《希腊海商法典》中规定的船舶是指净登记吨位不少于10吨的任何运输工具。而根据英国、美国的法律规定,船舶是指用于海上货物运输的任何船舶。日本海商法中的船舶是指以商行为为目的,用于航海的船舶。

2006年《海事劳工公约》第2条第1款第8项规定船舶一词系指除专门在内河或在遮蔽水域之内或其紧临水域或适用港口规定的区域航行的船舶以外的船舶。

我国《海商法》中的船舶是指20总吨以上的海船和其他海上移动式装置。我国还将用于军事和政府公务的船舶排除在《海商法》规定的船舶之外,具体情况如下表(表2-1)所示:

表2-1 我国《海商法》中的船舶与非船舶

一般意义上的定义	海商法中通常规定的船舶			不属于海商法中通常规定的船舶				
船舶指一种水上浮动装置	海船	其他海上移动式装置	船舶属具	军事船、政府公务船	20总吨以下的小型船艇	内河船	被固定在港口的船舶	建造中的船舶

续表

一般意义上的定义	海商法中通常规定的船舶		不属于海商法中通常规定的船舶	
指具有完全的海上航行能力,并作为海船进行船舶登记的船舶	不具备船舶的外形和构造特点,但具有自航能力,可以在海上移动的装置	是指不属于船的构成部分,但却为了航行或营运的需要而附属于船舶的器具		是材料、机器、设备以及将上述材料、机器、设备和建造人的技术逐渐转化为船舶的过程,其本身并不是真正意义上的船舶
	如用于海上石油开采的浮动平台等	如罗经、救生艇筏和索具等		如桥船,灯船,仓库船等

(三)船舶属具方面

各国对船舶属具的规定存在着差异。如《荷兰海商法》规定的船舶属具,是指包括船上永久使用,但不组成船舶部分的所有用具。《德国商法典》海商编第478条规定,船用救生艇为船舶属具;如有争议,则列入船舶财产清单的项目,应视为船舶属具。而韩国规定,凡在船舶属具目录中记载之物品,均应推定为船舶附属物。[①]

(四)船舶登记效力方面

有的国家如日本、韩国采用登记对抗主义,即只要当事人达成合意,所有权即可转让,但不经登记,不得对抗第三人。有的国家如希腊采用登记生效主义,即非经登记,船舶所有权不得转让。

(五)船舶登记审查方面

美国等国家在船舶登记时只要求进行形式审查。瑞典等国家规定船舶登记时要进行实质审查。

---

① 参见张忠晔《各国和地区海商法比较》,人民交通出版社1994年版,第78页。

（六）船舶转让方面

各国在船舶转让方面有许多不同的规定。《希腊海事私法典》第 6 条规定："为了使船舶所有权进行转移,所有人与受让人在合同法的基础上须签订合同,才可将所有权转让给受让人。合同必须用书面形式并在船舶登记证书中注明。不按上述规定进行登记,船舶所有权不能转让。"苏联《海商法》规定,须经苏联部长会议许可,苏联国家所有、集体所有、其合作社组织或社会团体所有的船舶,才可以转让给外国国家、单位或公民。《韩国海商法》规定,只要当事人之间达成协议,即产生转移船舶所有权之效力。

（七）所有权转移时间方面

有的国家规定以实际交付船舶为准;也有的国家规定可以交付全部关于船舶所有权的文件代替实际交付。我国《海商法》没有规定船舶所有权转移的时间。

（八）船舶所有权消灭方面

在引起船舶所有权消灭的具体事由及对船舶失踪的期限规定方面,各国规定不尽相同。如我国《海商法》第 228 条规定,"船舶在合理时间内未从被获知最后消息的地点抵达目的地,除合同另有约定外,满两个月后仍没有获知其消息的,为船舶失踪。船舶失踪视为实际全损。"1906 年《英国海上保险法》第 58 条规定,船舶失踪超过一个合理时间,可作为实际全损。根据英国判例,这种合理时间可被认为是 6 个月。

（九）补救措施方面

各国在船舶所有权遭受侵害时采取的补救措施规定方面存在不同内容。

（十）光船租赁方面

在船舶被光船租赁给他人时,船舶往往需要办理临时性国籍登记。且临时船舶国籍证书的有效期一般不超过 1 年,最长不得超过 2 年。① 办理这种临时国籍登记的前提条件是该船舶的原国籍登记已被或将被中止或者注销。因而,"这就提出了因光船租赁而取得的临时国籍所代表的船旗国法,是否可以被认为是以该船为客体的船舶所有权的准据法。实践中规定不同"②。另外,有些国家还允许船舶双重登记,如利比里亚等,许多国家不允许双重登记。

---

① 参见《中华人民共和国船舶登记条例》第 18 条。
② 李海著:《船舶物权之研究》,法律出版社 2002 年版,第 349 页。

二、船舶所有权的法律适用

（一）适用船旗国法

船旗国法律容易确定且一般与船舶所有权存在有密切联系，不受船舶航行变更实际所在地而发生变动的影响。①《关于国际私法的布斯塔曼特法典》第275、277条规定："转移船舶所有权需要公告的方式，并受船旗国法律支配。""关于船舶出卖后各债权人的权利及此项权利的消灭，依船旗国法律调整。"我国《海商法》第270条亦规定了此内容。

（二）适用变更后的船旗国法

《意大利航海法典》第6条规定："船舶所有权取得、让与、消灭的登记，适用船旗国法。如果变更船旗，除变更前取消的任何权利仍受取得该项权利时船旗国法的制约外，船舶所有权从变更船旗时起受新的船旗国法制约。"

（三）适用原船旗国法

从大多数海运国家的实际做法来看，船舶所有权的准据法不包括因光船租赁而取得的临时国籍所代表的船旗国法，而是适用原船旗国法。

（四）适用船舶所在地法

美国、澳大利亚等国家认为，船舶所有权的"自愿转让"适用船旗国法。"非自愿转让"（如船舶被法院扣押、拍卖、被当地政府没收、征购等）适用船舶实际所在地法，一些条约也有这样的规定，如1940年《国际通商航行法条约》第4条明确规定："通过司法程序的扣押和出卖船舶的权利，按照船舶所在地法律决定。"《关于国际私法的布斯塔曼特法典》第76条也规定"关于法院扣押和出卖船舶的权力依船舶所在地法律"。另外，对于尚未进行登记的建造中的船舶（vessel under construction），因其还未取得国籍，应适用船舶建造地法律。

适用船舶所在地法符合物权领域的传统法律适用原则即物权适用物之所在地法。"该原则源自13、14世纪巴托鲁斯的法则区别说，最初只适用于不动产，到20世纪，物权关系的法律适用完成了由异则主义向同则主义的转变，即动产与不动产都适用物之所在地法"②。"在现代国际私法，可以说，无论在立法和实践中，

---

① 以船舶为客体成立所有权时，往往是把船舶按不动产处理，即以登记（而不是占有）为公示方法。不动产的所在地法也就是其登记地法。而船舶的船旗国法也就是其国籍登记地法。

② 沈涓著：《冲突法及其价值导向》，中国政法大学出版社1993年版，第165-167页。

几乎一致地把动产和不动产物权置于物之所在地法支配之下了"①。

(五)准据法的适用范围方面

关于船舶所有权准据法的适用范围,各国规定不一。我国《海商法》第270条规定:"船舶所有权的取得、转让和消灭,适用船旗国法律。"这里的取得、转让和消灭是变动中的物权,静态的物权如所有权标的范围、属具的范围等则没有包括。

我国《海商法》第270条所规定的"取得""转让"和"消灭"在概念上存在着重复的问题,三者之和并不能涵盖物权变动的全部内容。"因为船舶所有权的取得、转让,是从船舶所有人的角度来说的,船舶所有权的消灭,是从所有权自身的角度来说的。《海商法》第270条的规定没有将这两组概念区分清楚;另外,船舶所有权的取得分为原始取得和继受取得,消灭分为绝对消灭与相对消灭,而船舶所有权的转让,对于原船舶所有人而言,是船舶所有权的相对消灭;对于新船舶所有人来说,是船舶所有权的继受取得。因此取得、转让、消灭这三个概念在外延上有重复,在法律条文中不宜并列"②。

第二节　船舶抵押权

一、船舶抵押权的法律冲突

抵押权是指债权人对于债务人或第三人提供担保而不转移占有的物权,在债务到期未受清偿时,享有就其出卖的价金而受清偿的物权。同一标的物上设定多个抵押权的,则各抵押权人权利的优劣,原则上按抵押权设定的先后顺序为准,设定在先的优于设定在后的抵押权而受偿,即"期先者其权优"。如数抵押权以数契约于同一日设定的,则不论设定的先后,各抵押权人对抵押物的受偿属于同一顺序。③

关于船舶抵押权的定义,我国《海商法》对船舶抵押权下了明确的定义,即该

---

① 李双元主编:《国际私法学》,北京大学出版社2000年版,第286页。
② 李海著:《船舶物权法律问题研究》,法律出版社2002年版,第67页。
③ 参见周柟著《罗马法原论》,商务印书馆1994年版,第401页。

法第 11 条规定:"船舶抵押权是指抵押权人提供的作为债务担保的船舶,在抵押人不履行债务时,可以依法拍卖,从卖得的款项中优先受偿的权利。"该定义在国内受到一致的认同,学者基本上没有提出不同的定义。如有学者认为:"船舶抵押权是指抵押人(此处是该作者的笔误,应为抵押权人——笔者注)对于抵押人提供的作为债务担保的船舶,在抵押人不履行债务时,可以依法拍卖,从卖得的价款中优先受偿的权利。"① 有学者认为:"船舶抵押权是指抵押权人对于抵押人提供的作为债务担保的船舶,在抵押人不履行债务时,可以依法拍卖,从卖得的价款中优先受偿的权利。"②

各国对船舶抵押权的规定、内容也并不相同,存在许多法律冲突:

(一)调整船舶抵押权的法律方面

有的国家在海商法中没有船舶抵押权的定义和规定,而是统一适用其民法。如《希腊民法典》第 1257 条规定:"抵押是对不动产设立属于他人的对物权,以保障债权人的请求权得到优先偿还。"有的国家在海商法中有规定,如《瑞典海事法》第 61 条第 1 款规定:"登记船舶的船东或登记船的构造的所有人,因筹集一定数额的瑞典现钞,或外国货币或为取得第 348 条所指的法郎,为了对债权人的求偿提供担保,在自己所拥有的船舶或船舶构造上设置抵押时,应根据登记当局及本章的有关规定,取得对该财产的抵押证书,证明抵押登记的文件为抵押证书"。

在三个规定船舶抵押权的国际公约中③,没有就船舶抵押权的权利内容及效力等实体问题做出任何规定。这主要是因为,"各法系,甚至是同一法系的各国对船舶抵押权的认识是不一致的"④。三个公约均不存在关于"船舶抵押权"的定义。

(二)船舶抵押权的性质方面

法国规定,抵押权不会对不动产所有人造成利用上的严重妨碍,该所有人仍保有对不动产的占有,可以将之转让,也可以对之相续设定多个抵押权。享有抵押权的债权人主要享有两项权利:一是在不动产被强制出售时,在价款分配上的

---

① 唐兵:《船舶抵押权的登记与实现》,载《上海海事大学学报》2006 年第 2 期,第 81 页。
② 马炎秋、张智超:《论船舶抵押权的登记效力》,载《大连海事大学学报(社会科学版)》2008 年第 4 期,第 1 页。
③ 参见 1926 年《统一船舶优先权和抵押权某些法律规定的国际公约》、1967 年《统一船舶优先权和抵押权某些规定的国际公约》、1993 年《船舶优先权和抵押权公约》。
④ 何建华编著《1993 年船舶优先权和抵押权国际公约释义》,人民交通出版社 1994 年版,第 35 页。

优先权;二是追及权,它许可权利人在受让人的财产中扣押该不动产以行使其优先权。① 英国规定,如果抵押人逾期偿还款项,抵押权人享有一种实施占有的权利(an inherent right to take possession),一旦实现了占有,不论是实际的或是推定的,抵押权人就有权:(1)收取一切正在挣得的运费,即使其中有些是与其实施占有以前的服务有关的运费;(2)继续营运船舶,但抵押权人必须谨慎从事。但德国规定,抵押权人享有的权利也仅是对船舶拍卖价款的优先受偿。

(三)船舶抵押权设定方面

有的国家或地区(如英国、我国香港等)规定船舶抵押权必须采取法定格式,否则船舶登记机关不接受船舶抵押权的登记。有的国家(如利比里亚、巴拿马)则要船东和贷款银行订立保证契约,列明所有借款人的保证、契约保证、违约事项等细节。② 有的国家(如日本)不要求做成证书,有的国家则特别规定须做成证书。有的国家规定由私人签署证书即可(如意大利、法国、西班牙、比利时等),少数国家则要求必须有公证书(如葡萄牙、荷兰、德国、美国等)。某些国家法律还规定,设定船舶抵押权的证书还可以是指示证书,承认背书转让(如意大利、法国、比利时等)。③ 我国规定船舶抵押权的设定,应当签订书面合同。

(四)船舶抵押权的登记方面

有的国家规定船舶抵押须载明抵押债务的金额,例如希腊、挪威、巴拿马、利比里亚等;有的国家则不要求抵押人说明抵押金额,例如英国等。对船舶抵押权登记的效力,有的国家规定船舶抵押权不登记不能对抗第三人,即所谓登记对抗主义,如我国台湾地区等;有的国家则规定船舶抵押权未经登记不发生效力,即登记生效主义,如希腊、荷兰、挪威等国。

(五)抵押船舶的规定方面

各国对抵押船舶的规定方面不相一致,因为对船舶的认定不统一。根据《中华人民共和国担保法》第34条规定,依法可用于抵押的财产包括交通运输工具。而船舶属于交通运输工具。《中华人民共和国担保法》第95条规定,海商法等法律对担保有特别规定的,依照其规定。根据我国《海商法》第3条规定,用于军事的、政府公务的船舶和20总吨以下的小型船舶不是海商法意义上的船舶。因此,

---

① 参见尹川著《法国物权法》,法律出版社1998年版,第478页。
② 参见杨良宜、林源民著《船舶买卖法律与实务》,人民交通出版社1995年版,第306页。
③ 参见韩立新编著《海事国际私法》,大连海事大学出版社2001年版,第86-87页。

不满20吨的小船和游艇需为担保的,只能按民法动产抵押处理。其他国家对船舶的规定也并不完全相同。

(六)保险赔款方面

各国规定抵押权随抵押物灭失而消灭,但对因船舶灭失所得的赔偿金,是否可以作为抵押财产的问题规定不一。《中华人民共和国担保法》第58条规定的"因灭失所得的赔偿金额"应包括抵押船舶的保险赔偿金和第三责任方的赔偿金。

(七)船舶抵押权的变化方面

在抵押权设立以后是否可以转让、抵押权消灭的条件如何等的规定方面,各国并无一致的做法。

(八)建造中船舶抵押权方面

1. 定义方面

关于建造中的船舶,各国没有一个统一的定义。我国的定义是:已经安放龙骨或者处于相似建造阶段的船舶。[①] 德国规定为尚未建造完成,尚未离开船台的船舶。《挪威海商法》对建造中的船舶的定义是:"(1)船舶主机和较大的船壳,并且该主机或船壳正在建造或已被提交到主要建造商的船厂所在区域内;(2)主要建造商厂区的材料和设备或属于建造商的厂区内正在被建造的主机或较大船壳,只要该材料和设备已经通过标示或其他方式明显地区别开来,并将其用于船舶或者主机或者船壳的制造。"[②]

2. 设立方面

各国对建造中船舶抵押权可否设立,规定不同。英美法系的一些国家没有规定建造中船舶抵押权制度。大陆法系一些国家规定可以设立。

3. 登记方面

有的国家规定可以办理船舶登记的才能设定抵押。有的国家没有这样的规定。

4. 造船合同的性质方面

有的国家规定造船合同属于买卖合同(英国、法国、瑞典、挪威等国);有的国家认为是加工承揽合同(日本、意大利)或者混合合同(德国)。"在认为造船合同

[①] 参见1994年我国港监局在《〈中华人民共和国船舶登记条例〉若干问题的说明》中下的定义。

[②] 韩立新、王秀芬编译:《各国〈地区〉海商法汇编(中英文对照)》,大连海事大学出版社2003年版,第1177页。

属于买卖合同的国家中,在所有权方面的规定也是不一致的。如英国规定,船舶建造人拥有建造中船舶的所有权,但买方支付了第一笔分期付款,即拥有了所有权。法国规定,如果本国人购买建造中的船舶,允许双方合同中约定所有权,外国人购买的,不允许约定,在船舶实际交付以前,所有权归船厂。以上不同情况,也产生了所有权转移的不同规定,如所有权立即转移、交船时转移、建造期间转移等。不同的规定,产生不同的所有权主体及抵押权主体"[①]。

5. 抵押标的方面

德国规定的抵押标的包括正在建造的部分,甚至包括为建造中船舶投保获得的赔偿金。英国等的规定与德国有不同的地方。

6. 抵押权的实现方面

在大陆法系国家,扣船的范围包括在建船舶,抵押权通过法院实现。英国规定,抵押权人还有出售、取消回赎权、指定接管人等实现方式。

二、船舶抵押权的法律适用

(一)适用国际条约

在能够适用公约的情况下,适用公约的规定是一种比较好的方法。该方面的公约主要有:1926 年《统一船舶优先权和抵押权某些法律规定的国际公约》、1967 年《统一船舶优先权和抵押权某些规定的国际公约》、1993 年《船舶优先权和抵押权公约》。这些公约对船舶抵押权均有规定,如 1967 年《统一船舶抵押权和优先权某些规定的国际公约》第 1 条规定:"对海运船舶的抵押权及质权,如属下列情况,应在缔约国执行:此种抵押权及质权已根据船舶登记国的法律设定,并已登记。"

(二)适用船舶实际所在地法

适用船舶所在地法,往往是适用抵押权人熟悉的本国法,有利于船东筹措资金。问题是船舶要在各国港口间不断行驶的,如果船舶经过几个国家分别依当地法律设定了几个船舶抵押权,则应适用多个准据法,会导致适用法律的混乱。

(三)适用法院地法。

适用法院地法方便、可行,有利于保证判决的顺利执行。问题是可能导致择

[①] 柯丽萍:《建造中船舶抵押权法律适用问题研究》,中国政法大学法学院 2007 年硕士学位论文,第 11 页。

地诉讼(forum shopping),还可能使根据其他法律如船舶实际所在地法有效设定的抵押权得不到法院国的承认。抵押权人的利益得不到保护。

(四)适用船旗国法

在一艘船上负担多个抵押权的情况下,以船旗国法作为准据法,多个抵押权都由同一法律确定,实践中也容易操作,也很公平。① 如 1954 年《美国外国船舶抵押权法》规定,船舶抵押权的成立,适用船旗国法。

(五)适用新船旗国法

日本的法律规定,对新取得日本国籍的船舶抵押权,即使是在外国法上取得的,也应依据新的船旗国法,即日本法而定。"在日本船舶上,不允许英国法上的抵押权以及德国法上的船舶质权等权利的成立。因此如果一艘船舶具有这些内容的抵押权,在取得日本国籍后,日本法仅赋予它日本的船舶抵押权内容"②。

(六)适用原船旗国法

阿根廷、英国等认为根据所在地法或船旗国法产生的权利有效性不受地点或船旗变更的影响。这种做法可以保护已设定的抵押权。

(七)适用船舶登记国法

我国《海商法》第 271 条第 2 款规定:"船舶在光船租赁以前或者光船租赁期间,设定船舶抵押权的,适用原船舶登记国的法律。"不过,我国《海商法》第 271 条第 2 款中出现的"适用原船舶登记国的法律"容易引起歧义。因为船舶登记分为船舶国籍登记、船舶所有权登记、船舶抵押权登记以及船舶光船租赁登记等。这里所说的"原船舶登记",指的是上述哪一种登记? 将《海商法》第 271 条第 2 款修改为"船舶在光船租赁以前或光船租赁期间,设定船舶抵押权的,适用原船旗国法",可能更好,或者规定船旗国法是指具有最密切联系的船旗国法律。

1999 年《俄罗斯商船航运法典》第 415 条第 2 款规定:"如果船舶临时悬挂他国船旗,船舶财产权应适用船旗变更前船舶实际登记国的法律。"第 415 条第 3 款规定:"建造中船舶的权利适用船舶待建国法律,除非在船舶建造合同中另有约

---

① 对于船舶抵押权,船旗国法的适用范围应当仅限于船舶抵押权的成立、权利内容、其效力所及的标的物的范围以及数个船舶抵押权相互之间的优先顺序等问题;但不应包括船舶抵押权与船舶优先权和船舶留置权之间的优先顺序问题。否则,将会与法院地法或其他有关法律规定的三者之间的优先顺序发生冲突。

② [日]山户嘉一著:《海运国际私法》,转引自侯军、侯广燕编著《当代海事法律适用法学》,世界图书出版公司 1998 年版,第 358 页。

定。"第 425 条:"船舶或建造中船舶抵押权的设立,以及由船舶或建造中船舶抵押权担保的请求权的受偿顺序,适用抵押权登记国法。"

(八)适用更密切联系国家的法律

根据《德国商法典》第五编海商法的规定,船舶抵押权适用船籍国法,如果存在与船舶抵押权或者船舶优先权有更密切联系的国家,则适用该更密切联系的国家的法律。

(九)建造中船舶抵押权的法律适用

1. 单一适用与分割适用

英国、美国等国把建造中的船舶抵押权作为一个整体统一适用一个准据法(通常规定为船旗国法)。丹麦等国把抵押权的设立和效力分开分别适用不同的准据法。

2. 适用国际公约

在公约方面,1967 年在布鲁塞尔第 12 届海洋法外交会议上通过了《建造中船舶权利登记公约》,希腊、挪威、瑞典等国已经批准了该公约。

3. 适用意思自治原则

4. 适用建造国法或者登记地法

第三节 船舶优先权

一、船舶优先权的法律冲突

船舶优先权的法律冲突主要有:

(一)船舶优先权的定义方面

一位英国法官曾说过这样一句话:给船舶优先权下一个定义远比认识它来得困难。[1] 国际上并不存在一个被普遍接受的船舶优先权的定义,有关国际公约也未给它下一个明确的定义。这给全面准确理解认识船舶优先权的含义及属性带来了一定的困难,也使各国的规定极不一致。

---

[1] 参见 D. R. Thomad, *British Shipping Law*, Vol. 14, Maritime London Steven&Sons, 1980, p. 11.

优先权作为民法担保物权的一种,仅仅存在于法国、日本等少数几个大陆法系国家,其他国家则主要存在于海商法中。

船舶优先权在现已出现的相关国际公约中被称为"Maritime Lien"(英文本)及"Privilége Maritime"(法文本)。① 我国国内学者曾将之翻译为:海上或海事留置权、船舶留置权、海上或船舶优先请求权、优先受偿权、海事优先权等。目前已经基本一致地将其译为"船舶优先权"。②

英美法上的 Lien 是指物上设定的担保,"Maritime Lien"是 Lien 在海商法中的具体运用,指海商法上特有的一种法定的非转移占有型担保。然而,"我国不是将 Lien 作为一个上位概念来理解,而是将它的某种表现形式当成了 Lien 本身"③。我国出版的法律辞书对 Lien 的解释如下表(表2-2)所示:

表2-2 Lien 的中文含义

Lien	翻译出处
留置权;抵押权;质权	英汉法律词典,法律出版社,1985年,第493页。
留置权;抵押权	英汉法律辞典,中国法制出版社,2001年,第682页。
留置权包括法定留置权、衡平留置权	牛津法律大辞典,法律出版社,2003年,第700页。
留置权	法律辞典,法律出版社,2003年,第910页。
留置权;质权	英汉法律用语大辞典,法律出版社,2004年,第663页。
留置;留置权;抵押权	精选现代法商词典,浙江大学出版社,2004年,第477页。
留置权;优先权	元照英美法律词典,法律出版社2003年,第847页。
英美法上的 Lien 与大陆法系的留置权非对应概念,英美法系的"留置权"包含了大陆法系的其他担保制度	北京大学法学百科全书(民法、商法学),北京大学出版社,2004年,第609页。

以上辞书对 Lien 的解释只是 Lien 的某种表现形式如留置,而非 Lien 本身,Lien 作为一个上位概念,没有任何辞书予以解释。

---

① 参见 *CMI Year Book1997*,p. 420.
② 参见[加]威廉·台特雷著《国际海商法》,张永坚等译,法律出版社2005年版,第2页。
③ 孙新强、秦伟:《论"优先权"的危害性——以船舶优先权为中心》,载《法学论坛》2010年第1期,第130页。

一般认为，优先权有广义和狭义之分，广义的优先权指一切在受偿顺序上排列在前的权利，包括抵押权、质权和留置权。狭义的优先权仅指海商法上的船舶优先权。船舶优先权，又称为船舶优先请求权、海上优先请求权、海上留置权和优先受偿权等。我国《海商法》称之为船舶优先权，该法的 21 条规定："船舶优先权，是指海事请求人依照本法第 22 条的规定，向船舶所有人、光船承租人、船舶经营人提出海事请求，对产生该海事请求的船舶具有优先受偿的权利"。

关于船舶优先权的定义各国学者之间是不相同的。

国外有学者认为：优先请求权定义是表示通过法律程序而生效的，在某物上的一种请求权或特殊权。①

英国法官 Story 在"The Nestor"案的判决中说，船舶优先权不是严格意义的罗马法上的抵押权或留置权，只是与之相像，因此经常被称作默示抵押权（不通过任何合约而设立），同时其还有些类似罗马法上的法定特权，即在程序上较其他债权人可以优先得以实现。

加拿大海商法学家威廉·泰特雷认为，传统的船舶优先权是海商法所特有的一种担保物权，其是针对船舶的一种法定特权，无须通过任何诉讼、作为一登记即取得优先受偿的效力，当船舶被出售时，无论买受人是否知晓，其都随船舶的转移而转移，从这一意义上说，其是一种秘密的担保物权，而不同于一般的船舶抵押权。② 有学者认为，"Maritime Lien"本义为海上财产上设定的非移转占有型法定担保，是英美海商法上的一种特殊担保制度。③

我国学者看法也不完全相同。有学者认为：优先权即优先取偿权。④ 有学者认为："船舶优先权，是我国《海商法》对国际公约中的'Maritime Lien'所对应的中文译名，是海商法赋予某些法定的海事债权人的一种特权，即以法定的形式赋予某些特定的海事请求人对产生该海事请求的船舶等作为标的所享有的优先受偿的权利。"⑤有学者认为："一般而言船舶优先权是指以船舶为标的，以担保法定特

---

① 参见 D. R. Thomas, *Maritime Liens*, London Stevens&Sons, 1980, p. 10.
② 参见陈宪民《船舶优先权制度研究》，华东政法学院分析语 2004 年硕士学位论文，第 7 页。
③ 参见 Paulm Herbert, *The Origin and Nature of Maritime Liens*, 4Tu. L. Rev. 1929 – 1930, pp381 – 404.
④ 参见戴新毅著《优先取偿权制度研究》，法律出版社 2013 年版，第 68 页。
⑤ 冯辉：《论船舶优先权》，对外经济贸易大学法学院 2006 年博士学位论文，第 1 页。

定债权为目的,使债权人得以就船舶所卖价金依照法定程序优先受偿的权利。"①有学者认为:"在英美法上,'MaritimeLien'直译为"海事留置权",是留置权的一种。英美法上的留置权包括船舶优先权、法定留置权、占有留置权、衡平留置权。"②有学者认为:"'Maritime Lien'为设定在海上财产上的非移转占有型法定担保,是英美海商法上的一种特殊担保制度。我国翻译为船舶优先权是不妥当的,'优先权'一日不除,我国民商法界就一日不得安宁。因为其与我国依据德国法传统确立的既有担保和理论体系水火不容。"③

由于船舶优先权和船舶抵押权往往同时设定在同一条船上,均以不占有船舶为要件,所以存在竞合的可能,产生何者优先的问题。"关于船舶优先权与船舶抵押权之间的利益关系,学者之间有三种不同的观点。一是废除船舶优先权,其作用由船舶抵押权代替。二是建立船舶优先权公开登记制度,以限制和减轻对其他债权人和善意第三人的损害。三是应缩小船舶优先权所担保的海事请求权的范围,以提高船舶抵押人的地位"④。

(二)船舶优先权的性质方面

英国认为船舶优先权是程序性权利,在经典案例太平岛判决"The Haleym Isle"中,枢密院五位大法官以3比2的微弱多数判定,船舶优先权仅为一种程序性权利(a procedural remedy)。⑤ 此后这种观点一直在英国占主导地位。英国国内也有学者认为,英国这一做法与外国海事法院将船舶优先权当作一种实体权利,进而适用其准据法的大趋势,形成了强烈的反差。美国、加拿大等认为船舶优先权是一种实体权利。但这种实体权利的性质如何,学者之间仍存在分歧,有债权论、物权理论、债权物权化论等。⑥

(三)船舶优先权的范围方面

对于船舶的附属利益、运费或租金、保险赔偿等能否作为船舶优先权的客体,各国规定有所不同。我国台湾地区和韩国规定船舶优先权的标的及于运费和附

---

① 于海涌:《船舶优先权与船舶抵押权之利益冲突与衡量》,载《中山大学学报(社会科学版)》1997年增刊。
② 张辉著:《船舶优先权法律制度研究》,武汉大学出版社2005年版,第4页。
③ 孙新强、秦伟:《论"优先权"的危害性——以船舶优先权为中心》,载《法学论坛》2010年第1期,第130页。
④ 吴焕宁主编:《海商法学》,法律出版社1996年版,第382页。
⑤ 参见 Lloyd's Law Rep. 1980,2,p332.
⑥ 徐新铭著:《船舶优先权》,大连海事出版社1995年版,第21-22页。

属利益;《德国商法》第771条规定:"船舶债权人对于运费上之质权,其效力仅以运费尚未支付,或为船舶所特有者为限。"而我国船舶优先权的客体限制较严,仅限于船舶及其属具。南非1983年颁布的《南非海事司法管辖权条例》规定的范围有船舶、船舶的附属物、船货、运费等。

从国际立法趋势看,1926年《统一船舶优先权和抵押权某些法律规定的国际公约》中船舶优先权的客体较广,包括船舶运费及附属利益;而1967年《统一船舶优先权和抵押权某些规定的国际公约》则将这二者删除,将船舶优先权的客体限定为船舶本身。

(四)船舶优先权所担保的债权方面

在美国,由于有关船舶优先权的法律,至少在理论上是不封口的(open ended),在新的情况出现后,某一债权是否受船舶优先权保护,是由法院来决定的。根据《美国联邦船舶优先权法》(The Federal Maritime Lien Act)的规定,根据船东或船东授权的人的命令,向任何船舶,无论是外国船舶还是本国船舶提供了修理、供应品、拖带、船坞或修船滑道的使用或其他必需品的任何人,都享有对该船的船舶优先权。在英国,现行法律所承认的受船舶优先权保护的债权主要是:船舶抵押权、救助、工资、船长的工资、债务和损害,并且对于受担保的债权范围的扩大是严格限制的。[1]

(五)船舶优先权的转让方面

我国《海商法》第27条规定:"本法第22条规定的海事请求权转移的,其船舶优先权随之转移"。但英国法律规定,除船货抵押贷款契约外,一般船舶优先权不能转让。"在像加拿大这样一些国家,船舶优先权是不能转移的,有时对某些船舶优先权(海事优先权)是明确禁止转移的,如新西兰的救助报酬的转移以及澳大利亚的海员工资和救助报酬的权利的转移"[2]。

(六)优先权之间受偿顺序方面

大陆法系一般采用列明式,立法中所列顺序就是其受偿顺序。英美法系国家一般仅规定排列受偿顺序应遵循的原则,如"债权性质原则""时间倒序原则"等,由法官根据这些原则灵活地确定受偿顺序。

在一些国家的法律中,对船员的工资给予特别的保护,而有的国家将救助优

---

[1] 参见 D. R. Thomad, *British Shipping Law*, Vol.14, Maritime London Steven&Sons, 1980, p.16.
[2] 李海:《论海事优先权法律冲突的解决途径》,载《海商法论文集》,学术书刊出版社1989年版,第178页。

先权排在首位,还有的国家把共同海损与救助优先权排在同一顺序上。

(七)担保物权之间的受偿顺序方面

各国关于担保物权之间的受偿顺序规定不同。英国、法国等将船舶优先权排在船舶抵押权之前,将船舶留置权排在抵押权之后。但也有些国家如丹麦、澳大利亚等将部分船舶留置权,如造船人和修船人的留置权适当提前,排在所有登记的抵押权之前,这也是1967年《统一船舶优先权和抵押权某些规定的国际公约》第6条第2款、1993年《船舶优先权和抵押权公约》第12条第4款明确规定的顺序。①

(八)船舶优先权的消灭方面

对于如何认定"船舶灭失"的问题,美国认为,即使船舶已被拆成钢板,船舶仍未灭失,权利人仍可对这些钢板主张权利。我国无此规定。

(九)优先权的时效方面

多数国家规定优先权的时效为一年。英美法系国家没有规定一个固定的时效,而是采用一种弹性理论,即"懈怠原则"(Doctrine of Laches),来决定船舶优先权消灭与否。②

二、船舶优先权的法律适用

(一)适用国际公约

该方面的公约主要有:1926年《统一船舶优先权和抵押权某些法律规定的国际公约》、1967年《统一船舶优先权和抵押权某些规定的国际公约》、1993年《船舶优先权和抵押权公约》。

(二)适用船舶所在地法

法国、德国等认为应适用"债权发生时船舶的实际所在地法",但船舶在航行过程中,可能在不同的国家产生若干个船舶优先权,会出现若干个准据法,造成法律适用上的混乱。

(三)适用船舶扣押地法

船舶作为海上运输工具,所在地经常变化,但船舶被扣押时,所在地被固定了。因此,采用船舶扣押地法有一定道理。

---

① 参见韩立新编著《海事国际私法》,大连海事大学出版社2001年版,第100–101页。
② 英美法中的规定也有例外,参见韩立新编著《海事国际私法》,大连海事大学出版社2001年版,第102页。

(四)行为原因准据法

前联邦德国与日本等国家曾经采用过。另外,美国在"Ocean Ship Supply 诉. Leach"、"Chantier Naval Voisin 诉 M/V Daybresk"、"North End Oil 诉 Norman Spirit"等案件中,在决定船舶优先权是否存在时适用的都是行为原因准据法。①

(五)适用船旗国法

由于船旗国法明确而且相对稳定,因此在债权发生时,债权人就可以知道自己的权利根据船旗国法是否受到船舶优先权的保护。"这一点对于合同债权尤其有意义,而且无论船舶优先权所担保的债权在哪里发生,日后在哪里诉讼,如果适用船旗国法,最后的处理结果都是相同的,有利于保证判决结果的一致和船舶优先权法律关系的稳定。另外,适用这一原则也不会与案件受理国的航运政策发生重大冲突"②。国际上采用这一原则的国家主要有荷兰、意大利、阿根廷、西班牙、日本等国。如 1993 年《荷兰海事冲突法》第 3 条第 2 款规定:"一项海事请求是否为优先权所担保以及该优先权的范围和后果适用船舶登记国(船旗国)法。"也有学者认为:"登记国(船旗国)法在当今世界已经不再是一个适当的或者令人满意的冲突规则,方便旗(Flags of convenience)船、双旗(double - Flagging)船、无旗(Flagging - out)船比比皆是,登记国(船旗国)与船舶所有人、经营人、保险人没有真实的联系。登记国(船旗国)如今仅仅是所有联系之一,不再是决定性的连结因素。外国海事请求的承认与执行当然不应依赖登记国(船旗国)为最终判决。"③

(六)适用法院地法

英国、新加坡、澳大利亚、丹麦、芬兰、挪威、保加利亚以及中国等都采用了这一原则。适用法院地法的问题是会带来择地诉讼。④

---

① 韩立新编著:《海事国际私法》,大连海事大学出版社 2001 年版,第 114 - 115 页。
② 李海:《论海事优先权法律冲突的解决途径》,载《海商法论文集》,学术书刊出版社 1989 年版,第 181 页。
③ [加]威廉·泰特雷:《论船舶优先权的法律冲突》,王立志、李志文译,载《比较法研究》2009 年第 1 期,第 159 页。
④ 关于这一问题,也有学者提出了不同的看法,认为适用法院地法的问题是会带来择地诉讼属庸人自扰,因为它不符合决定海上航线的主要因素考量,很难想象某一船舶不考虑安全、港口、货运、技术因素,偏偏纠结于尚不知是否能对其发生作用的某些国家的法律,从而决定自己的航线。另外认为适用法院地法不利于船舶所有权的变更和抵押权的设立,将使得船舶买卖中的买方不敢轻易购买船舶,船舶融资中的贷款人不敢轻易以该船舶作为抵押标的的观点也是没有道理的。参考见李璐玲《船舶优先权法律适用争议之新辩》,载《中国海洋大学学报(社会科学版)》2012 年第 4 期,第 22 页。

(七)适用"政府利益分析"的方法

政府利益分析说(Governmental Interests Analysis Theory)是美国国际私法教授柯里提出的,在美国影响很大,至今未衰。柯里教授指出:"冲突法的核心问题或许可以说是当两个或两个以上州的利益存在冲突时,确定恰当的实体法规范的问题,换言之,就是确定何州利益让位的问题"。① 柯里的"政府利益分析说"在美国国际私法理论界以及美国联邦最高法院和各州法院的司法实践中都产生了重大影响,在船舶优先权领域,也有美国法院的判例是采取这一方法来选择准据法的。

(八)自体法

"外国船舶优先权在美国较在英国及遵循太平岛原则的国家更受礼遇"②。在美国根据法院地的冲突规则或者合同的约定,或者由于连结因素将案件与某一外国进行联系时,该外国法就是自体法。即使外国的请求权与根据美国法同样的请求产生的权利不同,该自体法规定的海事请求也会被承认。但在分配船舶拍卖价款时外国请求的顺序要受美国优先权制度的影响。

第四节 船舶留置权

关于船舶留置权,我国《海商法》第25条第2款规定:"前款所称船舶留置权,是指造船人、修船人在合同另一方未履行合同时,可以留置所占有的船舶,以保证造船费用或者修船费用得以偿还的权利。船舶留置权在造船人、修船人不再占有所造或者所修的船舶时消灭。"

值得注意的是,除《海商法》第25条第2款对船舶留置权的法定定义的规定外,《海商法》第161条规定:"被拖方未按照约定支付拖航费和其他合理费用的,承拖方对被拖物有留置权。"显然,当被拖物为船舶时,承拖方完全可以根据此条法律规定就其拖带的船舶主张留置权。另外,根据《中华人民共和国担保法》的规定,假如船舶所有人将船舶交由他人保管,保管人就可以根据《中华人民共和国担

---

① [美]柯里:《冲突法论文选集》,转引自邓正来著《美国现代国际私法流派》,法律出版社1987年版,第101页。
② [加]威廉·泰特雷《论船舶优先权的法律冲突》,王立志、李志文译,载《比较法研究》2009年第1期,第153页。

保法》的规定主张留置权。因此,以船舶为客体的留置权并不仅限于《海商法》第25条第2款定义的船舶留置权。

一、船舶留置权的法律冲突

(一)关于船舶留置权的定义方面

我国民法规定的留置权与许多大陆法系国家规定的留置权不同,与普通法系国家规定的"特别留置权"比较接近,但与"特别留置权"以外的其他留置权有很大差别。[1]

关于船舶留置权的概念,并没有因我国《海商法》的规定而完全统一,学者之间的表述主要有:

有学者认为:"船舶留置权即以船舶为标的的留置权。"[2]

有学者认为:"应该参考1993年《船舶优先权和抵押权国际公约》第7条的规定和我国《海商法》第25条第2款到规定,将船舶留置权定义为造船人、修船人根据造船合同、修船合同享有的留置权。"[3]

有学者认为:"我国《海商法》第25条第2款的规定是狭义的船舶留置权。《海商法》第161条、第188条的规定(在未根据救助人的要求对获救的船舶或其他财产提供满意的担保以前,未经救助人同意,不得将获救的船舶和其他财产从救助作业完成后最初到达的港口或者地点移走)是广义上的留置权。"[4]有学者同意广义、狭义留置权观点,认为:"我国《海商法》上的留置权有广义、狭义分,狭义的船舶留置权指造船人、修船人在合同另一方未履行合同时,可以留置所占有的船舶,以保证造船费用或者修船费用得以偿还的权利。广义的船舶留置权还包括承拖人对被拖船舶的留置权、救助人对救助船舶、其他被拖物或被救货物等的留

---

[1] 参见司玉琢主编《海商法》,法律出版社2011年版,第65页。
[2] 周后春:《论船舶留置权的法律适用》,广州大学学报(社会科学版)2007年第5期,第27页。林霄华:《船舶优先权船舶留置权与船舶抵押权受偿顺序问题研究——兼论海事赔偿责任限制制度对三者受偿顺序的影响》,复旦大学2012年硕士学位论文,第3页。
[3] 关正义、孙光:《船舶留置权法律制度的特殊性》,载《中国海商法年刊》2009年第3期,第68页。
[4] 邹涛、王大安:《浅析船舶留置权制度》,载《合作经济与科技》2010年2月号(下),第42页。

置权。"①

有学者认为:"广义的船舶留置权不是船舶留置权,而是仅指'对船舶留置的权利',或者是基于《民法通则》《担保法》产生的一般留置权。"②有学者认为:"还存在船舶商事留置权,即根据《物权法》第231条规定的企业之间的商事留置权。根据该条的规定,企业间的商事留置权不要求留置物与债权属同一法律关系。所以,在当事人双方都为企业的情况下,只要企业债权人合法占有企业债务人的船舶,在企业债务人不履行到期债务时,除双方约定不得留置船舶的情形外,企业债权人均可对船舶进行留置。"③

还有学者认为:"我国《海商法》第25条规定的船舶留置权并非为船舶留置权的一般概念。从内涵上看,它没有完全揭示船舶留置权的所有本质,不是所有具体的船舶留置权的抽象概括。从外延上看,它只适合于造船人、修船人对船舶的留置权,没有涉及其他领域。而以造船、修船产生的船舶留置权不足以反映船舶留置权的全部特征。"④该学者提出的船舶留置权第概念为:"海事债权人因合法原因占用对方的船舶,在对方未按合同约定或法律规定给付相应款项时,依法留置该船舶的权利。"⑤

(二)船舶留置权与船舶滞留权方面

船舶留置权与船舶滞留权在有的国家是同一概念,在有的国家属不同概念,船舶滞留权是一种行政措施,属行政法范畴,与船舶留置权有着本质的区别。

(三)船舶留置权的调整法律方面

有的国家未对船舶留置权作专门规定,一般适用民法上有关留置权的规定。有的国家在海商法中规定了船舶留置权。有的国家还规定了船舶留置权与船舶优先权、船舶抵押权之间的受偿顺序。如我国《海商法》第25条规定:"船舶优先权先于船舶留置权受偿,船舶抵押权后于留置权受偿,而前款所称船舶留置权,是指造船人、修船人在合同另一方未履行合同时,可以留置所占有的船舶,以保证造

---

① 邱秋、王志强:《试论我国〈海商法〉中的船舶留置权》,载《湖北商业高等专科学校学报》1999年第4期,第55页。
② 罗剑雯、宋妙玉:《论〈海商法〉中的船舶留置权》,载《中山大学法学论坛》2002年第6期,第138页。
③ 邹涛、王大安:《浅析船舶留置权制度》,载《合作经济与科技》2010年2月号(下),第42页。
④ 李志文:《论我国船舶留置权的概念》,载《中国海商法年刊》,第24页。
⑤ 同上书,第29页。

船费用或者修船费用得以偿还的权利"。

(四)船舶留置权人方面

1967年《统一船舶优先权和抵押权某些规定的国际公约》第6条、1993年《船舶优先权和抵押权公约》第7条规定的船舶留置权人主要是造船人和修船人。一些国家规定的船舶留置权人还有其他因合同原因占有船舶的债权人,如拖带人、救助人、打捞人等。

(五)留置权的性质方面

法国、德国等国认为留置权仅是债权效力的延伸,不认为它是物权。瑞士和日本等国认为留置权是一种独立的担保物权。

(六)留置权的构成要件方面

大陆法系国家规定要成立留置权,必须占有留置物,即占有是留置权的构成要件之一。英美法中的留置权可分为"海事留置权"(maritime lien)、普通法留置权(common law lien)、制定法留置权(statutory lien)、衡平法留置权(equitable lien)。"海事留置权"(maritime lien)、普通法留置权以占有为构成条件。而衡平法留置权和制定法留置权,其实质是赋予留置权人一种对物诉讼的权利,或通过司法扣押船舶的权利。这两种留置权与普通法中的留置权不同,不以占有为要件。

(七)留置权的实现方式方面

有的国家规定实现船舶留置权无须法院的介入。如根据我国《海商法》与《担保法》的规定,船舶留置权的实现方式有折价、变卖和拍卖三种,没有规定必须通过司法拍卖的途径来实现。留置权人可以自行处置留置物,但这种拍卖要在法院的监督下进行。英美法中的衡平法留置权和制定法留置权的实质是对物诉讼权,只能通过司法程序申请法院扣押并拍卖船舶来实现。①

二、船舶留置权的法律适用

(一)统一规定适用的方式

如规定船舶所有权、其他对物权和担保权都统一适用船旗国法(《意大利航海法典》第6条以及《阿根廷航海法》第598条等的规定)。船舶留置权作为船舶担

---

① 美国规定的B项规则扣押制度曾经将电子资金转账Electronic Funds Transfer判定为可扣押财产,构成准物诉讼。参见于婷《美国B项规则扣押制度研究》,大连海事大学法学院2010年硕士学位论文,第4页。

保物权的一种,自然也适用船旗国法。

(二)单独规定适用的方式

即单独规定船舶留置权适用的准据法,适用方法主要有:

1. 适用船旗国法

一般情况下,船舶在一国领水内,则该国法律适用于占有留置权;如在公海上,适用船旗国法。

2. 适用船舶实际所在地法

适用船舶实际所在地法,有利于保护船舶留置权人的利益。

我国没有关于船舶留置权冲突规范的规定,在今后立法时应进行补充,可以借鉴采用被留置船舶实际所在地法的规定。

第五节 其他船舶物权

一、担保物权的受偿顺序问题

在同一船舶上可能存在若干不同的担保物权(船舶抵押权、船舶优先权和船舶留置权),当船舶的剩余价值不足以清偿全部债务时,受偿顺序就会对各债权人产生巨大的影响,因此必须采用科学合理的方法妥善解决这一问题。"关于各担保物权的受偿顺序,各国的法律规定不尽相同。有的国家规定的受偿顺序为优先权、留置权、抵押权,有的国家将满足一定条件的船舶留置权排在某些优先权之前。有的国家还规定有优先抵押权,受偿顺序比较复杂"①。

我国海商法对受偿顺序有明确规定规定。我国《海商法》第19条规定:"同一船舶可以设定两个以上抵押权,其顺序以登记的先后为准。同一船舶设定两个以上抵押权的,抵押权人按照抵押权登记的先后顺序,从船舶拍卖所得价款中依次受偿。同日登记的抵押权,按照同一顺序受偿。"

我国《海商法》第22条和第23条对优先权的受偿顺序进行了规定。根据我

---

① 徐丹红:《船舶物权的法律适用刍议》,载《肇庆学院学报》2012年第1期,第28页。

国《海商法》的规定,具有船舶优先权的海事请求主要有以下五项:

(1)船长、船员工资、其他劳动报酬、船员遣返费用和社会保险费用的给付请求;

(2)在船舶营运中发生的人身伤亡的赔偿请求;

(3)船舶吨税、引航费、港航费和其他港口规费的缴付请求;

(4)海难救助的救助款项的给付请求;

(5)船舶在营运中因侵权行为产生的财产赔偿请求。

以上海事请求应优先于其他请求受偿;一并属于具有船舶优先权的请求中,受偿顺序按上列1到5的顺序排列。同一优先项目中,如有两个请求,应不分先后,同时受偿。受偿不足的,按比例受偿。但是上述第4项关于救助款项的请求例外。救助款项中有两个以上优先请求权的,后发生的先受偿。同时,如果第4项海事请求后于第1至3项海事请求发生的,第4项也应优先于第1至3项受偿。

救助款项的给付请求所享有的船舶优先权,后发生而先清偿的原因是,后发生的救助保全了船舶,也保全了先发生的救助的成果,使得先发生的各项债权有可能得到清偿,因此,保全他人者应优先于被保全者受偿,这被称为"倒序原则"。

我国《海商法》第25条对船舶优先权、船舶抵押权、船舶留置权的受偿顺序进行了规定:"船舶优先权先于船舶留置权受偿,船舶抵押权后于船舶留置权受偿"。

关于船舶抵押权、船舶优先权和船舶留置权相互之间的优先顺序应适用的法律,各国一般规定适用受理案件的法院地法。也有规定适用船旗国法的。

遗憾的是,我国《海商法》没有规定担保物权受偿顺序发生冲突时的法律适用问题。但我国实践中经常会遇到这样的问题。如广州海事法院2002年审理的耀欧亚投资控股有限责任合伙公司与珀里斯特集团有限公司船舶抵押合同纠纷案。原告与被告约定以被告所有的"东方公主轮"作为原告债权的抵押,后船舶被法院拍卖,原告向法院主张对该船舶的抵押权。法院审理后认为抵押权有效。关于该抵押权与其他物权的受偿顺序问题,法院认为应该适用我国法律。但是没有说明适用我国法律的理由[①]。由于我国没有相关的法律规定,给司法实践带来困难和不便。

值得注意的是,我国《海商法》规定的海事赔偿责任限制基金分配方式与船舶优先权所担保的海事请求受偿方式存在冲突的情况下,责任基金的设立与否将影

---

① 参见徐丹红《船舶物权的法律适用刍议》,载《肇庆学院学报》2012年第1期,第28页。

响当事船舶上其他相关权利的实现。海事赔偿责任限制的责任人如果怠于行使责任限制权力,将可能对其他船舶留置权人和船舶抵押权人的利益造成损害。因此,有学者建议修改《海商法》时赋予船舶留置权人和船舶抵押权人海事赔偿责任限制的权利。[1]

二、其他船舶物权的法律冲突与法律适用问题

除以上提到的船舶物权外,是否还存在其他的船舶物权种类,其具体内容如何,各国规定不相一致:

(一)其他船舶物权的范围认定方面

关于船舶物权的范围,各国规定并不一致,涉及船舶经营管理权、船舶租赁权等内容是否应该包括在船舶物权的范围中,理论与实践都存在不同看法。

(二)其他船舶物权的具体内容方面

各国规定不同。如关于其他船舶物权的内容是只包括"其他船舶物权的取得、转让和消灭",还是也可以包括"船舶物权变更"等内容,理论与实践都存在不同看法。

关于其他船舶物权的法律适用问题,许多国家没有专门规定其他船舶物权的法律适用问题,有的国家规定是采用一般物权的法律适用方法。但是,其他船舶物权比之前面所研究的船舶所有权等更有特殊性,涉外海事关系法律适用法反而没有规定其法律适用问题,不太合适。因此,应予补充完善。

三、完善我国海事物权法律适用法的建议

(一)统一立法与分别立法问题

统一立法即笼统规定船舶物权的法律适用,其适用方法适用于各种物权关系。分别立法即根据船舶物权的种类分别确定其法律适用。

值得注意的是,通过冲突规范指引准据法来解决船舶物权的法律冲突问题,各国在理论上及立法上还存在不同的认识与做法。有的国家分别规定各种物权的法律适用问题,如《阿根廷航运法》第598条规定船舶所有权、船舶抵押权适用船旗国法。以色列规定关于船舶优先权与船舶抵押权的受偿顺序适用合同缔结

---

[1] 参见林霄华《船舶优先权、船舶留置权与船舶抵押权受偿顺序研究——兼论海事赔偿责任限制对三者受偿顺序的影响》,复旦大学法学院2012年硕士学位论文,第45页。

地法确定。有的国家没有严格进行区分,如1993年《荷兰海事冲突法》第2条规定,有关谁是登记船舶的所有人,哪项物权(对物的权利)是实际针对该船舶设立的,什么是所有权和物权(对物的权利)权利的实质内容以及船舶的哪些构成部分应同样地从属哪些权利,应适用有关权利产生时船舶登记地法。

我国一些学者主张笼统规定船舶物权的法律适用,不区分各物权类型的法律适用。一些学者主张将海事物权分为船舶所有权、船舶抵押权、船舶优先权以及船舶留置权,分别确定其法律适用问题。我国立法草案、建议案等都采用了这样的规定。在理论研究方面,学者们也提出了不同的立法建议,如下表(表2-3)所示:

表2-3 我国学者提出的不同的立法建议

笼统规定船舶物权的法律适用	有人建议:"船舶物权的成立,适用最密切联系地法;船舶担保物权的受偿顺序,适用法院地法。"①"应该扩展物权的种类,使立法具有周延性。"②
	有人建议:"船舶物权依最密切联系地法原则,适用船旗国法、原船舶登记地法或受理案件的法院所在地法。"③
根据船舶物权的种类分别确定其法律适用	我国《海商法》第170-172条分别规定了船舶所有权、船舶抵押权、船舶优先权三种物权的法律适用。
	《中华人民共和国国际私法示范法》第84-87条规定了船舶所有权、船舶抵押权、船舶留置权、船舶优先权四种物权的法律适用。中国国际私法学会《涉外民事关系法律适用法(建议稿)》第46条也有同样的规定。
	修改《中华人民共和国海商法》建议稿第369-372条除规定了船舶所有权、船舶抵押权、船舶留置权、船舶优先权四种物权的法律适用外,还规定了船舶抵押权、船舶留置权、船舶优先权之间的受偿顺序。

---

① 王娟:《船舶物权法律适用的反思》,中国国际私法学会2003年年会论文集,第118页。
② 王娟:《船舶物权法律适用的反思》,载《时代法学》2005年第3期,第121页。
③ 王国华:《我国海事法律适用法立法研究》,载《海大法律评论》,上海社会科学出版社2007年版,第200页。

	续表
	有人建议:"船舶所有权的设立、转移、变更、废止,适用船旗国法;光船租赁期间船舶所有权适用原船旗国法;船旗变更时,船舶所有权的转移适用原船旗国法。船舶抵押权适用船旗国法律;船舶光船租赁以前或光船租赁期间设定船舶抵押权的,适用原船旗国法;船旗变更时,船舶抵押权适用新船旗国法律。船舶优先权,适用受理案件的法院所在地法律。船舶留置权,适用被留置船舶所在地的法律。船舶抵押权、船舶优先权、船舶留置权之间的受偿顺序,适用受理案件的法院所在地法律。"①
	有人建议:"船舶所有权的取得、转让和消灭,适用船旗国法;船舶悬挂方便旗,其他国家与船舶所有权具有更密切联系的,适用其他国家的法律。光船租赁导致船旗变更的,船舶所有权适用原船旗国法。租赁期间船舶所有权发生变动的,变动后产生的所有权纠纷适用新船舶登记国法。船舶留置权,适用被留置地国法。各担保物权之间的受偿顺序,适用法院地法。"②
	有人建议:"船舶所有权的基础合同关系适用当事人选择的法律,在当事人没有选择时,适用船旗国法;基于法律行为而发生的船舶所有权的变动适用当事人选择的法律,在当事人没有选择时适用船旗国法;船舶所有权变动对第三人的影响适用船旗国法。非基于当事人自愿而发生的船舶所有权的变动适用法院地法。船舶优先权适用船旗国法;如果船舶优先权与其他地方的法律联系更为密切,则在不损害交易第三人利益的时候可以适用其他地方的法律。船舶优先权的实现及基于法院地公法之规定而产生的船舶优先权适用法院地法。"③
	有人建议:"船舶所有权的设立、转移、变更、废止,适用船旗国法。关于船舶抵押权、船舶优先权、船舶留置权、各权利之间的受偿顺序,也应分别规定其法律适用问题。"④
笔者的建议	根据船舶物权的主要种类分别确定其法律适用,对其他船舶物权再统一规定一个准据法。

① 吴莉倩:《船舶物权的法律适用问题研究》,大连海事大学法学院 2002 年硕士学位论文,第 55 页。
② 徐丹红:《船舶物权的法律适用刍议》,载《肇庆学院学报》2012 年第 1 期,第 28 - 29 页。
③ 周后春:《论船舶物权的法律适用》,载《广州大学学报(社会科学版)》2012 年第 11 卷,第 44 页。
④ 闫洋:《船舶物权法律适用问题研究》,上海海事大学法学院 2004 年硕士学位论文,第 72 页。

笔者认为,在无法穷尽各种物权的法律适用,或者没有必要穷尽时,根据船舶物权的主要种类分别确定其法律适用,对其他船舶物权再统一规定一个准据法,这样既突出了特殊问题,又不至于遗留下船舶物权问题法律适用的空白。在目前情况下,可以分别规定船舶所有权、船舶抵押权、船舶优先权、船舶留置权以及船舶抵押权、船舶优先权、船舶留置权之间的优先顺序的法律适用问题。其他物权问题,统一做一个规定。

(二)关于所有权的准据法

1. 立法与建议草案的内容

我国《海商法》第270条规定:"船舶所有权的取得、转让和消灭,适用船旗国法律"。我国《民法(草案)》第九编第37条规定:"船舶所有权的取得、转让和消灭,适用船旗国法"。《中华人民共和国国际私法示范法》第84条规定:"船舶所有权的取得、转让和消灭,适用船旗国法"。中国国际私法学会《涉外民事关系法律适用法(建议稿)》第46条规定:"船舶所有权的取得、变转让和消灭,适用船旗国法律"。

2. 理论上学者的观点与看法

修改《中华人民共和国海商法》建议稿第368条规定:"船舶所有权,适用船旗国法"。

多数学者的主张与我国立法相同,即船舶所有权的取得、转让和消灭,适用船旗国法律。[1]

值得注意的是,船舶所有权适用船旗国法是建立在船旗国与船舶具有最密切联系的基础上的,但方便旗船的出现,破坏了这一基础。为解决这一问题,有学者建议在立法上这样规定:船舶所有权的取得、转让和消灭,适用船旗国法律。当船舶悬挂方便旗时,适用有最密切联系的船旗国法律。有学者建议船舶悬挂方便旗,其他国家与船舶所有权具有更密切联系的,适用其他国家的法律。[2]

也有学者主张统一规定船舶物权的法律适用:船舶物权依最密切联系原则,

---

[1] 参见毕道俊《中国海事冲突法的立法研究》,安徽大学法学院2007年硕士论文,第35页;肖永平《论〈中华人民共和国国际民商事关系法律适用法〉的立法体系》,中国国际私法学会2004年年会论文集,第79页。

[2] 参见徐丹红《船舶物权的法律适用刍议》,载《肇庆学院学报》2012年第1期,第26页。

适用船旗国法、原船舶登记地法或受理案件的法院所在地法。①

笔者认为,船舶所有权,适用船旗国法。当船舶悬挂方便旗或租赁期间船舶所有权发生转移的,适用有最密切联系的船旗国法律。我国《海商法》第270条规定是船舶所有权的取得、转让和消灭,适用船旗国法。取得、转让和消灭不能够包含所有权的所有内容,因此,本条不再列举之。只是笼统规定船舶所有权,适用船旗国法。

另外,船舶悬挂方便旗时,应适用最密切联系的船旗国法——原船旗国法。租赁期间船舶所有权发生转移的,船舶所有权与新的船舶登记国有最密切联系。因此,发生变动后的船舶所有权问题,应适用新船旗国法。这样才能有效解决适用船旗国法过程中可能出现的问题。

(三)关于抵押权的准据法

1. 立法与建议草案的内容

我国《海商法》第271条规定:"船舶抵押权,适用船旗国法律。船舶在光船租赁以前或光船租赁期间,设定船舶抵押权的,适用原船舶登记国的法律"。

我国《民法(草案)》第九编第37条规定第2款、第3款;《中华人民共和国国际私法示范法》第85条;中国国际私法学会《涉外民事关系法律适用建议稿》第46条第2款、第3款都与《海商法》第271条的规定完全一致。

2. 理论上学者的观点与看法

《中华人民共和物权法》的实施,导致其与我国《海商法》之间出现许多冲突,这些冲突表现在船舶抵押权领域尤其突出。"按照特别法优先于普通法的原则,还是应该首先适用海商法的规定。但毕竟《海商法》实施已经多年,国际海事经济贸易环境发生了天翻地覆的变化,就抵押权而言,《海商法》在有关抵押权产生的原因应考虑意定抵押问题;在抵押主体方面,应将包括债权关系以外的第三人纳入等等"②。

修改《中华人民共和国海商法》建议稿第369条只规定船舶抵押权,适用船旗国法律。没有规定船舶在光船租赁以前或光船租赁期间,设定船舶抵押权的法律适用问题。

---

① 王国华:《海事关系的法律适用原则及我国的立法建议》,中国国际私法学会2004年年会论文集,第81页。
② 阮芳:《论船舶抵押权制度的立法完善——以国内法律冲突为视角》,载《西部法学评论》2009年第6期,第99页。

我国许多学者的观点与我国《海商法》第271条规定内容基本一致。但也有学者提出了不同的建议：

有人建议："在涉及船舶抵押权的法律适用不要简单规定适用船旗国法，应加入'真正联系'原则的因素。"①有人建议："修改我国《海商法》第271条的规定，将船舶抵押权适用船旗国法，改为船舶抵押权适用船舶登记地法律"。增加："在建船舶抵押权适用造船国法律。船舶建成交付时，已登记的抵押权尚未消灭的，其效力仍然适用造船国法律。但公示要件重叠适用造船国法律和船籍国法。"②还有人建议引入意思自治原则："船舶抵押权的基础合同关系适用当事人选择的法律，在当事人没有选择时，适用船旗国法。船舶抵押权在当事人之间的效力适用当事人选择的法律，在当事人没有选择时，适用船旗国法。船舶抵押权对第三人的影响适用船旗国法。船舶抵押权实现中的诉讼程序适用法院地法。"③这一建议与国际上的普遍做法不相一致。"英国在答复国际海事法协会（国际海事委员会）海事国际私法问题单时，认为契约双方可以选择规范契约之法律，这种任意选择权仅仅受到关于契约中之一般限制，这种选择权适用契约产生的大多数问题，但不适合于物权的有效性问题"④。根据《意大利航海法》第6条的规定，只能依船旗国法，不能依当事人意思选择担保物权之适用法律。保加利亚也规定涉及所有权等物权关系不允许选择法律。在我国立法及司法实践中，与上述国家做法基本相同。⑤

关于船舶抵押权的法律适用，笔者建议：船舶抵押权适用船旗国法律。同时补充在建船舶的抵押权法律适用问题，即适用造船国法律。

---

① 龚轶：《论海事关系的法律适用》，吉林大学法学院2003年硕士学位论文，第26页。
② 王娟：《船舶抵押权的法律适用》，武汉大学法学院2005年博士学位论文，第147页。
③ 周海燕、傅静：《由一起案件看船舶抵押权的法律适用问题》，载《法制经纬》2011年第1期（中），第61、93页。
④ 同上书，第61页。
⑤ 1994年12月12日，英国达拉阿尔巴拉卡投资有限公司与巴哈马康斯特瑞新管理公司签订贷款协议，供康斯特瑞新管理公司购买巴哈马船舶所用，设立船舶第一抵押权并附抵押契约。后因还款纠纷原告英国达拉阿尔巴拉卡投资有限公司在武汉海事法院申请扣船并起诉，请求法院确认船舶抵押权。武汉海事法院根据事实和证据，经审理认为，本案系抵押权纠纷，抵押合同适用当事人选择的法律。本案当事人均同意适用中国法律。关于抵押权的行使，依我国《海商法》第171条规定，船舶抵押权应适用船旗国法，故本案应适用巴哈马共和国有关法律。最后法院依巴哈马共和国《商船法》第246章第33条进行了判决。参见周海燕、傅静《由一起案件看船舶抵押权的法律适用问题》，载《法制经纬》2011年第1期（中），第60页。

(四)关于优先权的准据法

1. 立法与建议草案的内容

我国《海商法》第272条规定:"船舶优先权,适用受理案件的法院所在地法律"。我国《民法(草案)》第九编第37条规定第4款;《中华人民共和国国际私法示范法》第87条;中国国际私法学会《涉外民事关系法律适用法(建议稿)》第46条第4款规定基本与之相同。

2. 理论上学者的观点与看法

我国学者的观点基本上与《海商法》第272条的规定一致。① 修改《中华人民共和国海商法》建议稿第370条也与我国《海商法》第272条的规定完全一致。但也有学者建议,在船舶优先权问题上,单纯采用法院地法原则,容易导致择地诉讼。单纯采用船旗国法又会遇到船旗变更等问题。因此,比较好的做法是引入最密切联系原则,在最密切联系原则的指引下,根据具体情况适用受案法院地法或者船旗国法。②

(五)关于留置权的准据法

对船舶留置权的法律适用,理论上及法律规定上都存在严重的分歧,无法取得一致的认识。具体如下(表2-4)所示:

表2-4　留置权的准据法

统一规定	即统一规定船舶物权适用船旗国法,船舶留置权是船舶物权的一种,故也适用船旗国法律。如罗马尼亚、匈牙利、巴拉圭、前南斯拉夫等国。
单独规定(即单独规定船舶留置权的准据法)	例如前民主德国规定,如船舶在一国水域内,则该国法律适用于占有留置权;如在公海上,适用船旗国法。
	波兰、希腊、泰国、阿尔及利亚等国规定留置权适用实际的物之所在地法。③

---

① 也有学者认为,应该增加应受款转让准据法的规定,优先权适用转让人所在地法。参见王娟《船舶抵押权的法律适用》,武汉大学法学院2005年博士学位论文,第147页。
② 参见屈广清《中国海事法律适用法修改的具体建议》,载《海峡法学》2011年第2期,第85页。
③ 参见徐丹红《船舶物权的法律适用刍议》,载《肇庆学院学报》2012年第1期,第27页。

续表

单独规定(即单独规定船舶留置权的准据法)	我国立法建议案都是主张留置权适用留置地法律的。如《中华人民共和国国际私法示范法》第86条规定:船舶留置权适用船舶留置地法。中国国际私法学会《涉外民事关系法律适用法(建议稿)》第46条第3款、修改《中华人民共和国海商法》建议稿第371条等都是这样的规定。 我国理论上基本认同留置地法。如有人认为:"船舶留置权适用船舶留置地法。"①有人认为应该表述为:"船舶留置权适用被留置船舶的所在地法律。"② 也有学者建议:"对船舶留置权的法律适用应该采用分割制度,船舶留置权的不同方面应适用不同的法律。如船舶留置权适用当事人所约定的法律,但当事人所约定的外国法关于船舶留置权的规定比国内法更宽泛则应排除适用。在当事人没有约定时,适用被留置船舶所在地法。船舶留置权对第三人的影响适用被留置船舶所在地法。船舶留置权的受偿顺序适用船旗国法。船舶留置权的实现适用法院地法。"③
没有规定	我国《海商法》虽然规定了船舶留置权的实体法内容,但没有规定其法律适用问题。

综上,各国关于船舶留置权的法律适用方式规定是不同的,一种是采用船旗国法原则,侧重保护的是法律适用的明确性,一致性与可预见性,追求的是船舶物权关系的稳定。第二种规定方式,采用的是船舶实际所在地法原则,着重保护的是船舶留置权人的利益。在实践中,船舶留置权人主要是指造船人和修船人(1967年公约第6条,1993年公约第7条),此外也包括各国在内国法中规定的其他因合同原因占有船舶的债权人,如拖带人、救助人、打捞人等。无论基于何种原因得以享有对船舶的留置权,留置权人通过自身所提供的劳务(有时也包括物料、设备等),一方面保全或恢复了船舶的航行能力,对于维护海上生命与财产的安全功不可没;另一方面,也保全或提高了船舶的商业价值,这从根本上保障了船舶所有权人、抵押权人、优先权人的利益。而且,船舶留置权人所主张的海事请求的数

---

① 肖永平:《论〈中华人民共和国国际民商事关系法律适用法〉的立法体系》,中国国际私法学会2004年年会论文集,第151页。
② 毕道俊:《中国海事冲突法的立法研究》,安徽大学法学院2007年硕士论文,第45页。
③ 周后春:《论船舶留置权的法律适用》,载《广州大学学报(社会科学版)》2007年第6期,第30页。

额,一般不会超过船舶价值恢复或增加的部分。考虑以上两方面原因,立法上向船舶留置权人倾斜,既有利于保证航行安全,也不至于损害其他船舶物权人的利益。

因此,在以上两种法律适用系属公式中,适用船舶留置地法比较科学。理由是:(1)船舶留置权是一种法定的担保物权,该权利的成立既不需要当事人合意,也不需要到船舶登记国进行登记,其对抗第三人的方式靠占用而非登记。因此,船舶留置权与船旗国的联系甚微。(2)船舶留置权适用船舶实际所在地法原则符合物权法律适用的基本原则即"物权关系适用物之所在地法"原则。(3)当事人之间的留置法律关系,一般是在被留置地发生的,被留置地与之有最密切的联系。(4)留置权人对当地法律比较熟悉。能达到向船舶留置权人倾斜的目的。

笔者认为,留置权的法律适用问题没有必要排除当事人的意思自治,适用当事人合意选择的法律,更有利于裁判的履行。目前,我国尚不存在明确的关于船舶留置权的冲突规范,建议采用当事人的约定与船舶留置地法原则相结合的立法规定。具体建议为:船舶留置权,在当事人未约定时,适用船舶留置地法。

(六)关于担保物权顺序的准据法

关于各担保物权的受偿顺序,各国的实体法规定不尽相同。"有的国家规定的受偿顺序为优先权、留置权、抵押权,有的国家将满足一定条件的船舶留置权排在某些优先权之前。有的国家还规定有优先抵押权,受偿顺序比较复杂"①。

也有学者认为:"实践中各国的受偿顺序多为:1. 特殊的法定权利(如清污费用、码头港口规费、通行费、清除船舶残骸费用等);2. 扣押船舶、执行船舶拘押及变卖船舶产生的费用;3. 船舶优先权;4. 船舶抵押权;5. 船舶配备供给的给付请求以及其他海事请求权。"②

我国《海商法》对受偿顺序有专门的规定。《海商法》第 19 条规定:"同一船舶可以设定两个以上抵押权,其顺序以登记的先后为准。同一船舶设定两个以上抵押权的,抵押权人按照抵押权登记的先后顺序,从船舶拍卖所得价款中依次受偿。同日登记的抵押权,按照同一顺序受偿。"第 22 条和第 23 条对优先权的受偿顺序进行了规定。第 25 条对船舶优先权、船舶抵押权、船舶留置权的受偿顺序进

---

① 徐丹红:《船舶物权的法律适用刍议》,载《肇庆学院学报》2012 年第 1 期,第 28 页。
② [加]威廉·泰特雷著:《国际冲突法:普通法、大陆法及海事法》,刘兴莉译,法律出版社 2003 年版,第 355 页。

行了规定:"船舶优先权先于船舶留置权受偿,船舶抵押权后于船舶留置权受偿"。

遗憾的是,我国《海商法》没有规定担保物权受偿顺序发生冲突时的法律适用问题。

有鉴于此,我国学者对担保物权的受偿顺序问题进行了大量的研究,提出了一些具体的立法建议,以弥补我国《海商法》、《民法(草案)》第九编、《中华人民共和国国际私法示范法》、中国国际私法学会《涉外民事关系法律适用法(建议稿)》没有规定船舶留置权法律适用问题的缺憾。如有人建议:"物权的受偿顺序问题适用船旗国法"。①

修改《中华人民共和国海商法》建议稿第371条规定:"船舶抵押权、船舶优先权和船舶留置权相互之间的优先顺序,适用受理案件的法院所在地法律"。

与其他法律适用原则相比,适用法院地法的优点是:

第一,适用法院地法,准据法单一明确,不会像适用船旗国法、船舶所在地法那样,出现准据法重叠、冲突、难以理解的局面。

第二,适用法院地法,审理案件的法官就无须去查明外国法的内容,这是最方便的法律适用原则。

第三,由于通常法院地也是船舶扣押地,甚至船舶拍卖地,能够使案件得到及时有效的执行。

有利必有弊,适用法院地法的缺陷为:如同适用船旗国法会带来船旗变更一样,适用法院地法必然会带来择地诉讼的问题,这是适用法院地法的最大弊端。但比较而言,适用法院地法比适用其他的法律更妥当一些。目前法院地法原则在各国的立法、司法实践中适用得较为广泛,英国、新加坡、澳大利亚、丹麦、芬兰、挪威、保加利亚以及中国的司法实践等都采用了这一原则。

综上,笔者提出具体的立法建议为:船舶抵押权、船舶优先权和船舶留置权相互之间的优先顺序,适用法院地法。

(七)关于其他船舶物权的准据法

这一问题学者们没有涉及,笔者的建议是,本法没有规定的其他船舶物权,适用法院地法。因为这涉及其他船舶物权的识别问题,适用法院地法比较妥当。

---

① 张婷:《论船舶留置权的法律适用》,华东政法大学法学院2009年硕士论文。但该作者的理由是物权的受偿顺序若适用外国法律,会产生不同的分配标准,不方便法院执行。这与作者主张的适用船旗国法相矛盾,因为船旗国法不一定不是外国法。倒是适用法院地法肯定不涉及适用外国法的问题。

结语:关于该章内容具体的立法建议为:

"1. 船舶所有权,适用船旗国法。当船舶悬挂方便旗或租赁期间船舶所有权发生转移的,适用有最密切联系的船旗国法律。

2. 船舶抵押权,适用船旗国法律。在建船舶的抵押权适用造船国法律。

3. 船舶优先权,根据最密切联系原则,适用法院地法或者船旗国法律。

4. 船舶留置权,在当事人未约定时,适用船舶留置地法。

5. 船舶抵押权、船舶优先权和船舶留置权相互之间的优先顺序,适用法院地法。

6. 本法没有规定的其他船舶物权,适用法院地法。"①

说明:1. 本建议采用了分别规定,用其他船舶物权兜底的方式,这是与其他建议案或学者建议不同的地方。2. 用"船舶所有权"代替"船舶所有权的取得、转让和消灭"的表述,因为"船舶所有权"的内容除了"取得、转让和消灭"外,还有所有权份额变更等内容,而且"船舶所有权"的表述更加简洁。另外对船舶悬挂方便旗时,所有权如何适用船旗国法进行了明确规定。3. 对船舶优先权,引入了最密切联系原则;对船舶留置权引入了意思自治原则。4. 为了简洁,一律用"法院地法"替代"受理案件的法院地法",因二者等同。5. 专门规定了其他物权的法律适用。

---

① 在本书中,笔者对"本法没有规定的其他船舶物权""其他海事侵权"等进行了准据法的规定。因为这几类海事法律关系关系复杂、特点明显,如有可能应尽量在《涉外海事关系法律适用法》中规定为妥。

第三章

海事合同之研究

在签订和履行与海上运输商品有关的买卖合同时,惯例起着很大的作用。①

——[俄]M.M.波古斯拉夫斯基

第一节 海上货物运输合同

世界贸易 90% 的运输量是从海上进行运输的。② 国际贸易的地位也越来越重要,"对每一个国家来说,供应全国人民每年的生活必需品与便利品的根本来源,是全体国民每年的劳动;那些被消费掉的必需品与便利品,如果不是由该劳动直接生产出来的,便是用该劳动的产出物向国外购买的"③。国际贸易离不开海上货物运输。随着世界经济的缓慢复苏④,国际海上货物运输的货物总量还会继

---

① [俄]M.M.波古斯拉夫斯基著:《国际私法》,王明毅等译,法律出版社 1987 年版,第 202 页。
② 参见吴冰、姜秋华《65 万海员奋斗海洋强国梦》,http://www.zgjtb.com/content/2013-06/content_61308.htm,2013 年 7 月 31 日访问。
③ [英]亚当·斯密著:《国富论》,谢宗林、李华夏译,中央编译出版社 2012 年版,第 1 页。
④ 国际货币基金组织、世界银行、联合国对 2013 年世界经济增长的预测分别为 3.5%、2.4%、2.4%。参见国家发改委宏观经济研究院课题组著《3013:中国经济展望》,中国经济出版社 2013 年版,第 292 页;世界银行还预测 2014 年世界经济增长率为 3.1%,发达国家为 2.0%,发展中国家为 5.7%。参见湖南省统计局统计信息中心编译《全球经济展望报告》,http://www.hntj.gov.cn/sjfb/gjsj/,2013 年 8 月 3 日访问。

续增加。

中国 2012 年货物进出口总额为 38667.6 亿美元,根据中国商务部《对外贸易"十二五"规划》,外贸进出口将保持 10% 左右的年均增长速度,到 2015 年货物进出口总额达到约 4.8 万亿美元。另根据预测,中国 GDP 也将在 2029 年超过美国成为头号经济大国①,如下表(表 3-1)所示:

表 3-1　中美未来 GDP 比较

年份	中国 GDP	美国 GDP
2013 年	85238.2979 亿美元	165675.1687 亿美元
2014 年	91929.4833 亿美元	168988.6721 亿美元
2015 年	99008.0547 亿美元	略　721723shenl68.4455 亿美元 368.4455 亿美
2016 年	106483.1307 亿美元	略
2017 年	114362.9179 亿美元	略
2018 年	122654.2553 亿美元	略
2019 年	131362.766 亿美元	略
2020 年	140492.5532 亿美元	略
2021 年	150046.0486 亿美元	略
2022 年	160024.1641 亿美元	略
2023 年	170425.6839 亿美元	略
2024 年	181247.7204 亿美元	略
2025 年	192485.1064 亿美元	略
2026 年	204130.3951 亿美元	略
2027 年	216174.1641 亿美元	略
2028 年	228604.1033 亿美元	228976.964 亿美元 222976.964 亿美元 22976
2029 年	241405.9271 亿美元(超过美国)140	227436.5033 亿美元
2030 年	248604.1033 亿美元	228604.1033 亿美元
2031 年	254562.614 亿美元	231985.2334 亿美元
略	略	略

---

① 参见《世界经济信息网》http://www.8pu.com/,2013 年 7 月 18 日访问。

续表

年份	中国 GDP	美国 GDP
2040 年	400040.4802 亿美元	282788.7051 亿美元
略	略	略
2050 年	544144.6809 亿美元	344717.8536 亿美元
略	略	略
2060 年	666238.6018 亿美元	420209.14 亿美元

海上货物运输领域是海事海商案件纠纷多发地带。随着货物进出口贸易经济的进一步发展,海上货物运输总量增大,该领域的案件数量还会增多。

一、海上货物运输合同的法律冲突

海上货物运输合同是指承运人与托运人所签订的,以收取运费为对价,将托运人所提交的货物经海路从一港运到另一港的合同。"在我国的运输实践与运输法律理论中,其专指涉外海上货物运输合同,与被称为水路运输合同的国内海上货物运输合同相对应"[1]。按照我国运输市场的实践,长期以来习惯于将国内的内河和沿海的货物运输合同称为水路货物运输合同,成为与海上货物运输合同相互独立的一种合同,适用专门的水路货物运输法律规范予以调整。例如适用交通部于2000年8月28日发布、2001年1月1日起施行的《国内水路货物运输规则》,而不适用《海商法》第四章"海上货物运输合同"的规定。

各国对海上货物运输合同的法律规定并不一致,冲突主要表现在以下几个方面:

(一)海上货物运输合同的类型方面

海上货物运输合同的种类很多,各国规定不一。常见的如下图(图3-1)所示:

---

[1] 王花:《海上货物运输合同所适用的法律比较》,载《当代法学》2003年第6期,第112页。

```
                        ┌ 依期限分 ┬ 班轮运输合同
                        │         └ 航次租船合同
                        │
                        ├ 依涉外因素分 ┬ 国际海上货物运输合同
                        │             └ 国内海上货物运输合国
                        │
                        │              ┌ 直达运输合同
                        ├ 依运输方式分 ┼ 转船运输合同
                        │              └ 联运运输合同
                        │
  海上货物运输合同 ─────┤              ┌ 班轮运输合同
                        ├ 依性质分 ┼ 航次租船全同
                        │              └ 联运合同
                        │
                        │              ┌ 集装箱货运输全同
                        ├ 依对象分 ┼ 件杂货运输合同
                        │              └ 散货运输合同
                        │
                        └ 依目的分 ┬ 公共运输合同
                                    └ 私人运输合同
```

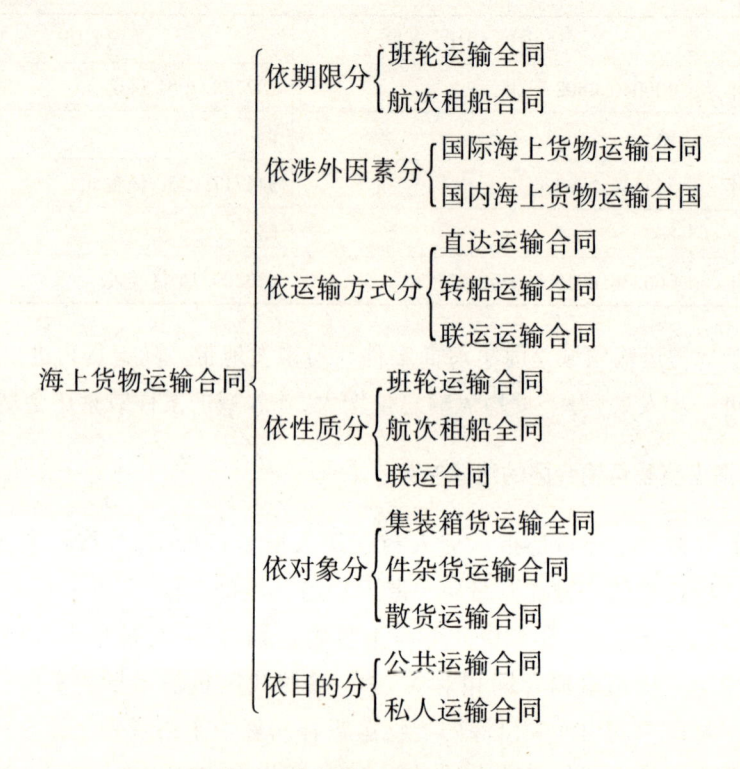

图 3-1　海上货物运输合同的种类

(二)海上货物运输合同公约的内容方面

目前,海上货物运输合同在提单方面有《海牙规则》《维斯比规则》《汉堡规则》三个国际公约,联合国 2008 年还通过了《联合国全程或部分海上国际货物运输合同公约》(《鹿特丹规则》),但这并没有使海上货物运输合同法完全统一,法律冲突仍大量存在。1924 年的《海牙规则》签署国有 88 个,已在 84 个国家或者地区生效;1968 年的《维斯比规则》签署国有 35 个,已在 21 个国家或者地区生效;1978 年的《汉堡规则》签署国有 42 个,已在 21 个国家或者地区生效;《鹿特丹规则》至今还没有生效。由于参加国的数量不一,造成缔约国与非缔约国之间法律规定的不一致与法律冲突。与此同时,缔约国在参加公约或制定国内立法时,对公约做出保留的条款并不相同,造成缔约国之间法律冲突。另外,有的《维斯比规则》的缔约国还采纳了 1979 年《关于修订维斯比规则的议定书》,因此,目前有效的提单公约实际上有四个。但这四个公约之间,内容存在很多差异。①

(三)海上货物运输合同的法律性质方面

如有的国家认为海上货物运输合同是承揽合同,有的国家认为海上货物运输合同是船舶租赁合同。

(四)海上货物运输合同范围方面

关于海上货物运输合同的范围,各国规定不一。学者对海上货物运输合同范围的认识也各不相同,有学者认为:"现代的海上货物运输合同不仅包括提单和海运单,而且还包括提货单和电子提单。"②有学者认为:"国际海上货物运输合同包括件杂运输合同、航次租船合同、定期租船合同、光船租船合同四种。"③

(五)海上货物运输合同订立形式方面

各国对海上货物运输合同订立形式要求不同,有的国家要求必须是书面形式,有的国家对海上货物运输合同的订立形式未作任何要求或限制。

(六)承运人免责范围方面

各国在国内立法中对承运人的免责事项作了不尽相同的规定。《海牙规则》的缔约国与《汉堡规则》的缔约国规定的免责范围也有许多差别。

(七)承运人责任限额方面

各国受不同的提单公约的影响,制定的具体赔偿限额也很不相同。具体如下表(表3-2)所示:

表3-2 各国的具体赔偿限额类型

责任限额类型	采用国家
1. 没有规定	即没有参加公约、国内法也没有规定责任限制制度的国家,如巴西、哥伦比亚、巴拿马、委内瑞拉等国。
2. 适用《汉堡规则》	有20多个国家采用特别提款权。
3. 有保留地接受《汉堡规则》	如埃及。

---

① 如《维斯比规则》在《海牙规则》不完全过失责任原则的基础上,提高了承运人的赔偿责任限额,明确了承运人的受雇人、代理人的法律地位及提单的证明效力。《汉堡规则》对《海牙规则》《维斯比规则》作了根本性的变革,对承运人实行完全过失责任原则等等。
② [加]威廉·泰特雷著:《国际冲突法:普通法、大陆法及海事法》,刘兴莉译,法律出版社2003年版,第190页。
③ 杨颖:《国际海上货物运输合同法律适用的若干问题》,上海交通大学法学院2001年硕士学位论文,第1页。

责任限额类型	采用国家
4. 适用 1968 年和 1979 年《维斯比规则》	这些国家在国内限额上采用特别提款权兑换国内货币的做法,如中国。韩国规定 500 特别提款权的国内单位限制。
5. 适用 1968 年和 1979 年《维斯比规则》	包括世界上主要的航运国家,采用 666.6 特别提款权。
6. 适用 1968 年《维斯比规则》,不接受 1979 年议定书	如南非、叙利亚等国,采用金法郎制度。
7. 适用《海牙规则》	如阿根廷、秘鲁、印度及许多英国前殖民地国家,采用英镑限额。
8. 适用《海牙规则》	如美国、新西兰、土耳其、葡萄牙、菲律宾、古巴等国,采用本国货币限额。
9. 根据不同情况分别适用《维斯比规则》或《海牙规则》	如德国、比利时等国,对于前往《海牙规则》国家的货物运输适用《海牙规则》,其他情况下适用《维斯比规则》。

(八)承运人对运费的请求权方面

各国在承运人对运费的请求权问题上规定不一。如《德国商法典》第 618 条第 1 款规定:"如果由于货物的自然性质引起损失,如自然变质、损耗、渗漏,以及由于在航海过程中活动物的自然死亡而导致没有交付货物,承运人仍有权收取运费。"我国《合同法》第 314 条规定:"货物在运输过程中因不可抗力灭失,未收取运费的,承运人不得要求支付运费。"

二、海上货物运输合同的法律适用

(一)适用国际公约的原则

在海上货物运输领域存在大量的国际公约。"国际公约直接适用原则"和"适用与国际公约最接近的法律"可作为特殊的合同领域中法律适用的原则之一。[①] 公约影响面大,为各国所熟悉;公约通常是经过多国间反复商讨利益平衡后才得以通过的,且经过实践的长期印证,容易为各方当事人所接受;法院适用与执行上

[①] 参见孙岚《海运合同的法律适用问题研究》,载《现代法学》2002 年第 6 期,第 137 页。

也比较方便、容易查找、容易理解；各国理论上对公约的研究也较多，不易出现法律适用上的偏差与问题。因此，公约缔约国之间一般都要求适用公约。即使是没有参加公约的国家，也可以适用公约。如2012年《最高人民法院关于适用〈中华人民共和国涉外民事关系法律适用法〉若干问题的解释（一）》规定："当事人在合同中援引尚未对中华人民共和国生效的国际条约的，人民法院可以根据该国际条约的内容确定当事人之间的权利义务，但违反中华人民共和国社会公共利益或中华人民共和国法律、行政法规强制性规定的除外。"

海上货物运输的国际公约对自身的适用也提出了要求，如《汉堡规则》第23条第1款规定："海上运输合同、提单或证明海上运输合同的任何其他单证中的任何条款，在一定范围内，直接或间接违背本公约的规定，均属无效。"《海牙规则》《维斯比规则》也有类似的规定。

调整海上货物运输的国际公约《海牙规则》《海牙—维斯比规则》和《汉堡规则》在国际上的影响和适用范围都非常广泛。我国虽然没有参加其中任何一个条约，但它们对我国的立法与司法实践有着重大的影响，如下表（表3-3）所示：

表3-3 调整海上货物运输合同的条约与我国法律对比

名称	海牙规则	维斯比规则	汉堡规则	我国海商法
通过时间	1924	1968	1978	1992
生效时间	1931	1977	1992	1993
承运人义务	适航义务			
管货义务				
不得不合理绕航	适航义务			
管货义务				
不得不合理绕航	承运人对灭失，损坏以及延迟交付负赔偿责任	适航义务		
管货义务				
不得不合理绕航				
承运人责任期间	钩到钩	钩到钩	收到交	集装箱：钩到钩；非集装箱：收到交

续表

名称	海牙规则	维斯比规则	汉堡规则	我国海商法
承运人免责	包括航行过失在内的17项	包括航行过失在内的17项	取消了航行过失免责	包括航行过失在内的12项
延迟交付责任	无	无	赔偿运费的2.5倍	赔偿相当运费
承运人责任限制	每件或每单位100英镑	每件或每单位1000金法郎,或每公斤30金法郎,以高者为准	每件或每单位835SDR或每公斤2.5SDR,以高者为准	每件或每单位666.67SDR或每公斤2SDR,以高者为准
诉讼时效	1年	1年,可双方协商延长,对第三者的追偿还有3个月的宽限期	2年,可双方协商延长,对第三者的追偿还有90日的宽限期	1年,对第三者的追偿还有90日的宽限期

此外,调整国际货物多式联运合同的法律规范有《联合国国际货物多式联运公约》《联运单证统一规则》和《多式联运单证规则》等。比较而言,《联合国国际货物多式联运公约》规定的内容比较全面,如下表(表3-4)所示:

表3-4　国际货物多式联运的法律规范《联合国国际货物多式联运公约》

通过情况	公约于1980年5月在日内瓦召开的由84个联合国贸易和发展会议成员国参加的国际多式联运会议上通过。
生效情况	尚未生效。
公约的适用范围	公约适用于两个国家之间的货物多式联运合同,但合同中规定的多式联运经营人接收货物或交付货物的地点必须位于缔约国境内。
经营人的责任形式	原则上实行统一责任制。但是,如果货物损害发生于多式联运的某一特定区段,并且适用于该区段的其他国际公约或强制性国内法规定了高于本公约规定的赔偿责任限额,则应以该国际公约或国内法的规定为准。
经营人的责任期间	经营人的责任期间为自接收货物时起,至交付货物时止。

续表

赔偿责任限制	公约规定,如果多式联运合同中规定的货物运输方式之一是海运或内河运输,多式联运经营人对货物灭失或损坏的赔偿责任限额为,每件货物或每一运输单位 920 特别提款权,或按货物毛重计算,每公斤 2.75 特别提款权,两者中以高者为准。对迟延交付造成的损害的赔偿责任限额为迟延交付货物运费的总额。当货物灭失、损坏与迟延交付同时发生的,承运人的赔偿责任总额以货物全部灭失时其应负的责任为限。 上述责任限制的规定,亦适用于受害人以侵权行为或其他理由向多式联运经营人、其受雇人、代理人,或其为履行合同而使用的其他任何人提出的诉讼。
责任限制的权利丧失	公约规定,经证明,货物灭失、损坏或迟延交付是多式联运经营人、其受雇人、代理人,或其为履行合同而使用的其他任何人的故意或明知可能造成损失而轻率地作为或不作为所引起的,便丧失上述责任限制的权利。

(二)适用意思自治原则

在国际海上货物运输合同领域,各国都接受意思自治原则,即承认当事人自主选择所适用法律的效力。为了更好地理解与执行该原则,应当注意以下问题:

1. 意思自治原则的适用范围比较广泛

意思自治原则不仅在法院的管辖与法律适用中存在,在认定仲裁的管辖与法律适用案件中也存在。如中国再保险公司海上货物运输合同纠纷案。① 在该案中,提单规定的仲裁条款排除了法院对本案的管辖,原告华农公司的起诉应予驳回。原告平安保险依代位求偿权向被告船务公司提起诉讼的依据也是提单,故其起诉也应予以驳回。

2. 意思自治原则不是没有限制的无限自治

海运合同是国际商事合同中较为特殊、较为复杂的合同,"在海运合同中当事人意思自治受到限制,传统的法律选择方法不能有效地发挥作用"②。事实上,各国对当事人选择法律的时间、方式、范围等问题都有或多或少的限制。另外,意思自治有时也存在选择的法律不明确、不存在、不适合、相互矛盾等而不能适用的问题。如在实践中,由于船舶悬挂方便旗的情况经常存在,当事人的合同规定"受船

---

① 即《大连华农集团有限责任公司、中国平安保险股份有限公司湛江中心支公司与马来西亚国际船务有限公司、中国再保险公司海上货物运输合同货物短卸赔偿纠纷案》,http://news.9ask.cn/baoxianlipei/bxhtzs/httz/201012/971491.shtml,2013 年 4 月 19 日访问。

② 孙岚:《海运合同的法律适用问题研究》,载《现代法学》2002 年第 6 期,第 137 页。

旗国法制约",这里的船旗国法是船舶所有人本国法,还是方便旗所属国法律,理论上观点也不一致。

(三)适用最密切联系原则

在当事人没有通过明示或默示方式选择准据法时,应如何决定适用的法律,各国通常有不同的规定。如可以采用传统的冲突规范来确定等。但比较多的国家规定采用最密切联系原则来确定。如我国《合同法》第126条第1款、《民法通则》第145条和《海商法》第269条都规定,涉外合同当事人没有选择法律时,适用与合同有最密切联系的国家的法律。《关于合同义务法律适用欧洲公约》第4条第1款规定:"凡未依第三条选择适用法律的合同,依与之有密切关系的国家的法律。"

《瑞士民法典》第120条规定:"对于合同所适用的法律,当事人没有做出选择的,则合同适用依可知的情况与其有最密切联系的法律。"最密切联系,应以特征履行、保护当事人一方的特殊需要以及合同与场所的明显联系等因素确定。美国、秘鲁、波兰、法国、土耳其等国也都有适用最密切联系原则的规定。

(四)适用其他的法律

在实践中船旗国法、合同履行地法、合同缔结地法等都有国家采用,但现在适用得并不普遍。在适用的其他法律中,法院地法相对会多一点。例如在英国法院审理的 The San Nicholas 案①与 Mineracoas Brasilieras Reunidas v. E. F. Marine 案②中,提单都约定适用1936年《美国海上货物运输法》,最后适用的是不太有密切联系的英国法。

三、主要航运国家货物运输合同法律适用的规定

美国、英国、加拿大、法国关于货物运输合同法律适用的规定如下表(表3-5)所示:

---

① 参见[1976]1Lloyd's Rep. 8.
② 参见[1977]2Lloyd's Rep. 140.

表 3-5 主要航运国家关于货物运输合同法律适用的规定

国家	相关法律	法律适用方法
美国		1. 当事人选择的法律
		2. 合同缔结地法
		3. 政府利益分析的方法
英国	1990 年英国《合同(适用)法》	1. 当事人选择的法
		2. 合同缔结第法
		3. 船旗国法
		4. 最密切联系原则
		5. 适用使合同有效的法律
加拿大		1. 当事人选择的法律
		2. 合同缔结地
		3. 最密切联系的法律
		4. 适用使合同有效的法律
法国		1. 当事人选择的法律
		2. 船旗国法

四、我国涉外合同审判法律适用的情况

美国法学家波斯纳认为:"法律缺乏的是对实证研究和规范性研究的明辨分析等等。"①"美国学者 Symeonides 教授、Bochers 教授、Solimine 教授、和 Kozyris 教授也都一直对美国法院有关法律选择的判决进行研究,其结果已经显示出统计学的分析方法在法律选择问题上的生命力"②。

我国也有学者对我国合同领域法律适用问题进行了统计分析,从中可以管窥相关领域法律适用的现状,如下表(表 3-6)所示:③

---

① [美]理查德·A. 波斯纳著:《法理学问题》,苏力译,中国政法大学出版社 1994 年版,第 89 页。
② 王承志:《美国经验主义的冲突法重述》,载《中国国际私法与比较法年刊》2004 年版,第 200-203 页。
③ 王承志、黄小妹:《我国涉外合同审判法律适用问题统计分析》,中国国际私法 2012 年年会论文集(上),第 452 页。

表 3-6 我国合同领域法律适用的方法

法律适用方法	案件数量		
	一审采用的方法	二审	
		二审采用的方法但也同时在判决中提到一审的方法	二审采用的方法
当事人意思自治	92	145	66
意思自治与最密切联系原则	27	18	2
根据最密切联系原则地因素	63	69	26
冲突规范规定	2	6	3
直接适用最密切联系原则确定	4	10	9
国际条约	2	2	1
惯例	0	1	0
强制性法律的适用	11	11	4
维持一审法律适用的	0	0	35
分割适用的方法	19	12	4
统一适用的方法	2	0	0
程序问题的法律适用	2	0	0
没有任何关于法律适用的说明直接适用中国法	32	81	205
总数	256	355	355

以上统计说明,在涉外合同领域的法律适用问题上没有任何关于法律适用的说明而直接适用中国法的比例很高,二审中达到 57.75%。其他法律适用方法的结果,绝大部分的准据法仍然是中国法律,这些问题值得深思。

五、提单中的"首要条款"与法律适用

(一)提单中首要条款的效力

我国《海商法》第 71 条规定:"提单,是指用以证明海上货物运输合同和货物已经由承运人接受或者装船,以及承运人保证据以交付货物的单证。"根据此定义,提单与海上货物运输合同是不同的概念。提单虽然不是海上货物运输合同,但却是海上货物运输合同中非常重要的内容。但国外学者中也有人认为:"海运提单是重要的海上货物运输合同,并且是最常见的海上货物运输格式合同。"①

1. 提单的分类

在海事实践中,各国根据不同的标准往往可以将提单分为不同的类型。通常采用的提单如下表(表3-7)所示:

表3-7 提单的种类

按提单上收货人的记载情况可以分为	记名提单、不记名提单与指示提单
按货物是否已装船可以分为	已装船提单、收货待运提单
按提单上有无货物不清洁批注分为	清洁提单、不清洁提单
按背面条款分为	全式提单、简式提单
按运输方式分为	直达提单、转船提单、联运提单
按付款方式可为	运费预付提单、运费到付提单
特殊提单的分类	倒签提单
	预借提单
	舱面货提单(甲板货提单)
	包裹提单
	交换提单
	最低运费提单
	合并提单
	并装提单
	分提单
	简式提单

---

① [加]威廉·泰特雷著:《国际冲突法:普通法、大陆法及海事法》,刘兴莉译,法律出版社2003年版,第82页。

2. 提单的内容

不同类型的提单内容会有差别,但提单的内容通常都包括正面记载事项和背面条款两个部分。

(1)提单正面记载事项

各国规定不一。我国《海商法》第73条规定为11项,即货物的品名、标志、包数或者件数、重量或者体积,以及运输危险货物时对危险性质的说明;承运人的名称和主营业所;船舶名称;托运人的名称;收货人的名称;装货港和在装货港接收货物的日期;卸货港;多式联运提单增列接收货物地点和交付货物地点;提单的签发日期、地点和份数;运费的支付;承运人或者其代表的签字。但是,提单缺少前述一项或者几项内容,不影响提单的性质,但提单应符合《海商法》第71条提单定义的规定。

(2)提单背面条款

各国提单格式的背面条款多少不一,内容不尽相同。常见的条款有:

定义(Definition)条款;管辖权(Jurisdiction)与法律适用(Applicable law)条款;首要条款(Paramount Clause,Clause Paramount);承运人责任(Carrier's Responsibility)条款;运费及其他费用(Freight and Other Charges)条款等。

3. 首要条款的规定

关于提单中的"首要条款"的概念,学者的认识也是不一致的,如下表(表3-8)所示:

表3-8 什么是提单中的"首要条款"

提单中的"首要条款"的概念	表述
1."首要条款"	首要条款是:"指明提单受某一公约或者国内法制约的条款。"①
2."首要条款"	首要条款是:"指规定提单适用法律的条款。"②
3. 法律适用条款	首要条款又称"法律适用条款","如是公约缔约国一般在'首要条款'中指明适用公约,如不是,则规定适用本国法律。"③
4."首要条款"	首要条款是:"指规定选择提单适用的准据法和解决争议的地点的条款。"④

---

① 司玉琢主编:《海商法详论》,大连海事大学出版社1995年版,第156页。
② 付旭梅主编:《海商法讲义》,人民法院出版社1988年版,第67页。
③ 吴焕宁主编:《海商法学》,法律出版社1996年版,第104页。
④ 陈宪民主编:《中国海商法》,海洋出版社1996年版,第119页。

续表

提单中的"首要条款"的概念	表述
5."首要条款"	与准据法不同
6."首要条款"	不是法律选择条款
7."首要条款"	首要条款"不是提单适用法律条款,也不是规定提单适用法律的条款,也不是指明提单准据法的条款"①。
8."首要条款"	在提单、租约、海运单等中都存在。

笔者认为,提单中的首要条款,是指提单中规定提单受某一国际公约或某一国家的特定法律制约的条款。承运人对于货物的义务与责任及免责范围通常都有一国国内法强制性的规定。当事人在这方面实体内容的选择以及对适用法律的选择都存在相应的限制。"提单中的法律选择条款即使是在承运人与托运人之间自由选择的,也不代表这一选择能被收货人或者提单持有人接受。设想一份设有'首要条款'的提单,而提单中选择适用的法律是一个完全不被有关国家所接受或认识的国家的法律,这样的提单很难在市场上流通。也许流通能在很小的范围之内进行,但却失去了流通的广泛性,不利于国际贸易和国际航运的进行"②。

但我国多数学者认为提单首要条款不是法律适用条款,因为通常提单中除了有首要条款外,还有法律适用条款。因此首要条款不是法律适用条款,法律适用条款只能有一个。③ 提单首要条款的效力高于法律适用条款。这一点在我国的司法实践中也已得到证明,如美国总统轮船公司与菲达电器厂、菲利公司、长城公司无单放货纠纷案。④ 该案经过三次审理,得出了不同的结论,原因是因为适用了不同的法律,适用中国法律还是适用美国法律,结果是完全不一致的。在此案件判决以后,最高人民法院审判委员会第1463次会议通过了《最高人民法院关于审理无正本提单交付货物案件适用法律若干问题的规定》,自2009年3月5日起

---

① 朱芸:《论提单适用法律条款与首要条款》,载《政法论坛》2001年第3期,第116页。
② 孙岚:《海运合同的法律适用问题研究》,载《现代法学》2002年第6期,第138页。
③ 首要条款是为了强制适用某一公约或已经内国化的公约,根据法律规定,或非缔约国的当事人为了享受公约的利益,将其并入提单作为提单的条款,具有高于其他提单条款效力的特殊条款。提单的法律适用条款则是有关提单的任何争议应适用某一法律解决的条款。参见朱芸:《论提单适用法律条款与首要条款》,载《政法论坛》2001年第3期,第117页。
④ 最高人民法院(1998)交提字第3号判决。

施行。该规定仍然坚持了我国《海商法》的观点。该《规定》第2条规定：承运人违反法律规定，无正本提单交付货物，损害正本提单持有人提单权利的，正本提单持有人可以要求承运人承担由此造成损失的民事责任。第3条规定：承运人因无正本提单交付货物造成正本提单持有人损失的，正本提单持有人可以要求承运人承担违约责任，或者承担侵权责任。

但是实践的情况是复杂的，也存在一些特殊情况需要具体问题具体分析。如承运人本可以向持有正本提单的收货人交付货物，但是在目的港出现了法律规定的承运人不能交付货物，或者法院根据承运人的请求裁定拍卖留置的货物，由此免除承运人交付义务。免除承运人交付货物责任主要包括以下几种情况：收货人没有按照约定向承运人支付运费、共同海损分摊、滞期费和承运人为货物垫付的必要的费用；以及应当向承运人支付的其他费用没有付清，在没有提供担保的情况下，承运人依法可以行使留置权等情况。在这些情况下，正本提单虽然在提单持有人手里，但是构成承运人可以免除向收货人交付部分货物或者全部货物的义务的法定条件，正本提单持有人据此要求承运人承担赔偿责任的，诉讼请求不应予以支持。

另外在实践中，由于一些国家有特别规定，如墨西哥、南美洲部分国家等有法律强制规定，承运到该国港口的货物必须交付给当地海关或者港口当局，由于上述法律限制，承运人在目的港无法履行在收货人提交正本提单之后交付货物的义务，只能向当地海关或者港口当局交付货物，收货人可以持正本提单向海关或者港口当局请求提取货物。因此，承运人只要将货物运输到目的港，按照当地的法律规定交付了货物，即视为完成了货物运输合同的交付义务，应当免除承运人的赔偿责任。如江门市金益五金贸易有限公司诉以色列以星轮船有限公司案。① 原告江门市金益五金贸易有限公司与多米尼加共和国某公司签订了一份售货合同，约定由原告向该公司出口一批电话机。2000年4月13日，通过被告以色列以星轮船有限公司在香港的代理人，原告与被告签订海上货物运输合同。根据该合同约定，由被告将原告这批出口货物用集装箱从香港运往多米尼加共和国圣多明各。被告向原告签发了全套正本提单一式三份。该提单是记名提单，记名的收货人是该批电话机的买方。货物运抵目的港后，在原告仍持有全套正本提单的情况下，货物被提走，使原告失去对这批货物的控制权，最终导致原告无法收回货款。于是原告于2001年1月2日向

---

① 广州海事法院：《江门市金益五金贸易有限公司诉以色列以星轮船有限公司案》，http://old-fyb.china_Court.org/old/public/detail.php?id=31296，2012年7月15日访问。

广州海事法院提起无正本提单放货侵权之诉,请求法院判令被告赔偿货款损失人民币64万元及利息损失。被告在答辩中称,本案是一宗国际海上货物运输合同纠纷,提单的签发地是香港,货物交付地是多米尼加。货物的交付应适用交货地国的法律。而本案交货地多米尼加共和国的法律规定,该国港务局及海关有权在收货人未交正本提单的情况下交付货物,海运承运人无权也不负责货物的交付。为证明自己的观点,被告向广州海事法院提供了多米尼加共和国有关由港口交货的法律规定的具体内容,且这些证据均载有多米尼加共和国公证机构公证、以色列驻多米尼加共和国大使馆认证、我国驻以色列大使馆转认证的印章和签字。被告称,已将本案所涉货物交给了多米尼加共和国圣多明各港口,被告不应承担对原告损失的赔偿责任。广州海事法院经审理认为,被告按照目的港所在国有关法律的规定,向港务局交货,主观上没有过错,而且是履行交货义务的必要步骤。所以,原告要求被告赔偿损失的请求缺乏法律依据,法院不予支持。据此,判决驳回原告的诉讼请求。

(二)法律适用条款的效力

提单的首要条款从性质上讲,也是法律适用条款。是高于其他法律适用条款的条款。但首要条款没有规定的问题,或者首要条款规定的问题不能适用等,还是要适用法律适用条款的规定。法律适用条款确定的方法通常在提单中有明确规定,但理论及实践中还有其他不同的认识与做法,如下表(表3-9)所示:

表3-9 提单准据法的确定

提单物权的法律适用	观点1. 与运输合同准据法区别适用,适用物之所在地法。	
	观点2. 提单的物权依附于提单的债权,其准据法应同提单债权的一致。	
提单债权的法律适用	运输合同准据法主义(与合同准据法一致)	
	提单准据法主义(与合同准据法不一致)	适用提单管辖地(签发地)法律。因为提单内容格式化是按照管辖地(签发地)法律规定进行的。
		当事人选择法律的方法。
		浮动选择的法律适用方法(规定了两种以上的法律供选择)。
		并入的法律适用方法(如租约下的提单多只有首要条款,无法律适用条款,则按照并入原则适用,根据首要条款推定其默示选择的法律。)

通过以上方法确定的提单准据法适用于提单时,一般情况下,其准据法的效力低于提单的首要条款。但特殊情况下,如提单的首要条款内容无法适用,或者当事人国是非缔约国,准据法有强制性规定等情况下,则另当别论。① 提单准据法与提单首要条款的效力内容,如下表(表3-10)所示:

表3-10 提单准据法与提单首要条款的效力比较

适用情况	适用条件
1. 当事人国是缔约国	指明公约适用的首要条款效力 > 法律适用条款
2. 当事人国不是缔约国	法律适用条款有强制性规定的则法律适用条款效力 > 首要条款
3. 当事人国不是缔约国	法律适用条款没有强制性规定的则首要条款效力 > 法律适用条款
4. 对一般情况下	指明国内法适用的首要条款效力 > 法律适用条款
5. 指明的国内法保护标准低于准据法	法律适用条款效力 > 首要条款
6. 提单的首要条款内容无法适用	法律适用条款效力 > 首要条款

六、完善我国海上货物运输合同法律适用法的建议

(一)现有立法的规定

1. 借鉴外国法及国际条约的有关规定

外国法及国际条约的有关规定有:

1980年《关于合同义务法律适用欧洲公约》第3条即规定了合同选择的自由。

1999年《俄罗斯联邦商船航运法典》第418条规定:"海上货物运输合同、拖航合同、海事代理合同、海事经纪合同、海上保险合同、定期租船合同和或光船租

---

① 如一份在韩国首尔签订的提单项下的货物,经香港中转后抵目的港福州马尾,货物因超高超重被装入集装箱,因实际承运人过失错标箱重。提单记载件数为两箱。港口公司自码头运往堆场途中,因驾驶员在打开转锁后未上锁的情况下,继续运行结果在转弯时货物翻倒在地导致货物损失49万美元。提单首要条款是承运人权利义务受《海牙规则》制约。如按《海牙规则》承运人的责任限额仅为200英镑。但法院认为《海牙规则》仅适用于钩至钩,因此本案不适用,而应按我国《民法通则》处理。参见朱芸《论提单适用法律条款与首要条款》,载《政法论坛》2001年第3期,第120页。

赁合同关系,适用当事人协议中规定的法律。海上旅客运输合同适用旅客船票中规定的法律。"

《阿根廷航海法》第603条和第614条规定,应适用目的地港法律制约根据海上运输合同而签发的提单。合同各方无权选择其他法律。

外国法及国际条约的有关规定较多,对当事人的意思自治比较重视。

2. 我国海事法律的有关规定

我国《海商法》第269条规定:"合同当事人可以选择合同适用的法律,法律另有规定的除外"。

(二)立法草案及建议案的规定

1999年《美国海上货物运输法(草案)》第3条规定:"本法适用于涉及运至或运离美国的任何运输合同。"

国外一些学者也提出了法律适用的建议:"提单中,其他合同中,根据判例所确立的单边冲突规范,如船旗国法、合同缔结地法或合同履行地法,是确定合同准据法早已过时的和不合理的依据,应该废除,而应适用最密切联系(或最重要关系)原则。"[①]

从我国对海上货物运输合同法律适用的理论及立法建议来看,主要法律适用方式如下表(表3-11)所示:

表3-11 我国海上货物运输合同法律适用的立法建议

统一(或者主要)以合同或者海事合同来规定其法律适用	2002年我国《民法(草案)》第九编第4条规定:"涉外民事关系的当事人可以经过协商一致以明示的方式选择适用国际惯例。依照本法规定应该适用的法律为中华人民共和国法律,而中华人民共和国法律对于该涉外民事关系的争议事项未作规定的,可以适用国际惯例。" 第50条第1款规定:"涉外合同的当事人可以选择合同所适用的法律、国际条约、国际惯例,但法律另有规定的除外。"
	中国国际私法学会《涉外民事关系法律适用法(建议稿)》第52条第1款规定:"合同当事人可以选择合同适用的法律,法律另有规定的除外"。第53条规定:"合同当事人可以选择适用国际惯例。当事人可以选择适用对其所属国并未生效的国际条约。"

---

① [加]威廉·泰特雷著《国际私法——普通法、大陆法和海商法》,刘兴莉译,法律出版社2003年版,第212页。

续表

		《中华人民共和国国际私法示范法》第101条规定:"当事人没有选择法律时,适用合同的最密切联系地法。在通常情况下,下列合同的最密切联系地依如下规则确定:……运输合同,适用承运人营业所所在地法。"
		有学者建议:"海事合同依意思自治或最密切联系原则,适用当事人自主选择的法律或者适用启运港、目的港、当事人的属人法。船员的雇佣合同及其权利义务适用船旗国法。"①
结合制		有学者建议:"海事合同适用当事人选择的法律。当事人没有选择的,适用与合同有最密切联系的国家的法律。最密切联系,应以特征履行、保护当事一方的特殊需要以及合同与场所的明显联系等因素来确定。一般情形下:1. 船舶设计合同,适用委托人的营业所所在地的法律;2. 船舶建造或修理合同,适用船舶地或修理地的法律;3. 船舶买卖合同,适用合同订立时卖方营业所所在地的法律;4. 海事运输合同,适用合同订立时承运人营业所所在地的法律;5. 船舶租赁合同,适用船舶出租方营业所所在地的法律。"②该学者在"海事合同适用当事人选择的法律"方面是统一以海事合同来规定其法律适用的,采用的统一制;但"当事人没有选择的,适用与合同有最密切联系的国家的法律。最密切联系,应以特征履行、保护当事一方的特殊需要以及合同与场所的明显联系等因素来确定",又采用了区分制。
区分不同的海事合同分别规定法律适用	运输合同	修改《中华人民共和国海商法》建议稿第374条规定:提单或者其他运输单证证明的海上货物运输合同,单证的签发地或者合同的履行地在中华人民共和国境内的,适用本法的规定。第375条规定:海上旅客运输合同,承运船具有中华人民共和国国籍,或者合同的签订地或者履行地在中华人民共和国境内的,适用中华人民共和国法律的规定。
	保险合同	有学者建议:"海事保险合同,适用合同订立时保险人营业所所在地的法律。"③
	船员劳务合同	修改《中华人民共和国海商法》建议稿第373条规定:除合同另有约定外,船员劳务合同适用船旗国法。
	提单	有学者建议:"提单适用提单中选择的法律。提单没有选择或者选择无效的,适用船旗国法律。"④

① 王国华:《我国海事法律适用法立法研究》,载《海大法律评论》,上海社会科学出版社2007年版,第200页。
② 毕道俊:《中国海事冲突法的立法研究》,安徽大学法学院2007年硕士论文,第44页。
③ 同上书。
④ 肖永平:《论〈中华人民共和国国际民商事关系法律适用法〉的立法体系》,中国国际私法学会2004年年会论文集,第151页。

续表

笔者的立法建议(区分不同的海事合同分别规定法律适用,没有列举的则归入"其他海事合同"类来规定其法律适用)		笔者主张对一些特殊的海事合同单独规定其法律适用问题。在笔者的立法建议案中列举了一些如提单等。对无法列举或无必要列举的其他海事合同统一进行法律适用的规定。

结语:笔者关于海运合同具体的立法建议为:

"1. 各类提单的效力、内容适用提单上规定的法律。提单上没有规定的适用提单签发地法律。

2. 提单首要条款的效力,适用法院地法。

3. 海事合同适用当事人选择的法律。当事人没有选择的,适用与合同有最密切联系的国家的法律。最密切联系,应以特征履行、保护当事一方的特殊需要以及合同与场所的明显联系等因素来确定。一般情况下:(1)船舶设计合同,适用受托人的主营业所所在地法;(2)船舶建造或修理合同,适用船舶地或修理地的法律;(3)船舶买卖合同,适用合同订立时卖方的主营业所所在地法;(4)海上旅客运输合同,适用合同订立时承运人的主营业所所在地法;(5)海上运输合同适用承运人的主营业所所在地法;(6)船舶租赁合同,适用出租方的主营业所所在地法;在光船租船合同下,适用光船承租人的主营业所所在地法;(7)船舶抵押贷款合同,适用贷款方的主营业所所在地法。如从整体情况看,合同与另一国家联系更密切的,则适用该更密切国家的法律。

4. 其他海事合同适用当事人选择的法律。当事人没有选择的,适用与合同有最密切联系的国家的法律。"

说明:关于船舶设计合同,适用受托人的主营业所所在地法等规定,是采用特征履行方法确定的与合同有最密切联系的法律。如货物运输合同以货物安全运到目的港为目的,托运人对合同的义务主要是支付运费,显然不能反映运输合同的特征;承运人履行的合同义务正是运送货物,明显能够表现运输合同的特征。与承运人有关的场所因素有其主营业所在地、管理中心所在地,大多数国家立法包括有关公约以其主营业所在地为特征履行地。[1] 再如船舶租赁合同,租船合同

---

[1] 参见屈广清主编《海事国际私法新编》,法律出版社2005年版,第106页。

往往是为履行国际货物买卖合同而订立,国际上普遍使用的贸易价格术语有 FOB 和 CIF 两种形式。在 FOB 条件下,承租人一般是买方,船舶的卸货地往往就是承租人(买方)的主营业所所在地;在 CIF 条件下,承租人一般是卖方,船舶的装货地往往是承租人(卖方)的主营业所所在地。装货地、卸货地又是航次租船合同的主要履行地。在定期租船场合,情况比较复杂。一方面,船舶所有人(出租人)仍占有和控制船舶;另一方面,承租人又享有船舶的经营管理权。对于期租合同下的货物运输,通常需由出租人和承租人共同履行——承租人通常对装载、堆载、卸载及船舶的航线负责,出租人通常对海上运输及运输期间货物的保管、照料负责。因此,调整其间法律关系的一般推定准据法应为出租人或承租人的主营业所所在地法。在决定取舍时,应看装货地或卸货地与哪一方主营业所所在地竞合,并优先适用出租人主营业所所在地法。①

在光船租船合同下,光船承租人占有、控制船舶,所以,应以光船承租人的主营业所在地法为光船承租合同的一般推定准据法。当然,如果从整个情况看,运输合同与另一国家的关系更为紧密,则此处所确定的一般准据法不予适用,而适用另一更为密切联系的国家的法律。

关于旅客运输合同,也有学者认为:"承运船具有中华人民共和国国籍,或者合同的签订地或者履行地在中华人民共和国境内的,适用中华人民共和国法律的规定。"②笔者建议"海上旅客运输合同,适用合同订立时承运人的主营业所所在地法",也基本能够达到上述目的,但通过双边规范的形式更加符合国际社会和谐的要求。况且适用国外法律规定的赔偿还可能更高。

关于海上货物运输合同,也有国家、地区对之有强制性适用的规定,如 2000 年我国台湾地区《海商法》第 77 条规定:"载货证券所载之装货港或卸货港为中华民国港口者,其载货证券所生之法律关系依涉外民事关系法律适用法所定应适用法律,但依本法中华民国受货人或托运人保护较优者,应适用本法之规定。"1936 年《美国海上货物运输法》、1999 年《美国海上货物运输法(草案)》的规定更加严格。1936 年《美国海上货物运输法》第 132 条规定:"本法适用于对外贸易中自美国出口或向美国进口经海路运输的一切运输合同。"1999 年《美国海上货物运输

---

① 参见屈广清主编《海事国际私法新编》,法律出版社 2005 年版,第 107 页。
② 司玉琢、胡正良主编:《中华人民共和国海商法修改建议稿条文、参考立法例、说明》,大连海事大学出版社 2003 年版,第 637 页。

法(草案)》第 3 条也是同样的规定。因此,我国有学者建议我国《海商法》应该增加这样的规定:"提单或者其他运输单证证明的海上货物运输合同,单证的签发地或者合同的履行地在中华人民共和国境内的,适用本法的规定。"① 不过,由于海事合同当事人可以通过意思自治选择法律,因此,"海上运输合同"不宜涉及强制性适用的规定。

笔者的立法建议与其他建议案不同的地方是:1. 规定了提单及电子提单的效力、内容的法律适用,提单首要条款的法律适用。提单不是海上货物运输合同,因此其法律适用问题需要单独规定。② 2. 将"其他海事合同"作为一种类型,专门规定了其法律适用问题。

第二节 海上保险合同

一、海上保险合同的法律冲突

关于海上保险合同的概念,我国《海商法》第 216 条第 1 款规定:"海上保险合

---

① 司玉琢、胡正良主编:《中华人民共和国海商法修改建议稿条文、参考立法例、说明》,大连海事大学出版社 2003 年版,第 636 页。
② 在实践中,具有合同性能的除了提单外,还有海运单、电子提单等形式。海运单是证明海上货物运输合同和货物由承运人接收或者装船,以及承运人保证据以将货物交给记名收货人的一种不可流通的单证。电子提单指通过电子传送带有关海上货物运输的数据,通过密码进行流转。此外,我国还有学者提出了"电放提单"的概念。即根据托运人(贸易合同中的买方)的申请并由其提供书面保函,承运人(或其代理人)在装货港不签发传统正本提单或是在签发传统提单的前提下收回全套正本提单,承运人按照托运人的电传、电报等通知方式,在收货人不出具正本提单而凭借盖有收货人公司印章的提单传真件或凭身份证明提取货物的运输流程。由于各国或地区的法律或判例,对记名提单放货的规定各不相同,因而适用不同的准据法关系到承运人是否承担无单放货的责任。新加坡判决,承运人必须凭记名提单向记名收货人交付货物,并需验明其身份;荷兰法院认为记名提单是一种适用海牙/海牙-维斯比规则的提单且必须凭之方能提货;法国法院也认为记名提单是一种物权凭证,因而凭之方能提货;马来西亚高等法院也认为船东未收回正本提单交付货物,即使交付给收货人,也是违反合同约定;美国的规定则与上不同。而英国的观点与立场尚未最终明确。故许多海上运输合同发生纠纷后,准据法的选择往往成为案件的焦点。参见王功荣、胡正伟《电放提单首要条款的效力》,http://www.ccmt.org.cn/showexplore.php? id=4111,2013 年 4 月 29 日访问。

同,是指保险人按照约定,对被保险人遭受保险事故造成保险标的的损失和产生的责任负责赔偿,而由被保险人支付保险费的合同。"该条是对海上保险合同基本的定义。

海上保险出现较早,与其他保险相比,海上保险特征比较明显,如下表(表3-12)所示:

表 3-12　海上保险的特征

名称	概念	特征	
海上保险	即水险,是以与海上运输有关的财产、利益、责任为保险标的,以海上风险(海难)为承保对象的一种保险。	1. 承保风险具有复杂性	财产、利益
			责任
			海上风险、陆上风险
			客观风险
			主观风险
			静止风险
			流动风险
		2. 承保标的具有流动性	
		3. 承保对象具有多变性	
		4. 保险种类具有多样性	船舶保险
			货物保险
			运费保险
			集装箱保险
			海上油气开发、开采保险
			租金保险
			责任保险
			基本险
			附加险
		5. 海上保险具有国际性	

航运国家大都在海商法或其他法律中对海上保险进行了明确的规定。但各国规定之间仍有差异。海上保险具有国际性,往往需要适用外国法,因此就会产

生海上保险的法律冲突,这种差异主要体现在两大法系之间。①

(一)海上保险的类型方面

由于海上保险发展迅速,在实践中,海上保险的类型也比较繁多,各国规定不一。常见的保险类型如下图(图3-2)所示:

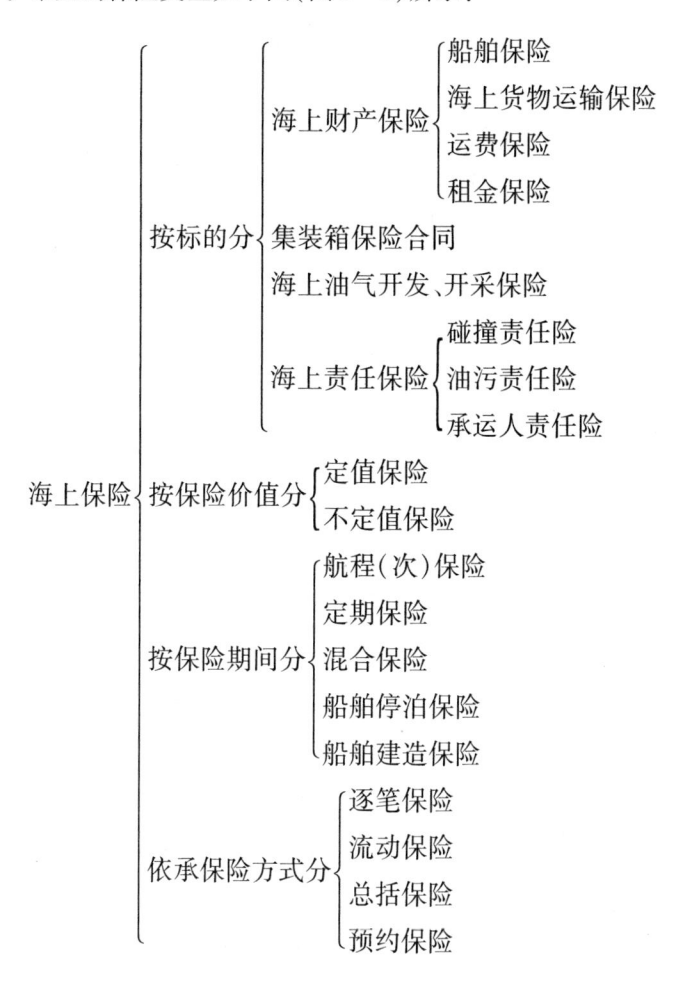

海上保险
- 按标的分
  - 海上财产保险
    - 船舶保险
    - 海上货物运输保险
    - 运费保险
    - 租金保险
  - 集装箱保险合同
  - 海上油气开发、开采保险
  - 海上责任保险
    - 碰撞责任险
    - 油污责任险
    - 承运人责任险
- 按保险价值分
  - 定值保险
  - 不定值保险
- 按保险期间分
  - 航程(次)保险
  - 定期保险
  - 混合保险
  - 船舶停泊保险
  - 船舶建造保险
- 依承保险方式分
  - 逐笔保险
  - 流动保险
  - 总括保险
  - 预约保险

图3-2 海上保险的类型

(二)保险制度方面

各国的保险制度是不同的。如在船舶保险方面,有的国家如英国实行"列明

---

① 参见张湘兰著《海上保险法》,中国政法大学出版社1997年版,第15页。

风险"制度,而有的国家如法国、德国实行"一切风险减除外责任"制度。

(三)保险解释制度方面

在保险条款的解释方面各国存在差异。如有的国家规定,保险金额是保险人对每次意外事故应负责任的最高限额,在保单有效期内次数不限。每次事故损失都按保险金额赔偿。但有的国家规定,保险金额在每次事故发生后按索赔的金额递减。

(四)船舶碰撞的赔偿责任规定方面

各国对船舶碰撞赔偿责任规定,不相一致。如有的国家明确规定碰撞船舶的赔偿责任为对方船舶损失的固定的百分比。而有的国家不作具体规定,交给当事人自己确定。

(五)被保险人的范围方面

船舶保险中的被保险人通常指船舶所有人,这一点各国规定是一致的。但各国规定的其他被保险人范围不一。如有的国家还包括船舶经理人(英国),有的国家还包括陆上代理人、代管人、受雇人(法国)。

(六)承保的范围方面

各国对承保的范围有不同规定。如有的国家对船舶碰撞码头、港口等固定设施所引起的损失赔偿责任不予承保(英国),而有的国家予以承保(法国)。

(七)重复保险赔偿的分摊方面

在国际海上保险实务中,存在不同的分摊方法[①],如下表(表3-13)所示:

表3-13 重复保险赔偿的分摊

种类	示例
最大责任分摊法(按照各保险单承保的保险金额作为基础,各保险人按自己保险金额占总保险金额的比例分摊承保损失。)	如货物保险价值500万元,货主分别向两个保险人甲和乙投保400万、200万的一切险。假如货物发生300万的损失,各保险人分摊的数额为:甲 = 400 ÷ (400 + 200) × 300 = 200(万);乙 = 200 ÷ (400 + 200) × 300 = 100(万)。

[①] 参见张贤伟《海上货物运输保险赔偿制度研究》,大连海事大学法学院2008年博士论文,第245-246页。

续表

种类	示例
单独责任分摊法（按照每个保险人实际应当承担的保险单项下的最高赔偿责任与各保险人实际应当承担的最高赔偿责任的总和的比例分摊承保损失。）	如货物保险价值500万元，货主分别向两个保险人甲和乙投保400万、200万的一切险。假如货物发生300万的损失，各保险人分摊的数额为：甲=300÷(300+200)×300=180(万)；乙=200÷(300+200)×300=120(万)。
共同责任分摊法（以重复保险部分的承保损失作为共同责任并由各保险人均摊，对于超出共同责任部分的承保损失，由承保较高保险金额的保险人承担。）	如货物保险价值500万元，货主分别向两个保险人甲和乙投保400万、200万的一切险。假如货物发生300万的损失，各保险人分摊的数额为：甲=200×50%+100=200(万)；乙=200×50%=100(万)。
首要责任分摊法（各保险人根据保险单签发日期的先后，由先签发保险单的保险人首先承担赔偿责任，后面的保险人只有在保险标的的损失金额超出前一家的赔偿金额时才需要对超出部分的金额承担赔偿责任。）	如上例，甲先签发保险单，则300万损失全部由其承担。如甲后签发保险单，则乙承担200万元损失后，剩余的100万元由其承担。

二、海上保险合同的法律适用

（一）适用保险领域的国际条约

在国际条约方面，1855年国际法协会就制定了《关于统一海上保险合同的公约（草案）》，1901年又制定了《格拉斯哥海运保险规则》。1981年10月联合国贸发会议航运立法工作组召开了第8届会议，拟订了船舶险和货物险标准条款的"一切险"和"列明险"条款综合案文各一套，货物"一切险"条款综合案文一套。欧共体在1973年、1988年和1992年先后通过了关于欧共体的《理事会第一次指令》《理事会第二次指令》和《理事会第三次指令》，建立了统一的欧洲保险市场。[1]

值得注意的是，"在海上保险领域，一直以来作为海洋强国的英国的法理，对

---

[1] 参见1973年欧洲经济共同体(E.E.C.)通过了《理事会第一次指令》(The First Council Directive of l973)，1988年6月22日欧共体理事会(Council of the European Community)通过了《理事会第二次直接保险指令》(Seaond Council Directive on Direct Insurance)，1992年6月18日欧共体理事会对直接保险而非人寿保险签署了《理事会第三次指令》。

海上保险的法理的形成具有决定性的作用。如在韩国海上保险实务中,合同条款全盘采用英国海上保险相关协会制定的条款,即使双方当事人均是韩国企业,通常亦使用英文条款,经常适用英国海上保险法理"①。

(二)适用意思自治原则

在海上保险合同中,当事人"意思自治原则"是一个非常重要的原则。罗马公约、英国普通法等都以此作为海上保险法律适用的首要原则。当然,意思自治原则在海上保险合同中也是有限制的。我国《海商法》第269条规定:"合同当事人可以选择合同适用的法律,法律另有规定的除外"。此处的"合同"当然包括海上保险合同在内。此处的"法律另有规定的除外",说明海上保险合同中的"意思自治原则"也是受到一定限制的。

《理事会第二次指令》第7条第1款f项规定,(海上)保险合同的当事人可以自由地选择"任何法律"调整其合同。这样选择的绝对自由受下列条件的制约:

第一,《理事会第二次指令》第7条第1款g项规定:对于本款a或f项,在当事人选择法律时,一切与当时情况有关的因素仅在一个成员国内,则当事人选择的法律不能违反该成员国法律的强制性规定的适用。

第二,《理事会第二次指令》第7条第2款第1项规定:本条规定并不限制法院地法的强制性规定的适用,而不管原应适用于合同的法律是什么。

第三,《理事会第二次指令》第7条第2款第2项规定,成员国可以规定适用风险所在成员国或强制进行保险义务的成员国的强制性规定。

1991年《魁北克民法典》第3111条第1款规定:"海上保险合同,和其他保险合同不同,应受当事人明示或默示指定的法律的制约"。没有指定的法律时,适用最密切联系的法律(第3112条)。这一选择法律的自由只受公共秩序(第3081条)、魁北克强制性规定(第3076条)、唯一联系的国家的强制性规定(第3111条第2款)和可能存在的另一个更加密切联系的国家(第3097条)几个方面的限制。

(三)适用最密切联系原则

在当事人没有选择适用的法律时,最密切联系原则通常作为海上保险合同的辅助原则得以适用。

---

① 崔吉子、黄平著:《韩国保险法》,北京大学出版社2013年版,第163页。

(四)适用客观标志标准的方法

客观标志标准指法院通过考察海上保险合同有关的客观标志,以之来确定合同应适用的法律的一种方法。如《关于国际商法的公约》第9条规定:"海上保险及人身保险,受保险公司或其分支机构和代理机构在第6条规定的情况下设有住所地的国家的法律支配。"①实践中,这些客观标志有:合同缔结地、保单持有人的住所地或其管理中心地等,如下表(表3-14)所示:

表3-14 各国在实践中承认的客观标志

联结因素	各国有无承认与应用
合同缔结地	比较偶然
合同履行地	有。可以禁止履行合同约定的某些行为
保险人的(主)营业地	有
与合同缔结有关的保险市场	有
合同拟定地	有
法律关系重心所在地	有
保单持有人的住所地或其管理中心地	有
合同的格式或语言	有
风险地	有
管辖权条款	有
使事实有效	有
其他	有。如有"依照伦敦条款"或者类似规定表示与英国法适用的关系。

(五)关于承保风险的分割问题

关于承保的风险问题,"根据欧盟海上保险合同法律适用的规则,以风险所在地为分类标准,分别对其领域内和领域外的海上保险合同实施不同的法律适用规则"②。但当海上保险合同承保了其领域内和领域外的两个及以上风险时,如何确定准据法是个困难,有学者建议在此种情况下应将承保的风险进行分割,然后

---

① 该法第6条规定:别国公司在其国内开设的分支机构或代理机构应视作在这些机构所在地设有住所的机构。
② 尚清、高广飞:《论欧盟海上保险合同的法律适用》,载《河北学刊》2008年第5期,第230页。

根据不同的位置分别进行适用。① 遇到承保的风险不具有可分割性时,如何适用法律仍然值得研究。

三、我国的立法规定及其完善

调整我国海上保险合同法律适用的法律主要是《海商法》。我国《海商法》第269条规定:"合同当事人可以选择合同适用的法律,法律另有规定的除外。合同当事人没有选择的,适用与合同有最密切联系的国家的法律"。该条规定包含了意思自治原则及最密切联系原则的具体适用问题。

我国《海商法》作为调整海上运输关系和船舶关系的特别法律,也应当适用于海上保险合同纠纷案件的审理。《海商法》规定了海上保险合同的订立、转让、解除、被保险人的义务、保险人的责任、保险赔偿的支付等内容。但《海商法》毕竟是特别法,加之立法背景的原因,对于保险的许多规定尚无触及,因此保险法作为规范保险活动的法律,在《海商法》没有规定的情况下应当适用于海上保险合同纠纷案件的审理,如保险法关于保险合同的总体要求、保险合同的一般原则以及财产保险合同的规定等。在海商法和保险法均没有规定的情况下,我国《合同法》以及《民法通则》亦应适用于海上保险合同。

另外,我国《海商法》还规定了国际条约优先和国际惯例补缺的原则。"目前海事领域唯一公认的国际惯例是约克——安特卫普规则,它是关于共同海损理算的,在保险理赔时往往涉及共同海损的分摊,不少保单都有按约克——安特卫普规则的条款,当保单未作规定时,我国也可适用这一惯例"②。

但是,我国立法中关于再保险的法律适用规定却付阙如,可以借鉴国外的一些规定进行完善。

(一)再保险问题

再保险指原保险人将其承保的风险或者风险的一部分向另一保险人(再保险人)投保的保险。

再保险合同,又称为分保合同,是指原保险人与再保险人之间就再保险业务的分出与分入问题所达成的彼此之间的权利义务关系。根据再保险合同的规定,原保险人应当将其所承保的风险的一部分或者全部分出给再保险,并按照双方约

---

① 参见 Peter Stone, *The Conflict of Law*, Londen, 1995. p. 275.
② 丁伟:《论国际海商海事法律适用的特点》,载《法学》1997年第2期,第45-46页。

定的再保险费率支付再保险费,诚实地履行告知和通知义务;再保险人应当接受原保险人分出的全部再保险业务,不得拒绝,并对再保险合同项下原保险人所发生的保险赔付承担赔偿责任。①

各国对再保险合同在法律规定上不相一致:

1. 有的国家规定有再保险合同法律制度②,有些国家则属立法空白。

2. 对于再保险合同的性质,世界各国的理论和实践存在不同的观点。

关于再保险合同是属于保险合同、合伙关系、代理合同的问题,认识是不一致的。

3. 再保险合同条款差异方面

在国际再保险市场,没有标准的再保险合同。再保险合同由分保公司与再保险人双方协商,共同拟订再保险合同的主要条款。由于再保险合同种类繁多,因再保险方式和业务类别的不同,再保险合同条款有重大的差异。

4. 法律规定内容方面

如对于原保险人可能因没有及时处理或者没有按照诚实信用原则处理损害赔偿,而对保单持有人造成损害的,根据英国的法律,再保险人通常不承担责任。因为再保险人承担责任的前提条件是必须有对价,否则,不承担任何责任。但在美国,再保险人则根据共命运条款的规定,应承担责任。

5. 直接诉讼方面

有些国家允许第三人对保险人提起诉讼,无论被保险人是否破产。英国不允许第三人对保赔协会提起直接诉讼。美国各州规定不一。

解决再保险合同的法律适用问题的方法通常有:

1. 适用国际惯例

根据国际惯例,再保险合同有一些通用的基本条款,这些条款的内容无需原保险人和再保险人约定,只需在再保险合同中载明这些条款,即共命运条款③等。具体如下表(表3-15)所示:

---

① 参见郑云瑞《再保险合同的性质及其条款研究》,http://article.chinalawinfo.com/Article_Detail.Asp?ArticleID=33004,2013年5月20日访问。

② 如《韩国商法》保险编第661条规定:"保险人可就应承担的保险责任与其他保险人签订再保险合同。再保险合同不影响原保险合同的效力。"

③ 共命运条款(Follow-the-Fortunes),在国际再保险市场上,被广泛使用并得到了普遍的承认。在再保险合同中,共命运条款的一般表述为:"兹双方当事人特别约定,凡属本合同约定的任何事项,再保险人在其利害关系范围内,与原保险人同一命运。"

表 3-15　再保险合同的共命运条款

基本条款	内容
当事人基本情况	再保险合同双方当事人的名称。原保险人和再保险人的名称、地址、联系方式等。
期限	按照惯例。非比例再保险合同通常以一年为限,比例再保险合同通常是不定期的。
共同命运原则	对一些保险内容授权由原保险人为维护共同利益做出决定,或者出面签订协议。
错误与遗漏原则	原保险人因过失造成错误、遗漏或者延迟,应立即通知再保险人。
除外责任	即再保险人不接受的危险和责任。
保险方式	
种类	
范围	
保险费	
保险手续费	
赔付条款	
终止条款	
仲裁条款	

2. 分别适用法律

海上再保险单是一种赔偿合同。一般认为再保险合同与原保险合同是相互独立的两个合同,因此,再保险合同适用的法律可以不同于原保险合同的准据法。如在"Forsik. Vesta 诉 Butcher"案中,法院判决原保险单受挪威法制约,再保险合同受英国法制约。①

有学者认为,通常情况下:"再保险合同受合同的准据法支配,该准据法不需要附属主保险合同的准据法。再保险合同的准据法通常依'法律关系重心所在地'原则确定。"②

---

① 参见韩立新编著《海事国际私法》,大连海事大学出版社 2001 年版,第 280－281 页。
② [加]威廉·泰特雷著:《国际冲突法:普通法、大陆法及海事法》,刘兴莉译,法律出版社 2003 年版,第 234 页。

(二)完善我国海上保险合同法律适用的建议

1. 海上保险合同领域的现有立法

(1)借鉴外国法及国际条约的有关规定

外国法及国际条约的有关规定较多,如1940年《关于国际通商航海法的蒙得维的亚公约》第28条规定:"海上保险合同适用保险公司或者其分公司或代理机构住所地国家的法律。"

1999年《俄罗斯联邦商船航运法典》第418条规定:"海上货物运输合同、拖航合同、海事代理合同、海事经纪合同、海上保险合同、定期租船合同和或光船租赁合同关系,适用当事人协议中规定的法律,海上旅客运输合同适用旅客船票中规定的法律"。

(2)我国的立法规定

我国《海商法》第269条规定:"合同当事人可以选择合同适用的法律,法律另有规定的除外。"

2. 立法草案及建议案的规定

《中华人民共和国国际私法示范法》第101条规定:"当事人没有选择法律时,适用合同的最密切联系地法。在通常情况下,下列合同的最密切联系地依如下规则确定:……保险合同,适用保险人营业所所在地法。"

中国国际私法学会《涉外民事关系法律适用法(建议稿)》第54条有同样的规定。

3. 理论上学者的观点与看法

有学者建议:"海事合同适用当事人选择的法律。当事人没有选择的,适用与合同有最密切联系的国家的法律。最密切联系,应以特征履行、保护当事一方的特殊需要以及合同与场所的明显联系等因素来确定。一般情形下:……海事保险合同,适用合同订立时保险人营业所所在地的法律。"[①]

结语:笔者关于海上保险合同具体的立法建议为:

"1. 海上保险合同,当事人没有约定的,适用投保人、被保险人、保险人主营业所所在地法中有利于被保险人的法律。

2. 海上再保险合同,当事人没有约定的,适用保险人主营业所所在地法。"

说明:本建议与其他建议不同,一是体现了实质性的保护弱者的内容。与形

---

① 毕道俊:《中国海事冲突法的立法研究》,安徽大学法学院2007年硕士论文,第44页。

式上保护弱者的冲突规范不一样,根据形式上保护弱者的冲突规范(又称盲眼的冲突规范)指定的准据法不一定能够保护弱者,它只是体现了形式上的关心,多在双方当事人强弱地位不太明显的领域采用这种规定的方式。而实质性的保护弱者的冲突规范(又称明眼的冲突规范),多在双方当事人强弱地位明显的领域采用,适用的是更能保护弱者的实体法。二是规定了海上再保险合同的法律适用问题。在无法确定再保险合同中弱者的情况下,海上再保险合同也是合同,在当事人没有约定时,适用最密切联系的法律,也符合合同法律适用的一般原则。在实践中,我国一般把保险人营业所所在地视为最密切联系地。

第四章

海事侵权之研究

任何地方,只要是完成不法行为的地方和不法行为的效果发生的地方,都被认为是侵权行为地。①

——[德]马丁·沃尔夫

侵权领域经常是冲突法革命的爆发地。柯里的政府利益分析说理论,就是从法官斯通审理的两个侵权补偿案件拉开序幕的②。依柯里的理论,法院通常都会认为自己的国家对在案件中适用自己的法律有"合法利益",这等于否定了冲突法存在的必要。因此有学者反对这一做法,认为:"试图抛开法律选择规范的做法,就像要抛出一个自动飞回的飞镖。"③卡弗斯也提出了用"规则选择"或"结果选择"的方法,即直接对实体法进行选择的方法来改革传统的冲突法方法。经过一次次的冲突法革命,冲突法虽然没有被消灭,但一直不乏想消灭它的人。无奈连卡弗斯自己也承认,确实还没有出现能够取代冲突法法律选择的方法。因此,目前在涉外海事侵权领域,冲突法的问题仍然值得研究。

侵权行为通常是"指行为人由于过错侵害他人的财产和人身,依法应承担民事责任的行为,以及依法律特别规定应承担责任的其他损害行为"④。海事侵权

---

① [德]马丁·沃尔夫:《国际私法》,李浩培等译,北京大学出版社2009年版,第78页。
② 这两个案件是:1935年阿拉斯加州搬运工人协会诉工业事故委员会案、1939年太平洋雇佣保险公司诉工业事故委员会案。
③ [英]莫里斯:《法律冲突法》,转引自韩德培主编《国际私法》,高等教育出版社、北京大学出版社2000年版,第50页。
④ 王利明:《侵权行为法研究》,中国人民大学出版社2004年版,第8页。

纠纷是指"船舶在海上运输或从事其他生产作业中,因过错行为(或无过错但法律规定应承担责任的),造成他人财产或人身伤害而引起的损害赔偿争议"①。

当今世界船舶的种类和数量都越来越多。船舶的种类方面,有散杂货船、油船、运输船、其他液货运输船、旅客船、游艇、驳船、挖泥船、起重船、拖轮、推轮、特种船、海工船、其他工程类船、废钢船等。②

船舶的数量方面,以造船为例,"我国仅2011年造船完工量就有7665万载重吨,占世界市场份额的45.1%;新接船舶订单量3622万载重吨,占世界市场份额的52.2%;手持船舶订单量14991万载重吨,占世界市场份额的43.3%"③。

根据交通运输部《2012年公路水路交通运输行业发展统计公报》统计,2012年年末我国拥有水上运输船舶17.86万艘;净载重量22848.62万吨;平均净载重量1279.38吨/艘;载客量102.51万客位;集装箱箱位157.36万TEU;船舶功率6389.46万千瓦。

船舶的种类和数量越来越多,相应地增大了海上事故与损失发生的概率,而且还会不断出现各种各样的新情况和新问题。

第一节　船舶碰撞

船舶碰撞是可能造成严重人员生命、财产损失、环境污染的灾难性事故,其一

---

① 司玉琢主编:《海商法大辞典》,人民交通出版社1998年版,第689页。
② 船舶的具体种类有散杂货船(散货船、杂货船、集装箱船、散集两用船、多用途货船、其他);油船(油轮、成品油船、汽油船、柴油船、沥青船、原油轮、重油船、加油船、多用途油船、其他);运输船(硫磺运输船、橡胶浆运输船、润滑油运输船、石蜡运输船、甲烷运输船、酒精运输船、硝酸运输船、滚装船、硫酸运输船、石头运输船、货柜船、煤炭运输船、汽车滚装船、客滚船、食糖运输船、冷藏运输船、其他);其他液货运输船(液化气船、液化天然气船、液化石油气船、化学品船、其他);旅客船(客船、客滚船、车客渡船、其他);游艇(快艇、龙舟、帆船、竹筏、36′以下游艇、36′-60′游艇、60′以上游艇、游乐船、两栖游艇、脚踏船、手划艇、铝合金游艇、多体船、充气艇、其他);其他类型船舶(驳船、挖泥船、起重船、拖轮、推轮、特种船、海工船、其他工程类船、废钢船)等。
③ 《2012我国船舶业发展研究报告》,http://wenku.baidu.com/view/3119f4373968011ca300912b.html,2013年8月12日访问。

般可分为两类：船舶碰撞和船舶与固定物碰撞。① 随着海洋航运事业的快速发展，航行船只大量增加，航速不断提高、航行更加拥挤，碰撞事故时有发生。因此，各国一直在努力寻找降低船舶碰撞概率和避免油污带来的环境损害。1989年Exxon Valdez号在美国阿拉斯加海域的搁浅事故催生了美国1990年油污法（OPA1990）法案的诞生，法案规定2015年后航行于美国海域的油轮必须采用双壳船体。欧盟也不断向国际海事组织施压要求单壳船尽快淘汰。

此外，造船界也在大量船舶碰撞事故数据统计的基础上，在设计规范中引入船舶耐撞性的合理规定和新的设计理念，使船舶具有更强的抗撞能力和更小的船舶碰撞事故损失。为此，"欧洲各国进行了HARDER的联合研究，提出了事故极限状态的设计概念，即ALS（Accidental Limit State），设计标准为赋予结构合理的耐撞性，使事故后财产损失、人命损失、环境损失达到最小化"②。

当然，法律上的纠纷处理的正当化、科学化、高效化也是必不可少的，这是各种秩序的有效保障。

一、船舶碰撞的法律冲突

根据我国《海商法》第165条、第170条的规定，船舶碰撞是指船舶在海上或者与海相通的可航水域发生接触造成损害的事故，或者虽然实际上没有同其他船舶发生碰撞，但是使其他船舶以及船上的人员、货物或者其他财产遭受损失的事故情况。

但在理论上，我国学者的认识并不统一。有学者认为："船舶碰撞是指具有涉外因素的海船与海船与内河船（军舰、公务船除外）在海上或与海相通的可航水域内发生的碰撞。"③也有学者认为："船舶碰撞有广义和狭义之分，广义的船舶碰撞指两艘或者两艘以上的船舶的某一部位同时占据同一空间，致使一方或几方发生损害的物理状态。狭义的船舶碰撞指海商法意义上的船舶碰撞，只是广义船舶碰

---

① 参见Proceeding of ISSC committee V. 3collision and grounding［A］. 15th International Ship and Offshore Structure Congress ［C］. San Diego. USA. 2003. 2. 转引自胡志强、崔维成《船舶碰撞机理与耐撞性结构设计研究综述》，载《船舶力学》2005年第4期，第131页。
② 胡志强、崔维成：《船舶碰撞机理与耐撞性结构设计研究综述》，载《船舶力学》2005年第4期，第132页。
③ 郭春风：《试论船舶碰撞法律适用中的"最密切联系原则"》，载《大连海运学院学报》1987年第2期，第96页。

撞的一部分,国际公约及各国海商法的概念很不统一。"①

实践中船舶碰撞发生的原因是各种各样的,归纳一下有下面几种,如下表(表4-1)所示:

表4-1 船舶碰撞发生的原因

瞭望不当
超速
未对局面做出评估
未及时采取积极的措施
近距离追越/交叉
未遵守分道通航制
显示的号灯/号型不正确
机械故障
操纵疏忽

各国对船舶碰撞的法律规定不相一致,分歧在以下几个方面:

(一)船舶的概念方面

在船舶碰撞这一海上侵权行为的认定中,对于"船舶"的界定存在分歧。1910年《统一船舶碰撞某些法律规定的公约》第1条明确将船舶限定在海船、内河船,而将军用船舶或者专门用于公务的政府船舶排除在外。1972年《国际海上避碰规则》规定的船舶则是指用作或者能够用作水上运输工具的各类水上船筏,包括非排水船舶和水上飞机。

(二)碰撞的定义方面

在1987年国际海事委员会拟定的《船舶碰撞损害赔偿国际公约(草案)》(简称《里斯本规则》)中,"船舶碰撞"已经不再限于直接碰撞,还包括间接碰撞,船舶的外延也被扩大。② 大陆法系许多国家如瑞典、希腊、荷兰等国都规定船舶未与

---

① 丁琴:《浅谈船舶碰撞的概念及其法律适用原则》,《中国水运》,2006年第11期,第198页。

② 《里斯本规则》第1条对船舶碰撞作了两个定义:定义一:船舶碰撞系指船舶间即使没有实际接触,发生的造成灭失或损害的任何事故;定义二:船舶碰撞系指一船或几船的过失造成两船或多船间的相互作用所引起的灭失或损害,而不论船舶间是否发生接触。该条还同时规定:船舶系指碰撞中所涉及的不论是否可航的任何船只、船艇、机器、井架或平台。

其他船舶发生接触,如果使其他船舶以及船上人员或者货物遭受损失的,适用船舶碰撞的法律规定。我国《海商法》规定船舶碰撞的构成原则上以船舶之间实际接触为条件。但我国也有人认为,根据我国《海商法》第 170 条规定以及《里斯本规则》的相关规定,间接碰撞也属于船舶碰撞的范畴。实践中也经常发生争议:如 2000 年 6 月 9 日原告平湖市南市建陶物资有限公司与被告中国人民保险公司平湖市支公司海运货物保险合同纠纷案。该案中,原告与被告签订国内货物运输预约保险协议书,并附有 1997 保险条款,约定被告承保原告所运货物的基本险。保险协议签订后,原告从广东购买了货物,委托某航运公司的船舶进行运输。船舶在运输过程中,因避让他船,操纵不当,使船舶失去稳定性,船体倾斜沉没,导致原告在船上的货物全损。因保险赔偿问题,原告对被告提起了诉讼。原告认为,根据我国《海商法》第 165 条和 170 条的规定综合考虑,船舶碰撞应该包括间接船舶碰撞,故本案的间接碰撞属于 1997 保险条款所称船舶碰撞的范畴。被告认为,《海商法》第 165 条关于船舶碰撞的概念是明确的,即船舶发生接触是船舶碰撞构成的要件之一,间接碰撞是船舶碰撞责任分担上的适用,而不是间接碰撞就等于碰撞。

事实上,"我国《海商法》在立法定义上严格限制了船舶碰撞的范围,但其第 170 条又允许间接碰撞类推适用或扩及适用碰撞法,该立法形式实际上产生的效果是扩大了碰撞法定适用范围。这是需要立法修改协调的地方"①。

(三)责任方面

英国等普通法国家采用过失原则划分碰撞责任,在互有过失的情况下,适用"平等损害原则"。1910 年《国际碰撞公约》规定了按照过失程度比例承担责任的原则,造成人身伤亡的,过失方承担连带赔偿责任。根据美国的判例法,互有过失的船舶对碰撞造成的船上货物的损失应负连带责任,即"美国碰撞条款"。

关于过失推定,主要体现在事实推定过失原则与法律推定过失原则的分歧。所谓事实推定过失原则是指发生船舶碰撞损害,如果受损一方能够证明其遭受损害的事实以及其他符合一定要求的基本事实,法院(或法官)就可以从这种已经证实的基本事实推断出另一方犯有过失这一事实。除非另一方能证明损害是不可避免的,或者,他没有过失,或过失没有造成损害结果,否则便应负损害赔偿之责。所谓法律推定过失原则指当船舶违反法定航行规则时,除非该船舶能够证明在当

---

① 叶强:《探究中国"船舶碰撞"概念》,载《沿海企业与科技》2010 年第 6 期,第 25 页。

时情况下背离航行规则是必要的,或者,违反该规则在当时情况下不可能导致碰撞的发生,否则,法律便推定违反航行规则的一方船舶有过失。①

1894年《英国商船航运法》第419条第4款规定:"在船舶碰撞案件中,如一船违反碰撞规则,该船即被认为具有过失"。1911年《英国海事公约法》又废除了法律推定过失的原则。美国的法律推定过失原则又称"宾夕法尼亚规则",一直援用至今。② 我国没有规定碰撞中的法律推定过失问题。

关于多船碰撞责任划分问题,有不同的观点与做法:一是先将最开始碰撞的两船作为一个整体,同后来碰撞的第三船进行责任划分,确定第三船的责任比例后,再确定其可向被作为一个整体的两船分别索赔的比例。二是分别评估各船的过失程度。对于多船碰撞的情况,我国各法院的判决也不统一。

(四)主体方面

英国法规定的船舶碰撞责任主体是船舶,1910年《国际碰撞公约》采纳了这一规定。大陆法系国家规定只能对责任人提起诉讼。

关于引航员在引航过程中的过失导致船舶碰撞的,通常各国认为引航机构引航员不承担损害赔偿责任,但波兰等规定引航机构应当承担不超过引航费20倍的赔偿。巴拿马、比利时等国也有这样类似的规定。

关于海上拖航中发生的船舶碰撞,我国规定,拖船和被拖船对他船或者其他第三者而言是责任主体,并承担连带责任。英美法的规定与之不同,根据其"控制指挥理论",在拖航船队有过失的情况下,只有实际控制船队操纵的人的雇主才对船队的过失负责。

(五)赔偿范围方面

一切债权都可以按照下述方式改变其内容,代之以原本负担的给付,或在原本负担的给付之外,成立损害赔偿的义务。这种改变系作为给付障碍的后果而发

---

① 参见司玉琢、吴兆麟《船舶碰撞法》,大连海事大学出版社1995年版,第24页。
② 该规则产生于对宾夕法尼亚轮的判决。案情是:1869年在雾中高速行驶(明显应该是碰撞的实际主要原因)的宾夕法尼亚轮与一帆船相撞,帆船没有鸣放雾号而是敲打雾钟,违反航行规则。法院认为违反规则的这种过失即使不是碰撞的唯一原因,至少也是原因之一,除非该帆船能够证明它的过失不是碰撞的原因或者原因之一。参见 William Tetley, *The Pennsylvanian Rule_An Anachronism? Judgement_an Error?* Joural of Maritime Law and Commerce, 1982, Vol. 13, No. 2, pp. 128 - 129.

生。也有一些非常重要的债权,一开始就指向损害赔偿的。① 因此,各国都存在损害赔偿方面的法律规定,但对直接损失给予赔偿,对间接损失则无一致规定。

二、船舶碰撞的法律适用

在一项完整的民事责任制度中,"法律适用问题总是处于最前沿,它直接影响着责任主体、归责原则、赔偿范围等一系列后续问题,特别是船舶碰撞往往会涉及到不同国家的海域,加上肇事船舶国籍、类型、碰撞原因不同,使损害具有涉外性、特殊性、复杂性等特点,因此,船舶碰撞案件如何适用法律一直是海事实务上的重要研究课题"②。

根据法律的规定及实践中的做法,各国关于船舶碰撞的法律适用情况如下:

(一)适用相关的国际公约

在碰撞国际统一实体法方面,有1910年《碰撞公约》、1952年《船舶碰撞民事管辖权公约》、1952年《船舶碰撞或其他航行事故中刑事管辖权公约》、1977年《统一船舶碰撞中有关民事管辖权、法律选择、判决的承认与执行方面若干规定的国际公约》(未生效)、1985年《确定海上碰撞损害赔偿的国际公约(草案)》(未通过)等。这些国际公约对法律适用问题都有相关规定,如1910年《碰撞公约》第12条规定:"在任何诉讼中涉及的船舶属于缔约国所有,以及国内法规定的任何其他情况下,本公约各项规定适用于所有利害关系人,但是:1. 对于非属于缔约国的利害关系人,每一缔约国可在互惠条件下适用本公约的规定;2. 如所有利害关系人与审理案件的法院属于同一国家,则应适用该国内法的规定,而不适用本公约的规定。"总之,适用相关的国际公约,是船舶碰撞法律适用重要途径之一。

(二)适用侵权行为地法

各国一般规定,在内水和领海中发生的碰撞适用侵权行为地法。如1999年《俄罗斯联邦商船法典》第420条第1款规定:"在内海水域或领海内发生的碰撞,适用碰撞发生地法律"。在美国,发生在外国领水内的船舶碰撞通常适用碰撞发生地法律。但美国最高法院在Canada Malting Co. v. Paterson Steamship案的判决中,维持了美国联邦地区法院驳回诉讼的判决(该案涉及两艘载运加拿大货物的

---

① [德]迪特尔·梅迪库斯著:《德国债法分论》,杜景林、卢谌译,法律出版社2007年版,第607页。
② 廖云海:《船舶碰撞损害赔偿法律适用问题之研究》,载《求索》2012年第5期,第238页。

加拿大船舶在湖区的美国区域发生的碰撞),没有说明涉及当事人的权利适用美国法还是加拿大法的问题,而是说它没有机会调查该问题。①

(三)适用法院地法

各国一般规定,在公海中发生的碰撞适用法院地法。如我国《海商法》第273条第2款的规定。如果船舶在公海发生碰撞,在英国和其他英联邦国家,解决的方法是适用英国实施的一般海事法,即1911年《英国海事公约法》。1934年《美国第一部冲突法重述》第401条(b)项规定:如果船舶不属于同一国籍,适用法院地法。船舶在公海上与它物(如冰山)相撞,美国法院在Titanic轮案中认为对英国船舶侵权主张赔偿的依据是基于英国法产生的责任,因此主张适用船旗国法。

(四)适用当事人共同国籍国法

我国《海商法》第273条第3款规定:"同一国籍的船舶,不论碰撞发生于何地,碰撞船舶之间的损害赔偿适用船旗国法。"1910年《船舶碰撞公约》第12条规定:"当所有利益方都具有法院地的共同国籍时,各成员国可以背离公约规定的解决办法。"《荷兰海事冲突法》第7条规定:"在一国领海或内水发生的碰撞适用侵权行为地法,但下列情况除外:(1)所有船舶均属于同一碰撞公约的缔约国或均适用同一碰撞公约的国家;或者(2)所有船舶属于同一国家(所涉船舶为内水航行船除外)"。

(五)适用船舶共同国籍国法

同一国籍的船舶之间的碰撞,一般适用船舶国籍国法。如《阿根廷海商法》第606条、《保加利亚海商法》第15条第3款、我国《海商法》第273条第3款、《意大利海商法》第12条、《荷兰海事冲突法》第7条第4款、《波兰海商法》第10条第2款。还有国家规定在公海上的船舶碰撞案件适用船舶共同国籍国法,例如《意大利海商法》第12条、《波兰海商法》第10条第1款、《保加利亚海商法》第14条第3款、《葡萄牙商法》第674条第2款、《罗马尼亚国际私法》第141条第2款、《荷兰海事冲突法》第7条第3款。

(六)适用不同国籍国法中的相同规则

《荷兰海事冲突法》和《克罗地亚海商法》中规定了这种条款。

(七)适用当事人意思自治原则

1977年《统一船舶碰撞中民事管辖权、法律选择、判决的承认和执行方面若干

---

① 参见(Mantadoc - Yorkton)2885U. S. 413,1932AMC512(1932)。

规定的公约》第 4 条明确规定:"除当事人另有协议外,碰撞在一国内水或领海内发生时,适用该国法律;如碰撞发生在领海以外的水域,则适用受理案件法院地法律……"由此可知,对发生在一国领海或内水的碰撞,公约强调的是首先适用当事人约定的法律。而且,对当事人的约定无限制。

(八)适用最密切联系原则

最密切联系原则是国际私法法律适用的基本原则之一,在海事关系法律适用中也有重要的作用。

(九)重叠适用侵权行为地法和法院地法

澳大利亚和新西兰在其有关冲突法的规定中没有涉及船舶碰撞问题,在实践中涉及船舶碰撞问题的案件一般适用冲突法中关于侵权的规定。即在法院地领海或内水发生的碰撞,法院将适用法院地法;在法院管辖范围外领海或内水发生的碰撞,法院仍将适用法院地法,但是,该行为须是根据侵权行为地法亦属非法。可见,它们也要求重叠适用侵权行为地法与法院地法。我国《民法通则》第 146 条规定:"侵权行为的损害赔偿,适用侵权行为地法。当事人双方国籍相同或者在同一国家有住所的,也可以适用当事人本国法律或者住所地法律。中华人民共和国法律不认为在中华人民共和国领域外发生的行为是侵权行为的,不作为侵权行为处理。"该规定也是重叠适用侵权行为地法和法院地法。该条第 1 款的规定体现了关于侵权行为法律适用的一般原则和补充原则;第 2 款体现了关于侵权行为法律适用的特殊原则——重叠适用侵权行为地法和法院地法原则。一般认为,它"应只适用于以我国公民或法人为被告向我国人民法院提起的发生在我国域外的侵权行为的诉讼,以及我国人民法院对外国法院做出的以我国公民或法人为被告的侵权之诉的判决的承认和执行"[1]。

我国关于船舶碰撞法律适用的规定具体体现在《海商法》中。我国《海商法》第 273 条规定:"船舶碰撞的损害赔偿,适用侵权行为地法律。船舶在公海上发生碰撞的损害赔偿,适用受理案件的法院所在地法律。同一国籍的船舶,不论碰撞发生于何地,碰撞船舶之间的损害赔偿适用船旗国法律。"

我国《海商法》第 273 条第 1、3 款体现了《民法通则》第 146 条第 1 款规定的一般原则和补充原则;第 273 条第 2 款补充了公海上发生的船舶碰撞的法律适用原则。但是,第 273 条没有包含《民法通则》第 146 条第 2 款所规定的重叠适用特

---

[1] 李双元、金彭年、张茂等著:《中国国际私法通论》,法律出版社 1996 年版,第 391 页。

殊原则。根据一般法与特别法的关系,第273条没有规定的,应当适用《民法通则》第146条的规定。例如,各国对碰撞船舶的规定不一致。有的国家规定船舶碰撞所适用的船舶包括军舰及政府公务船,有的国家规定不适用于军舰,但包括政府公务船,有的国家规定军舰及政府公务船都不包括。我国《海商法》第165条规定任何其他非用于军事的或政府公务的船与另一方的船舶发生接触造成损害的事故才构成《海商法》中的"船舶碰撞",我国商船与他国军舰或公务船碰撞或我国军船或公务船在与他船碰撞等情况,按照《民法通则》第146条第2款规定就不认为是船舶碰撞。

我国《民法通则》第146条和《海商法》第273条的规定,难以适应复杂多变的涉外海上侵权案件的所有需要,因此,建议对《民法通则》第146条和《海商法》第273条在吸收最密切联系原则和意思自治原则的基础上加以修改完善。

第二节 船舶油污

一、船舶油污的法律冲突

(一)概念方面

通常而言,船舶油污损害指船舶溢出或者排放油类物质[1],造成污染而产生的财产损害或人身伤亡。但根据国际公约及一些主要航运国家的法律规定,对船舶油污、船舶油污损害各有不同的定义。1969年《国际油污损害民事责任公约》对油污案件的船舶类型等做出了规定,1992年《议定书》对油污损害的含义进行了修正,补充了对环境损害的赔偿。[2] 美国1990年《油污法》规定:"向可航行水域或相邻岸线或专属经济区水中或水面排油的船舶或设施责任方,应该对该事件

---

[1] 由于经济的发展,石油的需求量越来越大,超级油轮越来越多。油污事件的严重性越来越突出。广义上的石油包括原油和石油产品,石油产品包括各种燃料油、润滑油、液化石油气、石油焦炭、沥青等。狭义的石油仅指原油,即指海洋湖泊中的古生物经过漫长的演化形成的混合物,由碳和氢化合物构成其主要成分。参见钱闵等著《油船安全知识与安全操作》,大连海事大学出版社1994年版,第12—17页。

[2] 参见 International Convention on Civil Liability for Oil Pollution Damage,1992,Article2.3. Oil Pollution Arc 1990,Article1002.

引起的清污费用和损害负赔偿责任。"①该概念范围比较宽泛。我国法律法规对船舶油污损害的含义没有明确规定,学术上学者们根据我国有关规定,对船舶油污损害下有不同的定义。②

(二)相关法律规定方面

各国船舶油污的相关法律规定内容不相一致。1967 年的 Torry Canyon 油污案件发生以后,油污受害人仅得到总损失的 20% 的赔偿。为了解决油污受害人充分有效的赔偿问题,诞生了《国际干预公海油污事件公约》《国际油污损害民事责任公约》等公约。《国际油污损害民事责任公约》的缔约国达 30 多个,但普遍认为该公约责任限制过低,为提高责任限制,国际海事组织通过了《国际油污损害民事责任公约》1984 年议定书,随后又通过了 1992 年议定书,缔约国有 100 多个。美国仍然认为《国际油污损害民事责任公约》及其议定书赔偿责任限制太低。③

(三)对公约的解释方面

国际上虽然通过了《国际干预公海油污事件公约》《国际油污损害民事责任公约》等调整油污的国际公约,但各国对公约内容的解释并不一致,如在油污损害赔偿范围上,有的国家允许间接损失赔偿,有的国家规定只有直接损失才可获得赔偿;有的国家承认自然资源损失,有的国家则不承认。

(四)对船舶的规定方面

各国有关法律规定存在差别。如 1990 年美国《油污法》第 1001 条第 37 项规定:"船舶"系指除公共船舶以外的各类水上运输工具以及可以用作水上运输工具的人造设备。即使是军舰,如果从事营利性质的货物运输、海难救助等造成的油污仍然受该法调整。《国际油污损害民事责任公约》规定的船舶范围很小。1995 年《英国商船航运法》第 153 条第 3 款和第 4 款规定的油污船舶范围包括:1. 为载运散装油类货物而建造或者改建的船舶;2. 对于建造或者改建后用于载运除油类

---

① 参见 Oil Pollution Arc 1990, Article1002.

② 如有学者认为:船舶油污损害指船舶在正常运营中或发生事故时,溢出或者排放油类货物、燃料或其他油类物质,在运油船舶以外,因污染而产生的财产损害或人身伤亡,包括事故发生以后为防止或减轻此种损害而采取合理措施的费用以及由于采取此种措施而造成的进一步损害。参见司玉琢主编《海商法》,法律出版社 2003 年版,第 321 页。

③ 1989 年 3 月 24 日,Exxon Valdez 号油轮在美国 Prince William 海湾触礁,污染了 1000 多英里的海岸线,Exxon 集团支付的清污费就超过 20 亿美元,受害方提出了超过 160 亿美元的赔偿诉讼。如根据《国际油污损害民事责任公约》的 1984 年议定书,赔偿限额为 6000 万美元,因此美国通过了更高的赔偿责任限制方面的立法。

之外的其他货物的船舶,在下列情况下适用:(1)当它载运散装油类货物时;(2)处于散装油类货物后的其他航程,除非证明没有任何油类货物的残余物在该船上,但另有规定的除外。

我国《海商法》第3条对"船舶"作了一般性的定义。2010年的《防治船舶污染海洋环境管理条例》取消了1983年《中华人民共和国防止船舶污染海域管理条例》对船舶的定义。2010年的《防治船舶污染海洋环境管理条例》第4条规定的船舶范围为国务院交通运输主管部门所辖水域内非军事船舶和港区水域外非渔业、非军事船舶污染海洋环境的防治工作均适用该条例。我国已经加入1992年《国际油污损害民事责任公约》、2001年《燃油公约》,我国对船舶范围的规定,应该与这些公约的规定保持一致。

(五)对船舶油污与船舶污染规定方面

船舶污染包括但不限于船舶油污损害,还包括船舶排放、泄漏、倾倒污水或者其他有害物质,造成水域污染或者他船、货物及其他财产损失,以及因航运、生产、作业或者船舶建造、修理、拆解或者港口作业、建设,造成的水域污染、滩涂污染或者他船、货物及其他财产损失的情形。

由于船舶油污造成的损害非常严重,所以国际公约、各国海事海商法律对之都给予了重点关注。除油污外,其他船舶污染侵权通常在一国民法下作为特殊侵权或者环境侵权进行调整。故本书重点研究船舶油污损害赔偿的法律适用问题。但也有国家将其他的船舶污染损害也列入海事法律的调整范畴。如1999年《俄罗斯联邦商船航运法典》第422条就将与海上运输有害有毒物质造成的环境污染损害包括在内。我国《海商法》没有规定船舶油污的法律适用问题。

(六)适用范围方面

1969年《国际油污损害民事责任公约》规定所适用的油类是任何持久性油类,但对持久性油类没有一个明确的定义,只是列举了几种持久性油类:原油、燃油、重柴油、润滑油以及鲸油。1971年《基金公约》、1992年《国际油污损害民事责任公约》和1992年《基金公约》所适用的"oil"是指"持久性烃类矿物油",如原油、燃油、重柴油和润滑油,鲸油被排除在外。美国《油污法》并不区分持久性石油与非持久性石油,而是将原油和石油产品都包括在内。

(七)赔偿责任限额方面

各国规定的责任限额都不尽相同,有的国家甚至取消了责任限额。随着经济的发展,有关责任限额的规定有不断走高的趋势。(1)1969年《国际油污损害民事责任公约》的规定。《国际油污损害民事责任公约》规定船舶所有人有权将其依本公约对任何一个事件的赔偿责任总额限定为按船舶吨位计算每吨2000金法郎,总额不得超过2.1亿金法郎。(2)1992年《国际油污损害民事责任公约》的规定。1992年公约修改了责任限额并提高了限制金额:吨位不超过5000吨的船舶,责任险额为300万特别提款权;吨位超过5000吨的船舶,在上述金额基础上,每吨增加420特别提款权。合计金额在任何情况下不得超过5790万特别提款权。(3)1992年《国际油污损害民事责任公约》2000年议定书的规定。该2000年议定书进一步提高了责任人的责任限额:不超过5000吨的船舶为451万特别提款权;5000吨－140000吨的船舶则在此基础上每超过1吨增加631特别提款权;超过140000吨的船舶的限额为8977万特别提款权。

(八)责任主体方面

1969年《国际油污损害民事责任公约》将船舶所有人作为民事责任人。1992年《国际油污损害民事责任公约》则进一步明确地将船舶所有人的服务人员和代理人等六类人排除在责任主体之外。美国《油污法》则将民事责任人确定为造成污染的船舶一方,包括船舶所有人、船舶经营人和光船租赁人,包括个人、公司、合伙或联营。

(九)归责原则方面

国际条约及各国的规定基本上都是采用的严格责任,但还是存在一些差别。如与1992年《国际油污损害民事责任公约》相比,1995年《英国商船航运法》的规定少了一项免责,即经船舶所有人证明,损害全部或者部分是由于受害人的故意或者过失行为所引起,船舶所有人可以全部或者部分免除对其受害人的责任。在美国的实践中,责任方因索赔人自身的重大过失或者故意的不当行为而免责的情形也极为少见。

《中华人民共和国海洋环境保护法》第90条第1款规定的归责原则是:"造成海洋环境污染损害的责任者,应当排除危害,并赔偿损失;完全由于第三者的故意或者过失,造成海洋环境污染损害的,由第三者排除危害,并承担赔偿责任。"该法第92条规定的可以免责事由为:"(1)战争;(2)不可抗拒的自然灾害;(3)负责灯塔或其他助航设备的主管部门,在执行职责时的疏忽或者其他过失行为。"

(十)赔偿范围方面

1969年《国际油污损害民事责任公约》和1971年《基金公约》只规定在三类

污染损害赔偿之外,增加对"环境损害"的赔偿,没有对环境损害进行界定。1992年《民事责任公约》和1992年《基金公约》规定了环境损害赔偿的范围,也没有对环境损害进行界定。国际海事委员会1994年通过的《CMI油污损害指南》将油污经济损失分为相继经济损失(Consequential Loss)和纯经济损失(Pure Economic Loss),相继经济损失是因油污造成有形的财产灭失或损害而遭受的损失,而纯经济损失是因油污遭受到并非有形财产灭失或损害而导致的损失。

美国油污损害赔偿法律制度使用的是"自然资源"和"自然资源损害"的概念。"自然资源"包括美国领土上的"土地、鱼类、野生动物、植物群和动物群、空气、水、地表水、饮用水供应系统和其他此类资源"。"自然资源损害"则被定义为"自然资源的损害、毁灭、损失或使用的损失"。"自然资源损害的估算范围不仅包括受损自然资源的恢复费用,而且包括受损自然资源恢复期间的自然资源使用损失,即基本恢复措施费用和补偿性恢复措施费用"①。

我国《民法通则》《中华人民共和国侵权责任法》对油污损害的赔偿原则基本上是恢复原状和实际损失赔偿原则。其他法律都没有对油污损害的赔偿范围进行规定。根据我国司法实践,受害人索赔油污损害的范围通常包括:污染造成的财产损失;可得利益的损失;采取预防措施的费用;由于采取预防措施而造成的进一步灭失或者损害;国家所有的海洋资源损失。②

(十一)管辖权方面

《国际油污损害民事责任公约》规定对于船舶油污染损害的诉讼可以向造成损害的船舶所有人及承担船舶所有人油污损害责任的保险人或者提供财务保证

---

① 徐国平:《船舶油污损害赔偿法律制度研究》,北京大学出版社2006年版,第136页。
② 有学者认为,在海洋油污民事赔偿项目上,美国坚持全面赔偿原则,拒绝《国际油污损害民事责任公约》的实际支出模式,将自然资源的非商业性价值也纳入自然资源的损害赔偿范围等。美国《油污法》将油污清理费、自然资源损害、财产损害间接经济损失、纯粹经济损失、无法使用自然资源以维持生存而导致的损害、财政收入损失与公共服务额外开支等六个方面纳入赔偿项目。而我国的法律规定只包括了其中的三种项目,只能提供较低水平的救济。法律规定的不完善,也导致实践中我国的利益不能够得到法律的有效保护。2010年4月20日与2011年6月4日,分别发生了美国墨西哥湾领域溢油事件和中国渤海湾溢油事件。两起事件都对当地海洋环境和经济尤其是渔业和旅游业造成重大损失。在墨西哥湾事件发生后,英国石油公司马上同意分期投入200亿美元设立"第三方赔偿账户",用以赔偿相关损失。而渤海湾溢油事件发生后,康菲公司迟迟不肯就赔偿问题表态,态度傲慢。这或许都与侵权行为地当地提供的法律保障情况有一定关联。参见向在胜《中美海洋设施溢油民事责任制度比较研究》,中国国际私法学会2012年年会论文集(下),第777页。

的其他人直接提出。美国1990年《油污法》规定美国地区法院对根据本法产生的一切争议具有管辖权,不管有关方的国籍或者争议的数额如何。我国规定海洋污染因船舶排放、排泄、倾倒油类或者其他有害物质,海上生产、作业或者拆船、修船作业造成海域污染提起的诉讼,由污染发生地、损害结果地或者采取预防措施地的海事法院管辖。

(十二)时效方面

《民事责任公约》、2001年《燃油公约》规定的时效为3年。但最长不得超过6年。如果油污事故包括一系列事故,6年期限从第一个事故发生之日起算。英国与公约的规定基本一致。但美国1990年《油污法》第1017条第6款规定的时效为3年。

二、船舶油污的法律适用

(一)适用相关的国际公约

国际上制定的有关海上油染损害赔偿的国际公约有1969年《国际油污损害民事责任公约》及其1989年、1992年议定书,1971年《设立国际油污损害赔偿基金国际公约》等等。特别是《国际油污损害民事责任公约》,影响比较大。该公约是1969年国际海事组织在布鲁塞尔主持订立的。我国已经加入该公约。

《国际油污损害民事责任公约》规定了公约的适用范围(适用缔约国领土、领海上的油污损害)、油污损害赔偿范围(污染造成的灭失或损害、采取预防措施的费用等)、责任构成(过失责任、船舶所有人承担举证责任)和免除责任事项(不可抗力等)、责任限制(赔偿按船舶吨位计算每吨2000金法郎,赔偿总额不能超过2.1亿金法郎)、管辖权(损害地、预防措施采取地等的缔约国法院管辖)、缔约国判决的承认与执行(除判决存在欺骗或者没有给被告合理的通知、陈述机会外,缔约国应承认、执行判决)等内容。

(二)适用侵权行为地法

从各国立法来看,阿根廷、德国、意大利、美国、保加利亚等国都规定在一国领海或者内水发生的海上侵权行为适用侵权行为地法。我国《民法通则》第146条也主张这一原则。

(三)适用法院地法

如果受污染国没有相应的油污立法,并且又没有参加有关的国际公约,则法院可能会适用法院地法解决油污损害赔偿等问题。①

（四）适用干预国的法律

干预国对油污采取措施后可能出现两种后果,一是干预国领海仍然受污染,这时干预国是侵权行为地国,其法律可以得到适用。二是干预国领海没有受污染,但干预国付出了一定费用,因此,其法律可以替代侵权行为地法律得到适用。事实上,无论干预后果如何,干预国也都是侵权行为发生地、结果地(尽管污染结果被清理)。

（五）适用其他法律。如适用通过当事人意思自治原则选择的法律;通过最密切联系原则确定的法律等。

我国没有专门规定船舶油污的法律适用问题,需要立法进行完善。

三、我国沿海油污损害赔偿的法律适用问题

在我国长期的司法实践中,处理船舶油污损害赔偿案件可以适用的国内法主要是我国《民法通则》《海商法》和《中华人民共和国海洋环境保护法》。处理具有涉外因素的船舶油污损害赔偿案件时,我国参加的1969年《国际油污损害民事责任公约》、1969年《国际油污损害民事责任公约1992年议定书》应优先适用。但是,审理国内船舶油污损害赔偿案件,是适用国际公约还是国内法,适用国内法是适用《民法通则》《海商法》还是《中华人民共和国海洋环境保护法》,我国的法院有不同的理解与适用:有的法院认为,国内船舶油污损害赔偿案件不能适用国际公约。有的法院认为,1969年《国际油污损害民事责任公约》、1969年《国际油污损害民事责任公约1992年议定书》可以适用于国内船舶油污损害赔偿案件。其主要理由为:(1)国际公约是我国法律的渊源之一,在我国法律体系中,具有与国内法律同等的效力。并且我国已将国际公约的内容纳入相关的国内法律之中。(2)从《中华人民共和国海洋环境保护法》的具体规定看,国际公约优先适用是我国环境保护法的普遍原则。该原则与我国《民法通则》规定不同,不要求局限于涉外民事法律关系。(3)《中华人民共和国海洋环境保护法》和《中华人民共和国防止船舶污染海域管理条例》并未说明国内航线的船舶不执行1969年《国际油污损害民事责任公约》、1969年《国际油污损害民事责任公约1992年议定书》的规定。例如,广州海事法院在审理从事沿海运输的"闽燃供2"船船东因该船于1999年3

---

① 参见韩立新编著《海事国际私法》,大连海事大学出版社2001年版,第220页。

月与"东海209"船在珠江伶仃水道碰撞造成严重污染申请油污损害赔偿限制一案①中,采用了此一观点,认为:1969年《国际油污损害民事责任公约》第1条规定:"船舶是指装运散装油类货物的任何类型的远洋船舶和海上船艇",没有对船舶吨位大小予以区别,因此应认为该公约适用于所有从事海洋运输,装运散装油类货物的船舶。并且该公约第2条规定:"本公约适用于在缔约国领土和领海上发生的污染损害和为防止或减轻这种损害而采取的预防措施",我国在加入该公约时,没有对任何条款做出保留。此外,我国《海商法》第208条明确指出"中华人民共和国参加的国际油污损害民事责任公约规定的油污损害的赔偿请求,不适用本章规定",即《海商法》不适用于油污损害民事赔偿纠纷。因此判定责任方可以按照1969年《国际油污损害民事责任公约》的规定申请油污损害赔偿责任限制并设立油污损害赔偿责任限制基金。

2005年12月26日,最高人民法院向各高级人民法院下发了《第二次全国涉外商事海事审判工作会议纪要》,总结了2001年来涉外商事海事审判工作的经验,对实务中存在的一些争议性问题做了进一步明确,并要求各高级法院遵照执行。其中,纪要第141、142条对油污案件的法律适用作了规定,认为《国际油污损害民事责任公约》适用于具有涉外因素的缔约国船舶油污损害赔偿纠纷,包括航行于国际航线的我国船舶在我国海域造成的油污损害赔偿纠纷;对于不受《国际油污损害民事责任公约》调整的船舶油污损害赔偿纠纷,适用我国《海商法》《中华人民共和国海洋环境保护法》以及相关行政法规的规定确定当事人的责任。可见,纪要并没有支持广州海事法院的观点。

为了更好地处理油污损害赔偿案件,2011年1月10日最高人民法院审判委员会第1509次会议通过了《最高人民法院关于审理船舶油污损害赔偿纠纷案件若干问题的规定》,自2011年7月1日起施行。该规定是依照我国《民法通则》

---

① 1999年3月24日凌晨两点二十六分,在珠江口伶仃岛与淇澳岛之间的水域,中国船舶燃料供应福建有限公司所属的"闽燃供2"轮与浙江台州东海海运有限公司所属的"东海209"轮拦腰相撞,"闽燃供2"轮当即倾覆。虽然这两艘船吨位都不大,"闽燃供2"轮只有一千吨不到的吨位,但可怕的是,该轮装满了黑色黏稠的重油,船舱被拦腰撞开一个大口,船体破裂,重油汩汩地流进大海,随风飘散开来,刹时间,浩渺的珠江口近珠海海域,浊浪翻滚,黑色的油块漂浮在往日的碧波之上,油污经风吹和潮汐水流的作用在岸边、沙滩、石头上凝固,形成黑色的胶块。珠海市遇到建市以来最严重的一次污染事件。黑褐色油污对珠海水产养殖和渔业资源造成的直接经济损失达4000多万元,清除环境污染的成本达725万多元。

《海商法》《海诉法》《中华人民共和国侵权责任法》《中华人民共和国海洋环境保护法》、《中华人民共和国民事诉讼法》等法律法规以及中华人民共和国缔结或者参加的有关国际条约,结合审判实践制定的。规定没有确定适用范围,虽然其制定也参考了国际条约的内容,但作为最高人民法院的司法解释,应该主要是解决国内纠纷的。但规定第 5 条规定:"油轮装载的持久性油类造成油污损害的,应依照《防治船舶污染海洋环境管理条例》、1992 年《国际油污损害民事责任公约》的规定确定赔偿限额。"第 21 条第 2 款规定:"油污损害赔偿责任限制基金以现金方式设立的,基金数额为《防治船舶污染海洋环境管理条例》、1992 年《国际油污损害民事责任公约》规定的赔偿限额。以担保方式设立基金的,担保数额为基金数额及其在基金设立期间的利息。"上述规定对没有涉外因素的油污事件适用国际条约又持了肯定态度。

第三节 海上人身伤亡

一、海上人身伤亡的法律冲突

海上人身伤亡损害存在诸多不统一的方面,如"海上人身伤亡损害的概念就如同其赔偿制度的立法一样,至今都没有一个较为完整、明确并且统一的定义。其内涵和外延决定着其赔偿的归责原则、赔偿原则、赔偿范围和法律适用"[1]。

我国评价水上安全状况的指标主要有:水上交通事故数、死亡及失踪人数、沉船或全损船舶艘数、直接经济损失。根据中华人民共和国交通运输部年度《公路水路交通运输行业发展统计公报》的有关数据统计[2],我国最近十年水上安全状况如下表(表 4 - 2)所示:

---

[1] 成元元:《海上人身伤亡损害赔偿制度研究》,上海海事大学法学院 2007 年硕士论文,第 5 页。
[2] 参见中华人民共和国交通运输部年度《公路水路交通运输行业发展统计公报》(2004 - 2012 年)。

表4-2 最近十年我国水上安全状况

年份	水上交通事故数(起)	死亡及失踪数(人)	沉船或全损船舶(艘)	直接经济损失(亿元)
2003	633	498	343	3.80
2004	562	489	330	3.69
2005	532	479	306	4.95
2006	440	376	250	4.43
2007	420	372	248	4.02
2008	342	351	213	5.19
2009	358	336	199	3.47
2010	331	329	195	3.24
2011	298	291	175	3.90
2012	270	277	165	4.66
总计	4186	3798	2424	41.35

根据上表统计,我国水上交通事故数、死亡及失踪人数、沉船或全损船舶艘数逐年呈现下降态势,但直接经济损失近年不降反升,因此,对我国水上安全状况仍然不能掉以轻心。

根据1991年通过的《最高人民法院关于审理涉外海上人身伤亡案件损害赔偿的具体规定(试行)》和2001年通过的《最高人民法院关于海事法院受理案件范围的若干规定》,海上人身伤亡是指船舶在海上或者可航水域进行航运、作业,或者港口作业过程中健康、生命所受到的伤害。

学者之间关于海上人身伤亡的概念还有不同的表述。有学者认为:"海上人身伤亡是指船舶在营运过程当中,由于碰撞、触礁、火灾、沉没、搁浅、爆炸或其他原因造成的海上事故而引起的人身伤亡。"[1]

有学者认为:"海上人身伤亡损害是指在海上或与海相通的可航水域发生的侵权等违反法律规定的行为,侵害他人的生命健康权而导致的伤亡后果。"[2]

有学者认为:"海上人身伤亡损害赔偿应该是指在海上发生的对人的身体遭

---

[1] 韩立新编著:《海事国际私法》,大连海事大学出版社2001年版,第221页。
[2] 王祝年:《海上人身伤亡损害赔偿主体问题研究》,载《天津航海》2006年第2期,第34页。

受一般伤害或者致命伤害的赔偿。"①

有学者认为:"海上人身伤亡又称海上人身伤亡事故,是人身伤亡的一种特殊形式,一般是指在海上或者与海相通水域进行航运、作业、港口作业、旅客运输等海上经营或管理活动中,权利主体的生命权、身体权、健康权等受到侵害而致伤、致残或死亡的事故。"②

有学者认为:"海上人身伤亡损害赔偿制度指在海域或与海相通的可航行水域或与其他与海密切相关的特定处所经营、管理和服务活动中发生的人身伤亡损害和精神损害,由权利人向责任人提出请求,且由责任人依法给予一定限度赔偿的法律制度。"③

我国《海商法》第163条和第169条规定了第三人遭受海上人身伤亡时有权享受连带之债保护的情形,理论上对该第三人的范围认识不一,争议的关键就是船员是否属于第三人的范围。有人认为,由于船员与当事船舶之间存在劳动合同关系,或者事实上的雇佣关系,所以船员应与之视为一体,船员不属于第三人的范畴。也有人认为:"应该对第三人作扩张解释,将船员包括在内,才能体现立法的目的。"④

引起人身伤亡的类型包括合同关系的人身伤亡和非合同关系(侵权关系)的人身伤亡,如下表(表4-3)所示:

表4-3 引起人身伤亡的类型

合同关系的人身伤亡	旅客人身伤亡——海上旅客运输合同
	船员人身伤亡——船员劳务合同
	其他人员的人身伤亡——在船上工作或为船舶提供服务的人

---

① 孙妍:《海上人身伤亡损害赔偿法律问题研究》,大连海事大学法学院2006年硕士学位论文,第2页。
② 沈爱萍:《海上人身伤亡中的"第三人"应该包括船员》,载《珠江水运》2006年第5期,第33页。
③ 成元元:《海上人身伤亡损害赔偿制度研究》,上海海事大学法学院2007年硕士论文,第7页。
④ 沈爱萍:《海上人身伤亡中的"第三人"应该包括船员》,载《珠江水运》2006年第5期,第34页。

续表

侵权关系的人身伤亡	海上事故造成的其他船舶船员、旅客或其他人员的人身伤亡
	船员之间;旅客之间;船员与旅客之间或船、旅客与其他人员相互之间发生的人身伤亡
	其他情况

事实上,根据海上人身伤亡损害的分类方法不同,可以将之分为许多类型,如下表(表4-4)所示:

表4-4 海上人身伤亡损害的类型

分类方法	类型	说明
根据涉外因素	涉外海上人身伤亡损害和非涉外海上人身伤亡损害	
根据受害人的身份	第三人海上人身伤亡损害和非第三人海上人身伤亡损害	第三人包括船员、旅客、装卸工人等
根据损害的原因	因侵权事故造成的海上人身伤亡损害和非因侵权事故造成的海上人身伤亡损害	
根据损害的形成	船舶航行中发生的人身伤亡损害;船舶作业中发生的人身伤亡损害;港口作业中发生的人身伤亡损害;船舶建造、修理中发生的人身伤亡损害	
根据损害的地点	海上工伤损害和非海上工伤损害	
根据赔偿范围	伤残人身伤亡损害赔偿和死亡人身伤亡损害	

由于海上人身伤亡概念不统一、损害种类繁多,因此各国对海上人身伤亡的法律规定也不一致,存在较多的法律冲突:

(一)海上人身伤亡的法律界定方面

各国规定的海上人身伤亡一般是指人体伤残与死亡,侵害的是人的生命健康权。但在英国,还包括了失踪人员等。①

(二)赔偿标准方面

由于各国政治、经济、文化、传统等方面的差异,海上人身伤亡的赔偿标准也极不一致。就是发达国家之间的规定也不完全一致。英国在确定标准时,不仅考虑伤残的程度,还考虑受保护船员获得收入的能力和其他方面的条件。如果伤残期满劳动能力还不能恢复,可以申请特别困难补助、严重残障津贴等。工伤死亡的待遇包括:子女上学(包括大学)、学徒或者丧失劳动能力的可以享受遗属子女待遇,死者供养的配偶、父母和亲属有权享受长期待遇。② 美国关于船员、工人赔偿方面的法律较多:如1920年《琼斯法案》、1940年《防御基地法案》、1984年《码头工人工伤赔偿法案》等,特别是1920年《琼斯法案》规定的赔偿措施比较全面:1. 雇主向受伤的船员提供交通费用、工资、治疗及日后的维护直至航次结束。2. 由于受雇船员过失导致工伤的发生,受伤船员仍有权获得伤病治疗和病后维护、工伤期间的工资和其他相关的损害赔偿。《日本船员法》第93条规定船员因职务死亡时,船舶所有人必须立即向规定的遗属支付遗属津贴,津贴额为36个月的月标准报酬额。

(三)赔偿限额方面

关于最高赔偿限额,《雅典公约》及其1976年《议定书》规定,承运人对每位旅客的死亡或者人身伤害的责任在任何情况下每次运输不得超过46,666计算单位。但责任限额不应包括损害赔偿金的利息和诉讼费。公约缔约国的国内法还可以为作为该国国民的承运人规定对每一位旅客的更高责任限额。承运人与旅客也可以明文商定高于公约的责任限额。

1957年《船舶所有人责任限制的国际公约》规定,对于单纯人身伤亡索赔,按每净吨3100金法郎建立责任基金(即最高赔偿限额),各索赔人按比例分配该基金。当同一事故同时造成人身伤亡和财产损失时,则分别按每净吨2100金法郎和100金法郎同时建立人身伤亡责任基金和财产损失责任基金。

1976年《海事索赔责任限制公约》对于一般情况下发生的索赔,按照船舶吨位分级计算。人身伤亡的索赔限额分五个等级。如下表(表4-5)所示:

---

① 在英国的法律中,没有一个专门针对海上人身伤亡的定义,根据2000年《英国海上人身伤亡和财产损失调查法规》的规定,海上人身伤亡包括人员的死亡或者严重损伤;人员在船外失踪等。这里的人员范围广泛,指与海上活动有关的事件或者过程中的所有人员。
② 参见张敏《船员人身伤亡赔偿问题研究》,载《当代法学》2003年第3期。

表 4-5　1976 年海事索赔责任限制公约规定的限额等级

限额等级	船舶吨位（总吨）	人身伤亡的索赔限额（特别提款权）
一	不超过 500	333,000
二	501－3000	500×(船舶吨位－500)+333,000
三	3001－30,000	333×(船舶吨位－3,000)+第二级索赔限额
四	30,001－70,000	250×(船舶吨位－30,000)+第三级索赔限额
五	70,000 以上	167×(船舶吨位－70,000)+第四级索赔限额

公约还专门规定了旅客索赔的责任限额，即对于在任一具体情况下提出的有关船上旅客人身伤亡的索赔，船舶所有人的责任限制为 46,666 计算单位乘以船舶证书上规定的该船载客定额所得的数额，但不得超过 25,000,000 计算单位。

我国最高人民法院 1992 年《关于审理涉外海上人身伤亡案件损害赔偿的具体规定》第 7 条规定的最高赔偿限额为 80 万元人民币。

（四）精神损害方面

各国对有关人身伤亡精神损害案件是否可以进行赔偿的问题，规定不一。

（五）强制保险的规定方面

有的国家主张采用旅客意外伤害保险；有的国家主张采用强制责任保险。

（六）赔偿责任基础方面

多数国家规定船舶所有人对船员人身伤亡的赔偿责任是严格责任，美国的《琼斯法》规定了船员很轻的举证责任。英国法律规定"没有有关过错的证据也使雇主支付赔偿"。法国、德国法律规定船舶所有人对船员的责任均是严格责任。但也有国家没有规定这种严格责任。

2002 年《海上旅客及其行李运输雅典公约》规定了混合责任原则，即对航运事故导致的旅客人身伤亡损害适用无过错责任原则；对非航运事故导致的旅客人身伤亡损害适用过错责任原则。

我国关于赔偿责任的规定如下表（表 4-6）所示：

表 4-6 我国关于人身伤亡损害的责任原则

责任类型		
民事责任方面	违约责任、侵权责任	
	过错责任、无过错责任、公平责任	
	财产责任、非财产责任	
	单方责任、双方责任	
	连带责任、按份责任、不真正连带责任	
海上人身伤亡的侵权责任	过错责任	海上交通事故导致的海上人身伤亡
		港口作业中发生的海上人身伤亡
		不履行法定义务导致的海上人身伤亡
		其他
	无过错责任	海洋环境污染导致的海上人身伤亡
		产品质量导致的海上人身伤亡
		高度危险作业导致的海上人身伤亡
		依法规定的其他承担无过错责任情况
	公平责任	紧急避险导致的海上人身伤亡
		见义勇为导致的海上人身伤亡
		合伙人遭受的海上人身伤亡
海上人身伤亡的违约责任	过错责任	海上旅客人身伤亡
		承揽合同下的海上人身伤亡
		拖航合同下的海上人身伤亡
	无过错责任	劳动合同或雇佣合同下的人身伤亡
		委托合同下的人身伤亡
	混合责任	

(七)赔偿计算方法方面

从性质上看,"人身伤亡损害赔偿案的权利人可获得的人身伤亡损害赔偿,属于将来可得利益损失的赔偿。如果直接对受害人将来收入赔偿采取一次性计算并一次性支付方式,对赔偿义务人而言,又会造成额外多支付赔偿期间利息的不公"①。为了克服这一缺陷,国际上出现了不同的对将来收入损失的计算方法,如下表(表4-7)所示:

表4-7 赔偿的计算方法

方法名称	内容
Carzowchen 计算法	以将来的应得收入金额扣除赔偿期间的利息,得出现在的赔偿金额。
Hooffmanchen 计算法	以将来应得收入金额按赔偿期间内法定利率扣除中间利息,得出现在的赔偿金额。计算公式为:$X + XNR = P$(X指N年后每年应付金额的现在价额;R指利率;N指包括损害发生当年及以后的年数;P指不考虑利率时的年赔偿额。②
Leibnizchen 计算法	该方法对利息的计算采用复利法,扣除的中间利息比较多。③

我国现行法律对涉外海上人身伤亡损害赔偿和非涉外海上人身伤亡损害赔偿的支付方式有不同规定,如下表(表4-8)所示:

表4-8 我国规定的损害赔偿的支付方式

海上人身伤亡损害赔偿类型	支付方式
涉外	1992年《关于审理涉外海上人身伤亡案件损害赔偿的具体规定》第5条规定:受伤者的收入损失,计算到伤愈为止;致残者的收入损失,计算到70岁;70岁以上致残或死亡的,计算收入损失的年限不足5年的按5年计算,并一次性赔付。

---

① 胡正良主编:《海事法》,北京大学出版社2012年版,第594页。
② 如一中国居民在海上人身伤亡案中死亡,死者死亡时有被扶养的75岁的父亲,扶养费计算年限为5年,其父亲是城镇居民且该城镇上一年度人均消费性支出额为1500元每月,银行利率是5%,根据Hooffmanchen计算法:第一年$X = 18000 \div (1 + 0.05) = 17143$元;第二年$X = 18000 \div (1 + 0.05 \times 2) = 16364$元;第三年$X = 18000 \div (1 + 0.05 \times 3) = 15652$元;第四年$X = 18000 \div (1 + 0.05 \times 4) = 15000$元;第五年$X = 18000 \div (1 + 0.05 \times 5) = 14400$元。5年赔偿总额为:78559元。而如果我国采用一般的方法,不考虑利率时的年赔偿额为$P = 1500 \times 12 = 18000$元。5年总额为90000元。
③ 我国台湾地区对赔偿年限为37年以下的,采用Hooffmanchen计算法;37年以上的,采用Leibnizchen计算法。参见林天来著《交通事故法律研究》,台北五南图书出版公司1991年版,第207页。

续表

海上人身伤亡损害赔偿类型	支付方式	
非涉外	2003年《关于审理人身损害赔偿案件适用法律若干问题的解释》规定的方式	一次性给付方式
		定期金方式（义务人应提供担保）
	2013年《工伤保险条例》规定的方式	一次性给付方式
		按月给付方式

二、海上人身伤亡的法律适用

（一）适用相关国际公约的规定

各国关于海上旅客运输的立法并不一致，为统一各国有关海上旅客运输的法律，国际海事委员会于1957年10月10日在比利时布鲁塞尔第10届海洋法会议上，通过了1957年《统一海上旅客运输某些法律规则的国际公约》。在此公约基础上，1961年4月在布鲁塞尔第11届海洋法会议上通过了1961年《统一海上旅客运输某些规则的国际公约》。1967年5月27日在布鲁塞尔又通过了1967年《统一海上旅客行李运输的国际公约》。

在以上立法的基础上，政府间海事协商组织于1974年12月2日至13日在希腊雅典召开的海上旅客及其行李运输国际法律会议上通过了1974年《海上旅客及其行李运输雅典公约》(Athens Convention Relating to the Carriage of Passengers and Their Luggages by Sea, 1974)。该公约根据情况的发展变化又有多次修订。

（二）适用冲突规范指定的准据法

1. 各国关于海上人身伤亡准据法的规定

各国关于海上人身伤亡准据法的规定也不统一，具体情况如下表（表4-9）所示：

表4-9　各国规定的准据法

案件发生的类型	采用的准据法	采用的国家
在公海发生在船上的人身伤亡	船旗国法	英国法院对在公海上发生于英国船舶上的侵权适用船旗国法,对于在公海上发生于非英国籍船舶上的侵权适用"双重起诉规则",即英国法和船旗国法。
		美国考虑了所有连结点后适用船旗国法。①
		意大利认为,对于在公海或内水除碰撞以外其他性质的事件,均适用船旗国法。
		阿根廷、保加利亚等均认为对公海上发生的船舶上的侵权行为适用船旗国法。
在一国领海发生在船上的人身伤亡		法国规定,对于在外国内水或领水发生在一艘船上的侵权行为,只要该行为没有对船舶外部产生任何影响,则适用船旗国法。另一方面,当船上的侵权行为损害了港口的安宁,要求当地机构给予干预或涉及一个或多个非船员利益时,法国法院则适用沿海国的法律。
		美国采用与法国同样的做法。主张在一国领水发生的船上侵权适用船旗国法。
		英国则认为,对处于他国领海内的船舶内部的侵权行为,不论是否影响到该沿海国的利益,均适用该沿海国的法律。

---

① 美国法院在"Klinghoffer 诉 S. N. C. Achille Lauro"案中,即适用了船旗国法。该案内容是一位美国公民于公海上在一艘由意大利船舶所有人所有的意大利船上被杀。客票签订地在美国。法院判决:"考虑本案支持意大利法的连结因素的重要,且很符合适用船旗国法的情况,很明显,意大利法而非美国联邦法适用于这些案件。"法院在判决中还指出,如果法院适用索赔人的住所地法或合同缔结地法,其结果是对不同的索赔人可能适用不同的法律,这种结果将导致对不同索赔人的不公正,不是人们所期望的。美国很多司法实践和理论似乎都赞成对同一事故中的每个人给予平等对待,即使他们在法律上的权利不同。"The Klinghoffer"案的判决是有意义的,因为在此公海上发生的合同/侵权案件中,法院适当考虑了所有连结点,而不仅仅是船旗国法或其他一种规则。参见795 F. Supp. 112 at p. 116, 1993 AMC 1387 at p. 1394.

续表

案件发生的类型	采用的准据法	采用的国家
竞合的情况	适用合同的法律	由于海上人身伤亡常存在着违约责任与侵权责任竞合的情况,当合同双方已在原合同中选择了准据法时,有些国家规定,该合同准据法也应调整当事人之间的侵权关系。例如1989年生效的《瑞士联邦国际私法》第133条第3款明文规定:"尽管有本条第1、2款的规定,如果侵权行为侵害了当事人之间原已存在的法律关系,则基于该侵权行为而提起的请求应适用该法律关系的准据法。"

2. 我国关于海上人身伤亡案件法律适用的规定

根据2001年最高人民法院《关于海事法院受理案件范围的若干规定》第8条的规定,海事法院受理的海上人身伤亡赔偿纠纷案件为船舶在海上或者通海水域进行航运、作业,或者港口作业过程中的人身伤亡事故引起的损害赔偿纠纷案件。

我国关于海上人身伤亡案件法律适用情况如下表(表4-10)所示:

表4-10 我国海上人身伤亡案件的法律适用

对于侵权造成船员的伤亡	适用我国《民法通则》第119条和最高人民法院1992年《关于审理涉外海上人身伤亡案件损害赔偿的具体规定》。	
涉外海上人身伤亡的法律适用	我国《海商法》第十四章的规定。	无规定
	1992年《关于审理涉外海上人身伤亡案件损害赔偿的具体规定》	第9条:当事人双方国籍相同或者在同一国家有住所的,可以适用当事人本国法律或者住所地法律。
海上人身伤亡的赔偿限制	1. 我国《海商法》的规定。	《海商法》第117条第1款规定,国际海上旅客运输是承运人对每名旅客每次海上运输中人身伤亡的赔偿限额为46666特别提款权。第10条规定:除本法第211条另有规定外,海事赔偿责任限制,依照下列规定计算赔偿限额:关于人身伤亡的赔偿请求(1)总吨位300吨至500吨的船舶,赔偿限额为333000计算单位;(2)总吨位超过500吨的船舶,500吨以下部分适用本项第1项的规定,500吨以上的部分,应当增加下列数额:501吨至3000吨的部分,每吨增加500计算单位;3001吨至30000吨的部分,每吨增加333计算单位;30001吨至70000吨的部分,每吨增加250计算单位;超过70000吨的部分,每吨增加167计算单位。

续表

2. 我国《民法通则》的规定。	无规定
3. 1994年1月1日施行的交通部《中华人民共和国港口之间海上旅客运输赔偿责任限额的规定》。	人身伤亡的赔偿限额为4万人民币。
4. 1994年1月1日起施行的交通部《关于不满300总吨船舶和沿海运输、沿海作业船舶海事赔偿责任限额的规定》。	第3条规定:除本规定第4条另有规定外,不满300总吨船舶的海事赔偿责任限制,依照下列规定计算赔偿限额:1. 关于人身伤亡的赔偿请求:(1)超过20总吨、21总吨以下的船舶,赔偿限额为54000计算单位;(2)超过21总吨的船舶,超过部分每吨增加1000计算单位。2. 关于非人身伤亡的赔偿请求:(1)超过20总吨、21总吨以下的船舶,赔偿限额为27500计算单位;(2)超过21总吨的船舶,超过部分每吨增加500计算单位。
5. 1992年最高人民法院《关于审理涉外海上人身伤亡案件损害赔偿的具体规定》。	人身伤亡的赔偿限额为80万人民币
6. 2004年最高人民法院《关于审理人身损害赔偿案件适用法律若干问题的解释》。①	无规定

对于涉外海上人身伤亡的法律适用问题,我国《海商法》第十四章没有做出专门规定,因此只能适用我国《民法通则》第146条关于一般侵权行为准据法的规定。在我国司法实践中,也存在这样的案例。如大连海事法院在1991年审理的"耿某诉海福公司伤害赔偿"案。耿某于1989年7月1日与大连经济技术开发区海达公司签订了"外派船员合同书"。海达公司和大连海福拆船公司签订有"雇用

---

① 关于2004年最高人民法院《关于审理人身损害赔偿案件适用法律若干问题的解释》施行后,1992年最高人民法院《关于审理涉外海上人身伤亡案件损害赔偿的具体规定》的效力问题,司法实践中有不同看法:有人认为,2004年最高人民法院没有涉及赔偿限额问题,因此1992年的规定仍然有效;也有人认为,既然2004年的解释没有规定赔偿限额,等于取消了限额的规定,因此不能适用1992年的规定。在司法实践中,"占某诉江西某公司案"就获得了超过80万限额的赔偿。参见刘卫红《涉外海上人身伤亡案件赔偿数额的法律适用》,载《人民法院报》2011年2月17日第7版。

船员合同"。同年7月25日,耿某被外派受雇于海福公司所属的巴拿马籍"佳灵顿"船上工作,期限为1年。"船员雇用合同"第13条规定:船员受雇期间的人身、行李安全办理保赔协会的保险,其条件相当于《香港雇员赔偿条例》第282章的规定。耿某在船上担任大管轮,船在土耳其汉杰港卸货,其与轮机长加固舵机螺丝时,因轮机长疏忽将其右手砸伤,截去食指一节。法院在此案性质的认定上,认为耿某的请求权受合同责任与侵权责任两种规范的支持。耿某选择了以船舶所有人的合同责任请求赔偿,此标准比最高人民法院《关于审理涉外海上人身伤亡案件损害赔偿的具体规定》规定的侵权赔偿标准为高,但法院最后以侵权责任判决,并认为耿某回国内治疗,侵权结果发生地在中国,所以适用中国法,没有按合同中的《香港雇员赔偿条例》规定赔偿。①

笔者认为,法院对此案的判决值得商榷。由于《民法通则》第146条规定过于简单,在很多情况下不能适应复杂的海上人身伤亡损害赔偿案件的需要。例如,对于船舶内部的人身伤亡适用船旗国法更加合理,而不是侵权行为地法,这也是大多数国家的做法。因而,有必要在我国《海商法》中对海上人身伤亡的法律适用加以专门规定。

第四节 其他海事侵权

一、其他海事侵权的法律冲突

我国《海讼法》第4条规定:"海事法院受理当事人因海事侵权纠纷、海商合同纠纷以及法律规定的其他海事纠纷提起的诉讼。"

我国在海事侵权的法律规定中,《海商法》的法律适用部分仅规定了船舶碰撞的法律适用问题,这是非常不够的。因此,除了需要专门研究和规定船舶碰撞侵权、船舶油污侵权、海上人身伤亡的法律适用问题外,对其他的侵权行为,也需要有一个统一的规定,以免在司法实践中出现法律适用的空缺。本节研究的"其他海事侵权行为"就指船舶碰撞侵权、船舶油污侵权、海上人身伤亡之外的海事侵权

---

① 参见韩立新编著《海事国际私法》,大连海事大学出版社2001年版,第228页。

行为。

在国外的有关法律规定中,对于其他海事侵权行为,则认识不一,且存在较多的法律冲突。

(一)各国对其他海事侵权行为的性质认识不一

各国对其他海事侵权行为的性质认识不同,调整的法律或规则就会不同。1928年《关于国际私法的布斯塔曼特法典》只是规定了船舶碰撞这一海事侵权行为。有些国家还规定有其他侵权行为的法律调整内容,如意大利法认为,对于在公海或内水除碰撞以外其他性质的事件,均适用船旗国法。阿根廷、保加利亚等均认为对公海上发生的船舶上的侵权行为适用船旗国法。

我国《海商法》没有规定其他海事侵权行为问题,实践中对这些问题就按一般民事侵权处理。但事实上,其他海事侵权与一般民事侵权相比有许多的特殊性:第一,其他海事侵权行为的发生通常与船舶有密切关系。在其他海事侵权纠纷中,损害行为是以船舶为载体直接实施或完成的。否则,即使侵权行为发生在海上但损害不是由船舶直接造成的,也不属于海事侵权的范畴。第二,其他海事侵权行为的侵权客体多样。其他海事侵权的客体不仅包括人身权利和财产权利,还包括社会公共利益,如倾倒废物与垃圾造成的污染损害、运输危险毒害货物的污染等等。其他海事侵权行为不仅造成双方船舶的损害,而且还会造成双方船舶所载货物的损害以及相关人员的伤亡,受害方多样。第三,调整其他海事侵权行为的法律多样。不仅包括民事法律规范,而且包括相关的国际公约或某些行政法律。第四,其他海事侵权行为的地点多样。其他海事侵权的地点发生于海上或与海相通的可航水域内,包括公海、领海等。第五,其他海事侵权行为强调适用严格责任。如船舶所有人对船员人身伤亡等的严格责任。第六,其他海事侵权行为案件中的当事人可以通过诉前扣船行为达到选择法院、选择法律的目的。

因此,其他海事侵权行为不能与一般民事侵权问题等同,而应由海事法律专门进行调整。

(二)关于其他海事侵权行为构成要件方面

由于其他海事侵权行为也是以船舶为载体形成的,各国对船舶规定的不同,则关于其他海事侵权行为的构成要件的规定也会不同。

(三)关于海事侵权行为的种类方面

各国关于海事侵权行为的种类方面存在差异。我国《最高人民法院关于海事法院受理案件范围的若干规定》规定的海事侵权纠纷案件共包括以下几种:

(1)船舶碰撞损害赔偿案件。

(2)船舶触碰海上、通海水域、港口及其岸上的设施或者其他财产的损害赔偿纠纷案件,其中包括船舶触碰码头、防波堤、栈桥、船闸、桥梁以及触碰航标等助航设施和其他海上设施的损害赔偿纠纷案件。

(3)船舶损坏在空中架设或者在海底、通海水域水下敷设的设施或者其他财产的损害赔偿纠纷案件。

(4)船舶排放、泄漏、倾倒油类、污水或者其他有害物质,造成水域污染或者他船、货物及其他财产损失的损害赔偿纠纷案件。

(5)海上或者通海水域的航运、生产、作业或者船舶建造、修理、拆解或者港口作业、建设,造成水域污染、滩涂污染或者他船、货物及其他财产损失的损害赔偿纠纷案件。

(6)船舶的航行或者作业损害捕捞、养殖设施、水产养殖物的赔偿纠纷案件。

(7)航道中的沉船沉物及其残骸、废弃物,海上或者通海水域的临时或者永久性设施、装置不当,影响船舶航行,造成船舶、货物及其他财产损失的损害赔偿纠纷案件。

(8)船舶在海上或者通海水域进行航运、作业,或者港口作业过程中的人身伤亡事故引起的损害赔偿纠纷案件。

(9)非法留置船舶、船载货物和船舶物料、备品纠纷案件。

(10)其他海事侵权纠纷案件。

笔者认为,上述规定的案件不一定都与船舶有关,所以不一定需要海商法进行调整。与船舶有关的海事侵权纠纷包括四种类型:船舶碰撞侵权、船舶触碰侵权、船舶致损侵权、船舶污染侵权。船舶触碰侵权与船舶致损侵权虽然属于海事侵权,但法律目前未对他们进行专门规定或特殊规定,通常还是按一般民事侵权处理的。

其他国家关于海事侵权行为的种类也各不相同,如1999年《俄罗斯联邦商船航运法典》第420-422条规定的海事侵权行为有三种:船舶碰撞关系、船舶油污损害关系、与海上运输有害有毒物质有关的损害关系。

(四)关于责任主体与责任范围方面

各国对其他海事侵权行为责任主体与责任范围的规定方面存在差异。

(五)海事连带侵权责任方面

在海事侵权连带赔偿责任制度下,"受害人有权向承担连带责任中的一人、数人或者全体同时或者先后请求履行全部或部分债务。债权人的请求权没有人数多少、顺序先后、范围大小的限制"①。这有利于保护权利人的利益。但是,"如果海上侵权的各连带责任人有权援引海事赔偿责任限制并且限额各有不同时,该海事赔偿责任限额与受害人要求各责任人承担连带赔偿的数额可能产生冲突,与已做出先行赔付的责任人事后再向其他连带责任人追偿数额之间也会产生无法回避的冲突。遗憾的是,我国相关法律没有对如何协调上述冲突作出规定,各国做法也有很大差异"②。

二、其他海事侵权的法律适用

(一)适用有关的国际公约

规范其他海事侵权问题的国际公约,统一了相关法律问题,如能得到适用是比较好的解决方法。在船舶碰撞造成的其他侵权损害方面如造成核污染、残骸打捞等时,也将出现类似船舶碰撞造成油污损害情况。关于船舶碰撞造成的其他侵权损害问题,也有一些国际公约存在。例如1971年《海上核材料运输民事责任公约》等。另外还有一些草案,如1996年《有毒有害物质国际公约(96HNS)(草案)》、1998年《残骸打捞国际公约(草案)》等,当发生船舶碰撞造成核污染、残骸打捞等时,碰撞法律与这些公约将形成两种独立的法律制度,分别调整两种不同的侵权关系。

(二)适用侵权行为地法

侵权适用侵权行为地法原则在世界范围内得到了广泛的承认。如1962年《韩国涉外民事法律的法令》第45条、1974年《阿根廷国际私法草案》第18条第1款等都有这方面的规定。

(三)适用船旗国法

在海事国际私法中,"船旗在过去曾被许多学者用来作为确定可适用的海事法唯一的和具有决定作用的联系因素"③。

---

① 邱文华:《连带责任求偿模式研究》,载《襄樊职业技术学院学报》2005年第6期,第104页。
② 郭萍、滕晓琴:《海上侵权连带责任与责任限制法律冲突与协调》,中国国际私法学会2010年年会论文集(下),第767—768页。
③ [加]威廉·泰特雷著:《国际私法——普通法、大陆法和海商法》,刘兴莉译,法律出版社2003年版,第116页。

(四)其他方法

各国采用的法律适用的其他方法包括适用法院地法、适用最密切联系原则、适用意思自治原则等。

三、完善我国海事侵权之债法律适用法的建议

(一)借鉴国外的有关规定

各国对海事侵权之债法律适用问题均有规定,如1999年《俄罗斯联邦商船航运法典》第420-422条规定了船舶碰撞、船舶油污、海上运输有毒有害物资有关的损害的法律适用问题。

一些外国学者也对海事侵权之债法律适用提出了自己的观点,如加拿大海商法学者威廉·泰特雷认为:"海事侵权(不法行为)应适用最密切联系原则,作为法律适用统一方法体系的组成部分。"①

(二)我国的立法规定

1930年11月,国民政府颁布旧中国第一部中华民国《海商法》,规定了船舶碰撞有关问题。其后又颁布了《引航法》等涉及船舶碰撞的法规。在1993年7月1日我国《海商法》实施之前,船舶碰撞案件主要依据《民法通则》及一些行政法规、部门规章。目前,主要依据是《民法通则》《海商法》等。《民法通则》是一般侵权的规定。我国还加入了1910年的《碰撞公约》、1972年《国际海上避碰规则公约》(我国对非机动船作了相应的保留,并且已实施该规则的2001年修正案)。

我国《海商法》第273条规定:"船舶碰撞的损害赔偿,适用侵权行为地法。船舶在公海上发生碰撞的损害赔偿,适用受理案件的法院所在地法。同一国籍的船舶,不论碰撞发生于何地,碰撞船舶之间的损害赔偿适用船旗国法。"该条只是针对船舶碰撞的规定。

(三)我国有关立法草案、立法建议案的规定

2002年我国《民法(草案)》第九编第84条规定:"船舶在公海上发生碰撞的损害赔偿,适用受理案件的法院所在地法律。同一国籍的船舶,不论碰撞发生于何地,碰撞船舶之间的损害赔偿适用船旗国法律。"该编没有涉及海上人身伤亡法律适用问题。

---

① [加]威廉·泰特雷著:《国际私法——普通法、大陆法和海商法》,刘兴莉译,法律出版社2003年版,第116页。

2000年中国国际私法学会《中华人民共和国国际私法示范法》第119条统一用海事侵权来规定法律适用问题,其中应该包括海上人身伤亡等问题。《中华人民共和国国际私法示范法》第119条规定:"在一国领海、内水内发生的侵权行为,不论其影响及于船舶以外还是仅限于船舶内部,适用侵权行为地法。其影响仅限于船舶内部的,也可以适用船旗国法。在公海上发生的侵权行为,适用受理案件的法院地法。但其影响仅限于船舶内部的,适用船旗国法。同一国籍的船舶,不论碰撞发生于何地,船舶碰撞的损害赔偿的,适用船旗国法。"

2010年中国国际私法学会《涉外民事关系法律适用法(建议稿)》第64条规定:"公海上发生的船舶碰撞及其他侵权行为,适用法院地法。同一国籍的船舶发生碰撞的,适用船旗国法。"该建议稿也没有涉及海上人身伤亡法律适用问题。

修改《中华人民共和国海商法》建议稿第376条规定:"除本条第二款和第三款另有规定外,在一国领海、内水发生的侵权行为的损害赔偿,适用侵权行为地法。在公海上发生的侵权行为的损害赔偿,适用受理案件的法院地法。同一国籍的船舶之间的侵权行为的损害赔偿,适用船旗国法。船员在船上因船舶的所有人、管理人、光船承租人的侵权行为遭受人身伤亡的损害赔偿,适用船旗国法。"

从上可以看出,各草案与建议稿采用的立法方式及立法内容是不一致的:(1)有统一规定与分别规定之分。我国《海商法》《民法(草案)》采用的是分别规定的方式,只是规定了船舶碰撞的损害赔偿问题,不涉及其他,也没有规定兜底条款。其他草案与建议案都以侵权这一大类来统揽所有海上损害赔偿问题。(2)只有修改《中华人民共和国海商法》建议稿涉及海上人身伤亡的损害赔偿问题。该规定方式相当于分别规定:一类是海上侵权行为,一类是海上人身伤亡侵权。建议稿认为《中华人民共和国海商法》仅仅规定了船舶碰撞的准据法,但海上侵权行为还有船舶油污损害赔偿和海上人身伤亡损害赔偿,由于这三类侵权行为具有共性,可统一规定。但事实上,其是建议把海上人身伤亡损害赔偿分开规定的,这前后有些矛盾。(3)各规定用词表达不尽一致,如有的用"适用受理案件的法院地法",有的用"法院地法",因为法院地即受理案件的法院地,因此后者更简明。

(四)理论上学者的观点与看法

我国理论上学者也提出了一些建议与观点,具体如下表(表4-11)所示:

表 4-11 学者的观点与看法

统一以侵权来规定法律适用	学者 1. 认为:"依照《法律适用法》第 44 条的规定,对于发生于船舶内部的侵权行为和仅涉及两艘同国籍船舶的海事侵权案件须视船舶为侵权行为地而适用船旗国法律,对于发生于公海的无船旗国法律可适用的则适用法院地法。"①
	学者 2. 认为:"海事侵权,适用侵权行为地法为主,辅之以法院地法、船旗国法。"②
	学者 3. 认为:"海事侵权,就内水、领海、公海、专属经济区等以侵权行为地法、法院地法、船旗国法进行适用,引入意思自治。"③
	学者 4. 认为:"在一国内水、领海发生的侵权行为,适用侵权行为地法;同一国籍的船舶或者损害仅及于船舶内部的,也可适用船旗国法。侵权后当事人可协议选择法院地法或对受害人有利的法。"④
	学者 5. 认为:"我国不可能专门制定油污损害赔偿的冲突法,只能将海事侵权列入环境侵权,适用损害结果发生地法,只要环境污染在损害结果发生地构成侵权行为,即使我国法律不认为该环境污染构成侵权,也应按照损害结果发生地法处理。"⑤
区分不同的侵权分别规定法律适用	学者 1. 认为:"船舶碰撞适用与案件有最重要牵连关系的国籍的法律。"⑥
	学者 2. 认为:"船舶碰撞适用侵权行为地法。公海上发生的适用法院地法;如果碰撞船舶船旗相同,适用船旗国法(船舶与船旗国无真正联系时不得适用);如果存在另一更密切联系国家的法律,则适用之。"⑦

---

① 曾二秀:《论中国海事侵权的法律适用》,载《中国海商法研究》2012 年第 3 期,第 33 页。
② 齐艳敏:《海事侵权的法律适用》,载《前沿》2004 年第 4 期,第 146 页。
③ 陈湘波:《海事侵权法律适用问题研究》,贵州大学法学院 2007 年硕士学位论文,第 38 - 39 页。
④ 贾占山:《海事侵权法律适用问题研究》,中国政法大学国际法学院 2006 年硕士学位论文,第 43 页。
⑤ 田延丰:《论船舶污染损害赔偿法律适用问题》,中国政法大学国际法学院 2007 年硕士学位论文,第 45 页。
⑥ 颜厚广:《海事国际私法中船舶碰撞若干法律问题研究》,中国政法大学国际法学院 2009 年博士学位论文,第 166 页。
⑦ 胡淑莉:《船舶碰撞法律适用研究》,中国政法大学国际法学院 2007 年硕士学位论文,第 34 页。

续表

区分不同的侵权分别规定法律适用	学者3. 认为:"建议在船舶碰撞中适用当事人选择的法律(引入意思自治原则)。"①
	学者4. 认为:"我国《海商法》第273条规定船舶碰撞适用侵权行为地法,应再具体补充规定是实施地还是结果地。"②
	学者5. 认为:"不论是船舶之间碰撞损害、船上财产损害还是人身伤亡,当事人可以协议选择解决争议所适用的法律,并以该选择为优先适用。但是,对该选择应限定为法院地法。"③
	学者6. 认为:"确定涉外船舶碰撞的准据法,应当首先对具体船舶碰撞案件的各种民事法律关系的诸因素(主体、客体、权利、义务及其他客观标志)进行深入的综合分析,选择出与案件有最密切联系的法律作为准据法,例如船旗国法、碰撞行为地法、国际公约、国际惯例、当事人主营业地法等其中之一种或者数种,如无此种法律,可适用法院地法。"④
	学者7. "在一国内水和领海发生的船舶碰撞,适用侵权行为地法。其影响仅限于船舶内部的,也可以适用船旗国法。在公海上发生的船舶碰撞,适用受理案件的法院地法。但其影响仅限于船舶内部的,也可以适用船旗国法。同一国籍的船舶,不论碰撞发生在何地,适用船旗国法。"⑤
	学者8. 认为:"油污损害赔偿案件不分国内或涉外案件,直接适用国际公约。"⑥
	学者9. 认为:"油污损害赔偿首先适用国际公约,如果不符合适用公约的条件,则适用侵权行为地法;对于采取干预措施的费用和由于该措施的采取而造成的进一步的损害的索赔,适用干预国法;根据有关冲突规范的规定或者冲突规范的指引的外国法无法查明的情况下,适用法院地法。"⑦

① 李彦君:《论船舶碰撞的法律适用——兼对"中华人民共和国涉外民事关系法律适用法"若干思考》,载《商品与质量》2012年第5期,第227页;完全同样的观点参见司徒实荣《论中华人民共和国涉外民事关系法律适用法对船舶碰撞法律适用的影响》,载《商品与质量》2012年第8期,第103页。
② 肖曼:《船舶碰撞的法律适用》,载《当代法学》2002年第1期,第110页。
③ 廖云海:《船舶碰撞损害赔偿法律适用问题研究》,载《求索》2012年第5期,第240页。
④ 郭春风:《试论船舶碰撞法律适用中的"最密切联系原则"》,载《大连海运学院学报》1987年第2期,第101页。
⑤ 王慧:《简单合并立法就可以吗?——评民法典草案第84条船舶碰撞法律适用规范》,载《广西政法管理干部学院学报》2005年第1期,第114页。
⑥ 孙然新:《船舶油污损害赔偿的法律适用》,载《中国—东盟博览》2011年第2期,第70页。但也有学者认为只有涉外案件才能适用国际公约。参见王潘、于静《船舶油污损害赔偿的法律适用》,载《珠江水运》2006年第5期,第37页。
⑦ 张建华:《船舶油污损害赔偿法律适用问题研究》,上海交通大学法学院2007年硕士学位论文,第53页。

续表

区分不同的侵权分别规定法律适用	学者10. 认为:"对位于公海船舶上发生的和在位于领海内船舶上发生的,影响未及于船舶外的侵权,如果侵权行为发生后当事人之间协议选择了准据法,适用该法律。如果未协议选择准据法,则适用与侵权行为有最密切联系国家的法律。对发生在领海内船舶上的,影响及于船舶外的侵权,适用侵权行为地法。对发生在公海上的船舶碰撞,如果当事人对于损害的赔偿在侵权发生后协商一致选择某一公约或某一国家的法律作为准据法,适用该公约或者该国家法律。如果当事人未达成协议,则适用与侵权行为有最密切联系国家的法律。对于发生在公海上的船舶与其他海上物体的碰撞,适用船旗国法。对在领海发生的与港口设施等的碰撞,适用侵权行为地法。对于船舶在领海与其他物体发生的碰撞,适用法院地法。对于领海内的油污损害,适用受害国法。"①
	学者11. 认为:"在位于公海的船舶上发生的侵权,适用与侵权行为有最密切联系国家的法律。在位于领水内船舶上发生的侵权,如果后果仅限于船舶内,不造成对港口的影响,应适用船旗国法。如果影响了港口的秩序和安全,而且涉及船舶外的非船员,应适用侵权行为发生地法,即领水所属国法律。发生在公海上的船舶外的侵权,应适用与过失行为有最密切联系国家的法律。在一国领水内或公海上船舶碰撞其他物体,前一种情形应适用侵权行为地法即港口国的法律。后一种情形,应适用船旗国法。领水内的油污损害,应适用领水所属国道法律。"②
	学者12. 认为:"在一国领海、内水发生的船上的人身伤亡,适用船旗国法。但当其影响及于船舶以外时,应当适用侵权行为地法。在公海上发生的船上的人身伤亡,适用船旗国法。 双方当事人具有同一国籍或住所时,不论船上的人身伤亡发生在何水域,其损害赔偿适用双方共同的本国法或住所地法。 对船上发生的人身伤亡,受害人选择以原已存在的合同关系提起违约之诉时,应适用合同中约定的准据法,受害人选择提起侵权之诉时,应按上述规定分别加以确定准据法,但也可以适用合同中约定的准据法。 但在任何情况下,案件所适用的准据法中对受害船员的赔偿低于该船员本国法规定时,应适用该船员本国法。"③
区分不同的侵权分别规定法律适用,无法穷尽的,用"其他侵权的法律适用"兜底	具体见本节笔者的立法建议。

---

① 李赞:《论海上侵权的法律冲突》,吉林大学法学院2004年硕士学位论文,第31-32页。
② 刘兴莉:《论我国海事侵权及船舶碰撞的法律适用——兼论我国"海商法"第273条的不足和完善》,载《中山大学法学论坛》2012年第12期,第90页。
③ 韩立新编著:《海事国际私法》,大连海事大学出版社2001年版,第228页。

(五)我国涉外海事侵权法律适用立法存在的问题

1. 现有规定比较简单粗糙。我国《海商法》有关海事侵权法律适用的规定过于单一,仅仅针对船舶碰撞一种类型的侵权行为做出规定。船舶触碰、船舶致损、船舶污染等海上侵权案件只能适用我国《法律适用法》的相关规定。但是,我国《法律适用法》关于侵权责任的规定也十分简单,针对侵权的条款只涉及一般侵权、产品责任侵权和人身侵权。而船舶触碰、船舶污染则属于特殊侵权,这无法体现海事侵权法律适用规则的特殊性,也使得这些海事侵权的法律适用笼统而模糊,不利于海事侵权法律纠纷的正确解决。

2. 准据法适用范围不明确。我国《海商法》第273条规定的是"损害赔偿"的法律适用,范围较窄,容易产生歧义。损害赔偿只是船舶碰撞产生的法律后果之一,实际上碰撞发生后引起的法律后果包括但不限于赔偿责任的认定和承担、免除赔偿责任和部分赔偿责任的理由、损害赔偿的范围及计算方法等等。如果严格按照我国《海商法》的规定执行,则"损害赔偿"以外的问题就无法适用该法的规定。

3. 对适用其他法律存在不同理解。我国《法律适用法》第44条规定:"侵权责任,适用侵权行为地法律,但当事人有共同经常居所地的,适用共同经常居所地法律。侵权行为发生后,当事人协议选择适用法律的,按照其协议。"该规定使用的"侵权责任"比《海商法》中的"损害赔偿"表述科学。另外,我国《法律适用法》规定侵权责任允许当事人协议选择所适用的法律,也是一个新的变化。但是,在我国没有修订海事法律关系适用法之前,是否可以适用《法律适用法》的相关内容,理论与实务界认识还不统一。笔者认为,对于船舶碰撞,由于我国《海商法》有明确规定,因此应适用我国《海商法》的规定。但由于《海商法》未规定船舶触碰、船舶致损和船舶污染等侵权行为的法律适用,这些海事侵权行为可以适用我国《法律适用法》的规定。从文本意义上说,我国《海商法》对于船舶碰撞的法律适用只限于损害赔偿,因此对于碰撞的认定、碰撞责任的划分等损害赔偿之外的事项也可以适用我国《法律适用法》的规定。这样,当事人的意思自治原则就可以得到有效的适用了。① 不过,这毕竟不是长久之计,关键还是要完善我国海事关系

---

① 问题是,我国《海商法》专门规定的船舶碰撞,不能够适用意思自治原则,《海商法》没有规定的油污等侵权行为反倒可以依《中华人民共和国涉外民事关系法律适用法》适用意思自治原则,与情理也不相符。

法律适用法的相关规定,体现出海事关系法律适用的特色。

(六)笔者的立法建议

我国的涉外海事侵权的法律适用立法,既要立足于本国的国情和司法实践,也要大胆地吸收和借鉴其他国家优秀的立法成果以及有关国际公约的先进制度,这样才能适应日益发展的海运事业发展的需要,准确地解决涉外海事侵权纠纷,维护正常的海运秩序。

结语:关于涉外海事侵权之债具体的立法建议为:

"1. 船舶碰撞适用侵权行为地法。公海上发生的船舶碰撞,适用法院地法。同一国籍的船舶发生碰撞的,适用船旗国法。

2. 前条的损害仅限于船舶内部的,也可以适用船旗国法。

3. 海上油污适用油污损害发生地国法律。如果油污损害发生在公海,适用干预措施采取国的法律。

4. 海上人身伤亡,适用侵权行为地法、船旗国法中更有利于保护弱者的法律。在公海上发生的人身伤亡,适用船旗国法。

5. 前条的双方当事人具有同一国籍或住所时,适用双方共同的本国法或住所地法及侵权行为地法中更有利于保护弱者的法律。

6. 本法没有规定的其他海事侵权,除当事人另有协议外,适用侵权行为地法。在公海上发生的侵权行为,适用法院地法。

7. 前条的损害仅限于船舶内部的,也可以适用船旗国法。"

说明:1. 本建议采用了分别规定(分别规定船舶碰撞、海上油污、海上人身伤亡三种法律适用),用"其他海事侵权"兜底的方式,这是与其他建议案或学者建议不同的地方。2. 采用了有利于保护弱者的法律。3. 用"船舶碰撞适用侵权行为地法"替代"在一国领海、内水内发生的侵权行为,适用侵权行为地法"或者"船舶碰撞发生地国法律"的表述,效果基本一致,但表述更简洁。4. 用"船舶碰撞"替代"船舶碰撞行为""船舶碰撞损害""船舶碰撞损害赔偿"等表述,以便更简洁,且范围更广。字最多的"船舶碰撞损害赔偿"范围最窄,仅涉及"赔偿"问题的法律适用。"海上油污""海上人身伤亡"表述理由同上。5. 用"前条的损害仅限于船舶内部的",替代"影响仅限于船舶内部的",因为"影响"的范围比较抽象,不好确定。6. 海上油污适用油污损害发生地国法律。损害发生地国法律不等于侵权行为地法,因为其不包括损害结果地国法,损害发生在公海上的,采用干预措施采取国法律比适用法院地国法律妥当,联系更密切。对于在公海上发生油污,如果没有采取干预措施,或者尽管采取了干预措施,干预国的沿岸海域仍然受到了污染损害,那么沿岸国的法律作为侵权行为地法毫无疑问地会被适用;现在由于采取了干预措施,沿岸国海域未受污染,但沿岸国为此产生了费用和由此造成的进一步损害,故干预国法应替代侵权行为地法被适用。这一做法也符合最密切联系原则。① 7. 尽量避免了使用"可以适用"的表述,除非是选择性的冲突规范。这样可以保证法律适用的稳定性。

---

① 参见屈广清主编《海事国际私法新编》,法律出版社2005年版,第126页。

第五章

海难救助与共同海损之研究

在海难救助中,救助船与被救助船,不具有同一国籍者,固不待言,即使有同一国籍者,其救助在非船舶所属的外国领水内者,也都发生关于救助应适用何国法律的法律冲突问题。①

——[日]北协敏一

海难救助与共同海损都是海事法律体系中非常古老的制度,也是法律冲突比较集中的领域。特别是对于共同海损制度,甚至引起了学者之间长达百年的存废之争,以海上保险制度替代共同海损制度的构想,也有不少学者论证过。是制度出现了问题,还是出现了非制度性的问题,值得研究。

按照"债是按照合同的约定或者依照法律的规定,在当事人之间产生的特定的权利和义务关系"的通常定义,学者们对海难救助与共同海损属于债的范畴是没有分歧的,但对其所生之债性质何如,看法则大相径庭。所以笔者没有将他们归入海事合同、海事侵权或者其他债权部分,而是作为单独一章进行研究。

---

① [日]北协敏一:《国际私法——国际关系法Ⅱ》,姚梅镇译,法律出版社1989年版,第229页。

第一节 海难救助

海难救助制度取得了显著的成效。以我国为例：十年来，我国救捞系统共出动救捞力量 11929 次，成功救助遇险人员 34030 名、救助遇险船舶 1873 艘、打捞沉船 99 艘，获救财产直接价值达 842 亿元。① 但由于各国关于海难救助的法律规定不同统一，实践中也产生了大量的法律冲突。

一、海难救助的法律冲突

海难救助的法律冲突主要表现在下列几个方面：

(一)海难救助的概念方面

关于海难救助的概念，1910 年《统一有关海上救助的若干法律规则的公约》第 1 条规定："海难救助是指对处于危险中的海船、船上财物和客货运费的援助和救助，以及海船和内河船相互之间提供的相同性质的服务，并且不论在何种水域提供此种服务。"在 1989 年《救助公约》中，海难救助的标的被扩大，它是指在可航水域或其他任何水域中援救处于危险中的船舶或任何其他财产的行为或活动。

我国一般认为，海难救助是指救助人对在海上或者与海相通的可航行水域遇险的船舶、货物及其他财产进行的使其脱离危险的行为。

在理论上，我国学者关于海难救助的定义的表述各不相同，但没有明显的分歧。如有学者认为："海难救助是对海上遇险的财产，由外来力量对其施救或提供援助的法律行为。"② 有学者认为："海难救助是对遭遇海难的船舶、货物或者客货运费的全部或部分，由外来力量对其进行救助的行为。"③ 有学者认为："海难救助是指借助外来力量对遇到海难的船舶、货物或者其他财产进行救助的行为，而不

---

① 参见杨传堂《把保障群众生命财产作为最高价值追求》，载《中国水运报》2013 年 7 月 1 日第 1 版。
② 傅庭中：《海难救助及其立法》，载《世界海运》2002 年第 1 期，第 48 页。
③ 李清立：《论海难救助报酬留置权》，对外经济贸易大学法学院 2004 年硕士学位论文，第 1 页。

论这种救助发生在何种水域。"①有学者认为:"海难救助是指某人对在海上或者与海相通的水域遭遇危险的船舶、货物及其他财产自愿进行救助而形成的法律关系。"②有学者认为:"海难救助有广义和狭义之分,广义的救助包括对物的救助,也包括对人的救助。狭义的救助仅限于对物的救助,是救助方与被救助方之间发生的民事法律关系。"③

事实上国际上并不存在统一的关于海难救助的定义,英国法中比较早的海难救助的权威定义是 Stowell 勋爵所下:"同遇险船只缺乏特殊关系的人没有任何先前存在的使他同保护该船的义务联系起来的惯例而自愿提供了有用的服务即为救助。"④

(二)海难救助的性质方面

海难救助之债的性质问题,众说纷纭。

1. 不当得利说。该理论认为:"救助人在没有法定或者约定的救助义务时,使用自己的力量和费用,使被救助人获利,被救助人构成了不当得利。"⑤反对的学者认为,构成了不当得利,不当利益应当返还。在海难救助中,救助报酬与获救价值并不等值,并不是不当利益的返还。另外,不当得利制度的设立是要防止不当得利的产生,而海难救助的设立是要鼓励海难救助行为,两者设立的目的截然不同。

2. 无因管理说。该理论认为,救助人在无法定义务,也无接受委托的情况下,为被救助人管理照料财产上的紧急事务,被救助人由此而支付必要的费用,这符合无因管理的构成。反对的学者认为,无因管理是管理人在被管理人不在场的情况下独自为被管理人管理事务,而海难救助是救助人与被救助人合作进行的行为。另外,无因管理与海难救助获得的费用的标准与根据也不一样。

3. 合同说。该理论认为,在合同救助的情况下,海难救助当事人之间存在合同关系。反对的学者认为,相当多的海难救助并不属于合同救助,另外,船长与救助人签订的救助合同,并不能代表货主的意志,也不能约束货主。

---

① 吕欣:《海难救助法律制度研究》,哈尔滨工程大学法学院2010年硕士学位论文,第1页。
② 李巍:《我国海难救助报酬内部分配制度研究》,大连海事大学法学院2012年硕士学位论文,第1页。
③ 曲涛:《海难救助人权利义务研究》,大连海事大学法学院2003年硕士学位论文,第1页。
④ 参见 Stowell 勋爵在"TheNeptune(1824)1Hag. Adm. 227"一案中表述了对救助概念的看法。转引自杨良宜著《海事法》,大连海事大学出版社1999年版,第378页。
⑤ 金涛著:《海商法》,人民法院出版社1999年版,第203-204页。

4. 其他说。该理论认为:"海难救助属于特殊事件,是特殊行为,不能用传统的民法来解释其法律性质。只能说海难救助的性质即海难救助是海事法中的特殊行为。"[1]

值得注意的是,由于各国规定的海难救助的形式与种类不同,其法律性质是有差异的,无法用一种统一的法律性质来概括之。但从以上几种性质来看,大部分主张的观点都属于债的范畴,如不当得利说、无因管理说、合同说等都是债的类型方面的内容。

(三)救助的种类方面

实践中常见的海难救助种类有:

1. 纯救助(puresalvage)。纯救助是海难救助的最初形式,其特点是救助双方不需要签订任何协议,救助成功给报酬,不成功则无报酬。现在这种形式已少使用。但是,当被救助船上已无人或救助人上前救助,而被救助船亦无表示拒绝时,仍属于纯救助情况,救助成功仍需给报酬。否则,被救助方应明确而合理地拒绝。

2. 义务救助。义务救助又称法定救助,指在职务上和业务上具有法定救助义务的任何救助主体,对海上遇险船舶及其船上人员和财产所应当或必须实施的救助行为。义务救助不能请求报酬。

3. 强制救助。强制救助是指政府主管机关根据相关法律或规定实施的救助行为。《中华人民共和国海上交通安全法》第31条规定:"船舶、设施发生事故,对交通安全造成或有可能造成危害时,主管机关有权采取必要的强制性处置措施。"通常情况下,进行强制救助的船舶有权向被强制救助的船舶索取救助费,而不问救助是否有效果。

4. 雇佣救助。雇佣救助又称为实际费用救助,指被救助人与救助人在救助前或救助过程中通过订立雇佣合同,约定由救助人救助处于危险中的船舶、货物和运费,并根据救助人实际支出的相关费用和所花的时间来计算救助报酬。[2] 雇佣救助多适用于遇难船舶或财产离岸线或港口较近,救助相对简单容易,成功的可能性较大的救助。属于纯雇佣性质的合同救助。救助方只要按合同约定从事一定海难救助作业,即可获得报酬,而不论救助有没有效果。救助工作由被救助方

---

[1] 刘刚仿著:《海难救助客体法律制度比较研究》,对外经济贸易大学出版社2006年版,第28页。
[2] 参见傅志军《雇佣救助——海难救助的新形式》,载《珠江水运》2007年第6期,第33页。

负责指挥,救助过程中的一切风险和责任都由被救助方承担。救助报酬根据救助方在救助中实际支付的费用和所花的时间来确定。如果救助有较大效果,可以按一定比例增加救助报酬。一般这类合同的救助报酬比较低。

5. 无效果无报酬的合同救助(contractual salvage)。无效果无报酬的合同救助是指依据"无效果,无报酬"(No cure, No pay)为原则的救助协议进行救助的一种形式,是当今海难救助应用最普遍的一种形式。该救助属于承揽合同,只有在救助作业成功后,救助人才有权请求救助报酬,报酬的多少要按救助成效的大小来确定。救助双方需要签订救助合同。救助方负责指挥救助作业,并承担救助作业中产生的一切风险和过失责任,包括造成第三人人身伤亡和财产损失所致的损害赔偿责任。救助报酬的数额不需要事先确定。这类救助是根据救助的效果来确定报酬的,所以要事后协商决定。协商不成的,由仲裁机构或法院决定。在实践中,由于遇难船舶或货物处于危险中,不允许双方当事人对救助合同条款逐条进行谈判,故实践中产生了一些救助合同标准格式,如英国劳合社委员会制定的救助合同标准格式(LOF)、中国海事仲裁委员会制定的救助合同标准格式(CMAC1994)等等。

各国对海难救助的种类规定不一,大陆法系(特别是日本)认为海商法是针对纯救助制定的;英美法系认为,海商法不仅适用于纯救助,而且也适用于合同救助。我国《海商法》第九章"海难救助"没有规定适用的种类。

(四)救助的分类方面

在司法实践中,各国对海难救助的分类形式规定不同,常见的有如下一些如表(表5-1)所示:

表5-1 海难救助的分类

按是否存在协议分	有协议的海难救助	雇佣救助
		无效果无报酬的合同救助
	无协议的海难救助	纯救助
		义务救助
		强制救助
按是否选择了法律适用分	有约定准据法的海难救助	
	没有约定准据法的海难救助	

续表

按遇难财产是否脱离所有人或其雇员的占有分	救助（没脱离）
	捞救（已脱离）
按救助作业的情况分	拖航救助
	搁浅救助
	抢险救助
	守护救助
	打捞救助
	提供船员设备
	灭火救助
按救助人的情况分	强制救助
	义务救助
	合同救助
	纯救助
	雇佣救助
按救助对象分	对人救助
	对物救助

（五）救助效果方面

"无效果、无报酬"作为一条古老的救助原则，仍然被许多国家所采用。1910年《救助公约》第 2 条、1989 年《救助公约》第 12 条第 1 款、第 2 款都有这样的规定。希腊、德国、中国法律也都规定了这一原则。但是，瑞典、挪威并不强调救助效果问题。[①]

对构成环境损害危险的船舶或者货物进行救助，难度大、成本高，如果固守"无效果、无报酬"原则，结果会使遇险船舶成为公海上漂泊的"海上麻风病人"。1980 年 5 月 14 日新的劳氏救助合同格式（LOF1980）"安全网条款"对"无效果、无报酬"原则进行了突破。在适用"安全网条款"的情况下，救助方对财产救助没有效果，因而不能获得救助报酬，则救助方可以获得的数额为救助中实际产生的费用和不超过该项费用 15% 的附加费之和。1989 年《国际救助公约》规定了"特别

---

① 参见张忠晔主编《各国和地区海商法比较》，人民交通出版社 1994 年版，第 196 页。

补偿条款",也与"安全网条款"相似。国际救助联盟、国际保赔协会、财产保险集团、国际航运公司四方在 1999 年 8 月 1 日推出了减少特别补偿争议的 SCOPIC 条款,该条款对"无效果、无报酬"原则的突破范围扩大。SCOPIC 条款不局限于对构成环境威胁的船舶和船上货物进行的救助,因而所有与船舶有关的救助服务,救助方都可以获得 SCOPIC 酬金。

(六)救助标的方面

1910 年《救助公约》第 1 条第 2 款规定的救助标的包括遇难的海船、船上财物、旅客及货物运费。1989 年《救助公约》第 1 条规定的救助标的包括处于危险中的船舶或其他任何财产。希腊规定的救助标的包括处于危险中的船舶、船上财产、运费和旅客。美国、德国、挪威、瑞典、韩国、日本等规定救助标的为遇难船舶和货物。我国规定救助标的为遇险的船舶和其他财产。另外,多数国家规定对人命的救助,不能请求报酬。但英国法律承认对人的救助有报酬请求权。① 有的国家规定"间接利益"也可以成为救助标的。例如美国 United States v. Cornell Steamboat 案,救助方扑灭大火,使得 1883 袋食糖获救。由于火灾发生时货物所有人已经支付海关关税,如食糖全损,关税会全部退还。救助方对美国政府提起诉讼,理由是救助成功使得政府获得关税利益,要求政府支付报酬。最后法院判之胜诉。②

(七)危险发生地方面

关于危险发生地问题,各国也没有取得一致的认识。如我国《海商法》第 171 条规定海难救助的危险必须发生在海上或与海相通的可航水域。而 1989 年《救助公约》第 1 条第 1 款规定的危险发生地是可航水域或任何其他水域。

(八)救助主体方面

各国规定的救助主体内容不一。如关于船上旅客救助本船,英美法认为旅客的救助行为对于船舶或者船上人员脱离危险有重大贡献的,可以享有救助报酬请求权。我国无此规定。

对于救助船上所载货物的所有人,通常无权获得报酬请求权。但《瑞典海商法》第 16 章第 6 条规定:"如果船舶在航程中实施了救助行为,则救助报酬应首先

---

① 参见王国华著《海事国际私法专题研究》,辽宁大学出版社 2012 年版,第 213 页。
② 参见[美]G. 吉尔摩、C. L. 布莱克著《海商法》,杨召南等译,中国大百科全书出版社 2000 年版,第 760 – 761 页。

支付(1)对船舶、货物及船上其他财产因救助活动所产生的损害的补偿……"

对于遇险船上所载货物的所有人,通常无权获得报酬请求权。但英国 The Sava Star 案中,货物所有人参与救助,取得明显效果。但船舶所有人拒绝支付救助报酬,法院判决货物所有人胜诉。①

对于负责海难救助的公共当局本身是否享有救助方的权利与补偿,各国规定不一。德国、澳大利亚、荷兰、挪威、墨西哥等国家肯定公共当局享有救助方的权利与补偿;英国、俄罗斯等国家有条件地肯定;法国等国家则予以否定;意大利规定军舰享有救助报酬的请求权。

(九)互救义务方面

1910 年《碰撞公约》规定了相碰船舶的互救义务,我国也有这样的规定。有人认为这是法定的义务,不能够主张救助款项。英美法规定,尽管在碰撞的情况下,碰撞双方负有相互救助的义务,但对于不存在过失一方的船舶而言,仍然可以请求救助报酬。如果双方均有过错,不论过错大小,双方均无权要求救助报酬。

(十)船长的合同代理权方面

遇危船舶的船长订立的合同可以约束船舶所有人,对于这一点各国一般没有争议。但船长订立的合同能否约束货物所有人,各国存在不同做法。

(十一)救助拒绝方面

1989 年《救助公约》规定的可以行使救助拒绝权的主体包括:船舶所有人;船长;其他海上财产所有人。我国没有规定其他海上财产所有人。

(十二)人命救助方面

关于海上人命救助方是否应当获得报酬,是非常有争议的问题。有肯定论、否定论、相对肯定论几种观点。另外对救助方是否在任何情况下都有分享救助报酬或者特别补偿的权利,也是存在不同观点的。1989 年《救助公约》规定即使财产没有获救,财产救助方如果获得特别补偿,人命救助方也可以从特别补偿中获得相应的份额。英国规定,英国对于人命救助者,应由获救船舶、货物、属具所有人给付报酬,若全损或损失重大不足以给付救助人报酬的,由海运基金给付。美国则通过"同时发生理论"与"放弃机会理论"对人命救助方的权利进行限制。"同时发生理论"指人

---

① 参见[1995]2Lloyd's Rep. pp. 134 – 144.

命救助和财产救助的实施不仅应与同一事故相关,而且两者要基本上同时发生。①"放弃机会理论"指有权分享救助报酬的人命救助方,应当是如果不进行人命救助,也应能够成为财产救助方。② 我国对人命救助方面没有规定。

(十三)救助报酬确定方面

"平等"是债的重要法律特征。"并存于同一民事客体之上的数个债权,受偿机会相同。当债务人的财产不足于清偿所有债务时,部分债权可能基于法律规定优先受偿,所以并不是所有债权都具有平等的受偿地位"③。在债权平等理论上,存在不同的观点与做法,如"债权平等否定说""债权平等肯定说"(又分"全部债权平等说""普通债权平等说""多数债权平等说"等观点与做法)。

因此,理论指导的不同,会导致各国实践中的冲突。各国关于救助报酬确定与报酬分配的标准等规定都不相同。

关于救助报酬的确定因素方面,我国《海商法》第180条第1款规定了10项考虑因素,这些内容与1989年《救助公约》的规定一致。1989年《救助公约》还另外说明这些因素与排列顺序无关。而实践中如何具体量化这些内容,各国做法不一。如在确定被救财产价值方面,英国一般以获救财产在救助作业终止地当时的市场价为准,如果该地无此价格,则考虑离救助作业终止地最近的地点的价格并减去获救财产运送到该地点的费用。美国则通过评估确定。美国 Cochan 法官在 Shrveport 轮案中说道:如同其他这类案件一样,最大的争辩在于如何确定被救船的完好价值和必要的修理费,双方都请专家作证,然而,专家们各执一词,互不一致。有句谚语说得非常好:行家们各执己见之际,就是外行随心所欲之时。④

自20世纪50年代以来,在美国法院审理或者仲裁的案件中,当获救财产价值较高时,救助报酬常常为获救财产价值的20%左右,救助作业非常艰巨时,这一

---

① 美国法院在 Eastland 轮案中坚持了该原则,对人命救助报酬的请求不予支持。该案中人命救助方对落水的旅客进行了救助,而对游船则没有采取救助措施。在旅客离开以后,其他的打捞公司对游船进行了救助。人命救助方要求分享打捞公司的救助报酬,法院认为救助不是同时发生的。参见 In re. Joseph – Chicago S. S. Co. ,262F. 535(N. D. I11 ,1919)。
② 美国法院在 Shreveport 轮案中坚持了该观点。法官认为,人命救助方的 Aldecoa 轮放弃了财产救助这一有利可图的机会,应该给予其相应的救助报酬。但如果能够证明 Aldecoa 轮在任何情况下都不会对 Shreveport 轮进行救助,则另当别论。参见 Strachan Shipping Co. v. Cities Service Refining Transport.
③ 曹宇:《债权的平等与优先》,载《法学文摘》2013年第1期,第88 – 89页。
④ 参见 Strachan Shipping Co. v. Cities Service Refining Transport Co. 42F. 2d524 ,1930A. M. C. 1310 (E. D. S. C. 1930)。

比例可以接近50%。而在英国的仲裁案中,这一比例很少超过10%。①

我国在确定救助报酬数额时,采用的方法有两种:一种是参照国际上相关救助案件的结果,按照获救财产的一定比例来确定;另一种是在救助方成本费的基础上酌情提高。②

(十四)救助报酬分担方面

1989年《救助公约》规定当同一救助具有两个以上的被救助方时,各被救助方向救助方支付的救助报酬不承担连带责任。英美法系国家基本采用这一观点。我国也没有规定船舶和其他利益方中的一方先行支付救助报酬,再向其他利益方按照分摊比例追偿方面的内容。德国、荷兰、丹麦等国则有与之不同的规定。如《德国商法典》第750条规定:"(1)获救财产所有人对救助款项特别是救助报酬负有连带责任,但各方所负责任以其被获救财产的价值为限。(2)在各连带责任人之间,如果不构成共同海损,根据其获救财产的价值的比例承担责任。"

各国关于救助报酬的分配包括救助方之间的分配和救助方内部的分配,规定也不一致。有的国家规定了保护船舶所有人获得报酬的规定,有的国家规定了保护船员的利益的规定。《日本商法典》第805条规定,从事救助的船舶如果是轮船,救助报酬的2/3必须支付给船舶所有人,如果是帆船,救助报酬的1/2必须支付给船舶所有人,剩余金额船长与船员平分。《德国商法典》第749条规定,在补偿船舶在施救过程中受到的损害及发生的额外费用后,船舶所有人得余额的2/3,船长与其他船员各得1/6。

《韩国商法典》第845条规定,首先向船舶所有人支付船舶受损额和因救助产生的费用。《希腊海事私法典》第251条规定,船舶提供援助所得报酬,一半归船舶所有人,1/4归船长,1/4归船员。船长按照船员贡献的大小进行分配。

《瑞典海商法》规定得更加详细,其第16章第6条规定:"如果船舶在航程中实施了救助行为,则救助报酬应首先支付:(1)对船舶、货物及船上其他财产因救助活动所产生的损害进行的补偿。(2)因救助而产生的船长、船员的工资、福利以

---

① 胡正良主编:《海事法》,北京大学出版社2012年版,第144页。
② 在广州海上救助打捞局诉广州经济技术开发区中油销售中心救助报酬纠纷案中,由于没有约定报酬。原告要求按照获救财产价值的30%计算报酬。一审法院自由裁量判决按照获救财产价值的15%计算报酬,二审法院根据《国内航线海上救助打捞收费办法》的规定计算出基本的救助费,在此基础上酌情考虑提高到基本救助费的3倍。参见司玉琢主编《海商法学案例教程》,知识产权出版社2003年版,第249 – 254页。

及燃油等类似费用所做的补偿。(3)对任何做出了实质性努力的海员,或面临特殊风险的海员所给予的特别报酬。(4)其余的救助报酬,船舶所有人应获得3/5。在确保船长所得的份额最低应当为船舶在编人员所获份额最高者的两倍的前提下,剩余部分的1/3应由船长获得,其余2/3由船员根据各自的工资进行分配。船上引航员可视为船上在编人员取得相应份额,如果其非为船舶所有人所雇用,其以大副级别工资的相应比例取得报酬"。

英美法系国家没有在法律中明确规定分配比例问题,由法院或者仲裁机构自由裁量。

(十五)救助报酬担保方面

1910年《救助公约》没有涉及担保问题。1989年《救助公约》有明确的规定。我国《海商法》也有规定,但使用的词是获救船舶所有人应"尽力"使货物所有人提供满意的担保。1989年《救助公约》使用的词是获救船舶所有人应"尽最大努力"保证货物所有人提供满意的担保。

(十六)救助过错方面

《救助公约》对救助方过错造成被救助方的损失承担责任问题没有规定。各国的规定不相一致。采用的归责原则有"过失免责""重大过失责任原则""一般过失责任原则""害大于利原则"等。

二、海难救助的法律适用

(一)适用海难救助的国际公约

调整海难救助的国际公约对海难救助的统一有很好的作用,公约具体内容如下表(表5-2)所示:

表5-2 海难救助方面的国际公约

公约名称	参加国家	生效时间	基本内容
1910年《救助公约》	93个	1913年3月1日	公约第一次统一了各国对海难救助的规定和原则,如"无效果、无报酬"原则、"公平、诚实"原则等。在内容上,1910年《救助公约》只是包括了"有关海难援助和救助的某些法律规定"。该公约第15条规定:"在援助船或救助船或者被援助船或被救助船属于缔约国所有,以及国内法规定的任何其他情况下,本公约的各项规定适用于所有利害关系人。但是:

续表

公约名称	参加国家	生效时间	基本内容
1910年《救助公约》	93个	1913年3月11日	(1)对非属于缔约国的利害关系人,每一缔约国可在互惠的条件下适用本公约的规定。 (2)如所有利害关系人与审理案件的法院属于同一国家,则应适用国内法的规定,而不适用本公约的规定。 (3)不妨碍任何国内法做出更广泛的规定,第11条的规定只在缔约国所属船舶之间适用。
修正1910年《救助公约》的1967年议定书	参加国家少	1977年8月	该议定书将救助船舶以及救助标的扩大适用于军舰和政府公务船舶。其他内容是对1910年《救助公约》的加入、批准等程序方面的修改。
1989年《救助公约》	大多数航运国家加入。我国于1993年12月29日加入该公约。	1996年7月14日	公约第2条规定了适用条件,即"本公约适用于在公约成员国提起的有关本公约所辖事项的诉讼或仲裁。"这一规定与1910年《救助公约》相比,从适用条件看增加了适用的机会。 1989年《救助公约》不仅扩大了救助标的范围,而且突破了"无效果,无报酬"的救助原则,增加了特别补偿条款和其他一些新条款,明确了船长签订救助合同的代理权、被救财产所有人提供担保的义务、被救财产所有人先行给付的义务等内容。
2001年《保护水下文化遗产公约》		2009年1月2日	公约规定了对海难救助的法律限定或不适用的条件。如公约第4条规定:"任何开发本公约所指的水下文化遗产的活动,不适用海难救助的法律,除非已经得到主管当局的批准,且完全符合本公约的规定,同时又确保任何打捞出来的水下文化遗产都能得到最大限度的保护"。

续表

公约名称	参加国家	生效时间	基本内容
《船东互保协会特别补偿条款（SCOPIC）》 最新版本是2011年1月1日的版本。		1999年8月	1. 规定了SCOPIC酬金问题。如救助方可在其选择的任何时间书面通知船舶所有人使用SCOPIC条款，SCOPIC酬金自书面通知到达船舶所有人时起算；船舶所有人应在收到SCOPIC条款书面通知后2个工作日内，向救助方提供银行或互保协会的满意担保，担保数额为300万美元，包括利息和费用；SCOPIC酬金高出1989年《救助公约》第13条救助报酬的部分不应列入共同海损费用，应由船舶所有人单独承担等等。 2. 规定了争议的解决问题。如任何因使用SCOPIC条款或因此适用此规定的救助作业而产生的争议，应依主协议的规定提交仲裁。

海难救助国际公约的适用，解决了相关领域的法律冲突问题，但是，如果据此就认为对此领域冲突规范的研究没有意义，似乎又过于简单。公约的适用范围与适用方法仍然有限，海难救助还需要其他的法律方法来解决法律适用问题。

（二）合同救助的法律适用

1. 适用当事人意思自治原则

合同救助本身属于合同的范畴，因此许多国家规定关于合同的法律适用原则同样适用于合同救助领域。合同领域通常首先考虑的是"当事人意思自治原则"的适用。如1999年《俄罗斯商船航运法典》第423条规定："如果当事人未就发生在内海水域或领海的对船舶或其他财产的救助所适用的法律达成协议，适用救助发生地法律。如果救助船与被救助船悬挂相同国家的船旗，不论救助发生在何处，适用船旗国法。救助报酬在救助船的船舶所有人、船长、船员间的分配，适用船旗国法，如果救助不是在船上进行的，则适用救助人与其受雇人之间的合同的准据法。"《意大利航海法典》第13条规定："合同中没有法律选择时，如果救助作业发生在公海上，适用提供救助服务的船舶的船旗国法。"

2. 当事人没有选择法律时准据法的确定

在当事人没有选择法律时准据法的确定问题，各国并没有统一的规定。采用的方法主要有：采用与合同有最密切联系国家的法律；采用救助人主营业地的法律；采用救助船舶或者被救助船舶的船旗国法；采用双方共同的本国法或者住所地法;采用领海所属国的法律等等。

（三）非合同救助的法律适用

非合同救助缺乏当事人选择的法律,如何解决法律适用问题,各国的规定各不相同,如下表(表5-3)所示：

表5-3 当事人没有选择法律时准据法的确定

采用的法律	采用的国家
法院地法	英国、澳大利亚、新西兰
法院地法或救助地法	英美法系一些国家
领海内的救助适用领海所属国法律、公海上的救助适用共同国籍国法或者重叠适用双方的船旗国法	日本
适用救助船舶的船旗国法	意大利
公海上的救助适用被救助船舶的船旗国法,领海内的救助适用领海所属国法律	前民主德国、前联邦德国
救助发生地法	俄罗斯

三、我国海难救助准据法的确定

（一）我国相关的法律规定

近些年来,我国水上交通事故数、死亡及失踪数、沉船或全损船舶数都有明显的下降,这某种程度上也反映了我国海难救助的成效。以我国海上救助中心最近5年组织搜救情况的统计为例,可以说明这一问题,如下表(表5-4)所示：

表5-4 最近5年全国海上救助中心组织搜救情况统计[1]

年份	搜救行动(次)	遇险船舶(艘)	获救船舶(艘)	遇险人员(人)	成功获救人员(人)	人员搜救成功率(%)	协调船舰(艘次)	协调飞机(架次)
2008	1784	2045	1620	20280	19565	96.5	未显示	未显示
2009	1946	2090	1588	19128	18397	96.2	7708	302

---

[1] 参见交通运输部《公路水路交通运输行业发展统计公报》(2008-2012)。

续表

年份	搜救行动(次)	遇险船舶(艘)	获救船舶(艘)	遇险人员(人)	成功获救人员(人)	人员搜救成功率(%)	协调船舰(艘次)	协调飞机(架次)
2010	2218	2348	1865	24513	23555	96.1	8095	345
2011	2177	2150	1721	19352	18771	96.7	8600	402
2012	1954	1863	1508	16957	16392	96.7	7316	352

在我国的司法实践中，海难救助准据法的确定也是一个比较复杂的问题，需要在审判时首先解决。但我国没有专门规定海难救助法律适用的条款，因此在实践中，应适用其他法律的相关规定来解决问题。

(二)我国实践中海难救助案件的法律适用

在我国的司法实践中，关于海难救助案件的法律适用问题，通常的做法是：合同救助，适用当事人选择的法律。当事人没有选择法律的，一般采用最密切联系地的法律。

上述处理方式是将合同救助的法律适用比照合同的法律适用来进行考虑的，具有一定的理论与法律依据。由于我国《海商法》没有专门规定海难救助的法律适用问题，目前只能这样比照适用。合同救助具有合同的法律特征，适用合同法律适用的方法是可行的，如"菊石"轮案。① 另外，在实践中，对于非合同救助，往

---

① 1996年8月17日，被告万富船务有限公司与广州海上救助打捞局联系，称其经营的注册船东为洪都拉斯籍的"菊石"轮发生故障，万富船务有限公司以传真方式书面委托救捞局请求救助，并确认了救助报酬为50000美元。广州海上救助打捞局出动拖轮成功将"菊石"轮拖至珠海九州联检锚地。"菊石"轮船长签署了完成施工作业的报告单。万富船务有限公司只支付了部分报酬。1996年9月6日，救捞局向广州海事法院提出扣船申请，并于1996年9月25日向广州海事法院提起诉讼，要求被告支付剩余的报酬及利息。广州海事法院认为，本案是一起涉外海难救助报酬纠纷案，当事人没有就救助合同适用的法律做出选择，根据《中华人民共和国海商法》的269条关于合同法律适用的规定，合同当事人可以选择合同适用的法律，法律另有规定的除外。合同当事人没有选择的，适用与合同有最密切联系国家的法律。本案中，合同签订地、被救助船舶"菊石"轮最先到达地、船舶扣押地等均在中国，因此，中国是与本案有最密切联系的国家，本案纠纷应适用中国法律解决。参见 www.ccmt.org.cn/hs/news/shou.php? cId=1787. 2013年6月1日访问。

往也允许当事人选择适用的法律,如"织女星"轮案。①

我国司法实践中发生的海难救助案件还是比较多的,如中华人民共和国汕头海事局诉信盈海运有限公司、信成(香港)海运有限公司海难救助报酬案。② 原告汕头海事局诉称:2007年2月26日,信盈公司所属、信成公司经营的"信盈(HSI-NYING)"轮在台湾海峡遇险,船上主机失控且遭遇大风浪。为保证船舶安全,"信盈"轮船长和信盈公司分别请求汕头海事局尽快派船前往救助。汕头海事局收到救助请求后,当即派出"海巡31"轮前往救助。3月2日,经过汕头海事局历时四天的救助,"信盈"轮和船上船员及货物均安全抵达汕头南澳锚地。4月26日,信盈公司向汕头海事局出具《确认书》,确认上述救助事实,并授权信成公司处理因此产生的救助报酬事宜。信盈公司保证对信成公司签订的和解协议项下的救助报酬承担连带支付责任。汕头海事局与信成公司于同日就首期救助报酬及担保事项达成协议。信成公司按约定向汕头海事局支付了首期救助报酬50万元。"信盈"轮为2000年建造的载货量为9,220吨的钢质船舶,保险金额为400万美元。遇险时,该轮主机故障,失去动力,手操舵失灵,且遭遇大风浪,船舶随时可能因漂流造成触礁、沉没、发生人员伤亡,进而可能发生污染事故,严重破坏周边环境。汕头海事局派往救助的"海巡31"轮为我国交通部海事局吨位最大,装备最先进的船舶,功率为11,600千瓦,续航、抗风能力强,造价约为1.5亿元。在天气、海况十分恶劣的情况下,汕头海事局根据其丰富的海难救助经验,及时有效地调度救助船舶和人员,充分发挥其专业技能,经过四天的救助工作,"信盈"轮和船上船员及货物均安全抵达锚地,避免了"信盈"轮在无动力情况下漂流触礁、污染海域的危险,救助效果良好。综合考虑上述因素,此次海难救助的报酬应为200万美元。扣除信成公司已支付的50万元首期救助款(折合66,082.50美元),信盈公司和信成公司还应向汕头海事局支付1,933,917.50美元。据此,根据1989年

---

① 1994年10月25日,银河航运企业有限公司所属的巴拿马籍"织女星"轮在我国蛇口港码头装载白糖的过程中突然起火,蛇口港公安局消防大队接到报告以后,先后派遣了10台消防车救火,蛇口港调度室通知深圳联达拖轮有限公司派了三艘拖消两用船施救。经过近三个小时共同努力,火被扑灭。为救助报酬问题,深圳联达拖轮有限公司将银河航运企业有限公司告上了法庭。广州海事法院认为,火灾事故发生在中国,当事人在诉讼过程中均选择中国法律,故本案应该适用中国法律。该案中,法院承认非合同救助的当事人选择适用法律的效力。参见 www.ccmt.org.cn/hs/news/shou.php?cId=1579,2012年3月7日访问。

② 广州海事法院(2007)广海法初字第352号民事判决。

《国际救助公约》和我国《海商法》的规定,请求判令信盈公司和信成公司向汕头海事局连带支付救助报酬1,933,917.50美元(折合人民币14,632,600元)及自2007年3月3日起至实际支付之日止按中国人民银行同期贷款利率计算的利息,并由信盈公司和信成公司负担本案诉讼费用。被告信盈公司和信成公司共同辩称:(1)对"信盈"轮实施救助的行政主管机关是交通部东海救助局,汕头海事局在本次救助作业中起到的作用只是对海事事故的调查和处理,是其作为海事行政机关的职责范围,即使产生费用,也是正常的行政开支。(2)信盈公司和信成公司从未委托汕头海事局救助"信盈"轮,汕头海事局无权根据"无效果、无报酬"原则请求救助报酬。(3)假如汕头海事局认为其实施的是救助作业,本案则存在两个救助作业,一个是在弃船之前的救助作业,一个是在弃船之后的救助作业。"海巡31"轮仅参与了第一个救助作业,但没有效果,因此其根据"无效果、无报酬"原则请求救助报酬不应获得支持。(4)本次救助为雇用救助,而非"无效果、无报酬"的合同救助。汕头海事局没有实际实施"东海救131"轮从事的上述第二次救助作业,无权请求救助报酬。(5)"海巡31"轮并未起到护航作用,即使"海巡31"轮真的起到护航作用,其行为也属于行政行为,无权收取费用,且汕头海事局未举证证明其是"海巡31"轮的船舶所有人或经营人,无权请求救助报酬。(6)本次救助不属于强制救助,汕头海事局无权根据《海商法》第192条的规定请求救助报酬。(7)汕头海事局履行的是其职责范围内的公务,产生的仅是日常行政监管性开支,即使根据《海商法》第192条的规定,其也不能按照"无效果、无报酬"原则获得救助报酬。此外,按照"无效果、无报酬"原则请求救助报酬的一个前提条件是被救助船舶处于危险之中,而"东海救131"轮实施第二次救助作业时,"信盈"轮是比较安全的,没有处于危险之中。(8)汕头海事局对本次救助作业所起的作用有限,最多为控制救助作业,其获得的救助报酬理当少于实际实施救助的"东海救131"轮获得的报酬。(9)即使汕头海事局按照"无效果、无报酬"原则请求救助报酬,根据《海商法》第180条的规定和《中华人民共和国交通部国际航线海上救助打捞收费办法》的规定,其也不能获得救助报酬或获得的救助报酬应非常低,不应超过456,576元。

广州海事法院经审理认为:本案是海难救助报酬纠纷。案中被救助船舶最先到达地为广东省海域,依照《中华人民共和国民事诉讼法》第32条关于"因海难救助费用提起的诉讼,由救助地或者被救助船舶最先到达地人民法院管辖"的规定,本院对本案具有管辖权。因本案被告信盈公司住所地在英属维尔京群岛,具有涉外因素,原、被告虽然未就解决争议所适用的法律做出约定,但在诉讼中信盈公司和信成公司主张本案纠纷适用我国《海商法》处理;汕头海事局还主张优先适用1989年《国际救助公约》,但不排除《海商法》的适用。汕头海事局主张适用的1989年《国际救助公约》的有关规定与《海商法》的规定一致,且不排除《海商法》的适用,因此,应当认定原、被告双方均同意适用我国《海商法》。依照我国《海商法》第269条的规定,本案应当适用中华人民共和国法律。

广州海事法院依照我国《海商法》第175条第1款、第179条、第180条、第183条、第192条的规定,做出如下判决:(1)被告信盈公司向原告汕头海事局支付救助报酬150万元及自2007年5月3日起至本判决确定的应当支付之日止按中国人民银行同期流动资金贷款利率计算的利息;(2)驳回原告汕头海事局的其他诉讼请求。本案受理费108,826元,由原告汕头海事局负担97,670元,被告信盈公司负担11,156元。被告信盈公司应于判决生效之日起十日内向本院支付其所负担的受理费,原告预交的该11,156元受理费退还原告。一审宣判后,双方当事人均未上诉,一审判决已经发生法律效力。

本案涉及国家主管机关对财产进行的海难救助是否有权获得救助报酬的问题。各国国内法对此规定并不一致,有三种做法:(1)完全肯定公共当局有此种权利与补偿;(2)有条件地肯定公共当局享有这种权利;(3)否认公共当局有此种权利与补偿。1989年《国际救助公约》第5条关于"公共当局控制的救助作业"的规定为:"(1)本公约不影响国内法或国际公约有关由公共当局从事或控制的救助作业的任何规定。(2)然而,从事此种救助作业的救助人,有权享有本公约所规定的有关救助作业的权利和补偿。(3)负责进行救助作业的公共当局所能享有的本公约规定的权利和补偿的范围,应根据该当局所在国的法律确定。"这里的公共当局应相当于国家主管机关。我国《海商法》第192条规定:"国家有关主管机关从事或者控制的救助作业,救助方有权享受本章规定的关于救助作业的权利和补偿。"国家有关主管机关应指实际负责海上安全,有资格组织海难救助的机关,如海事局。所谓从事或控制,是指国家主管机关使用自己的人力、物力和财力直接参加救助作业,或者基于职责,组织、协调、指挥海难救助作业,即间接地进行救助,以最大限度地减少财产和环境损失。从公约和《海商法》的规定来看,应该是比较明确的,即肯定国家有关主管机关的救助报酬请求权。

国家有关主管机关进行的救助可能包括三种类型:纯救助、合同救助和强制救助。海难救助合同是非要式合同,只要双方当事人意思表示一致即成立。本案中的海难救助就属于合同救助,汕头海事局实施的救助符合海难救助的构成要件,取得了救助效果,其有权获得本次救助作业的救助报酬。但对于强制救助来说,救助报酬的确定则有其特殊之处。《中华人民共和国海上交通安全法》第31条规定:"船舶、设施发生事故,对交通安全造成或者可能造成危害时,主管机关有权采取必要的强制性处置措施。"1989年《国际救助公约》第9条规定:"本公约中的任何规定,均不得影响有关沿海国的下述权利:根据公认的国际法准则,在发生可以合理地预期足以造成重大损害后果的海上事故或与此项事故有关的行动时,采取措施保护其岸线或有关利益方免受污染或污染威胁的权利,包括沿海国就救助作业作出指示的权利。"上述规定都是关于强制救助的规定。强制救助一样可以产生救助款项的请求权。但强制救助是行政机关的强制性行为,体现着公权力,行政机关与被救助人之间并非处于平等的民事主体地位,故强制救助似乎可不受传统海难救助制度中"无效果,无报酬"原则的约束,即使强制救助未成功,被救助人仍需补偿行政机关在强制救助中支出的费用。

(三)完善我国海难救助法律适用的建议

关于涉外海难救助案件,需要根据冲突规则选择适用的法律,不一定非得适用中国的实体法律。所以,一国应该首先有海难救助的冲突法规定。遗憾的是,我国《海商法》等在这方面的立法还是空白。国外一般都有相关的规定,如《意大利航海法典》第13条规定:"合同中没有法律选择时,如果救助作业发生在公海上,适用提供救助服务的船舶的船旗国法。"《阿根廷航海法典》第606条规定:"在公海上救助适用从事救助行为的救助船舶的船旗国法;在领海或内水救助,适用该领海或内水所属国的法律。"

有鉴于此,我国一些立法草案,学会或学者的立法建议案也都在认真研究该问题,提出了一些具体的解决办法。

1. 我国有关立法草案、立法建议案的规定

2002年我国《民法(草案)》第九编规定:"除当事人另有约定外,在一国领海内的内水发生的海难救助,适用救助作业地法;在公海上发生的海难救助,适用救助船舶的船旗国法;国籍相同的船舶之间发生的海难救助,适用共同的船旗国法"。

2000年中国国际私法学会《中华人民共和国国际私法示范法》规定:"除当事人另有约定外,在一国领海、内水内发生的海难救助,适用救助作业地法;在公海上发生的海难救助,适用救助船舶的船旗国法;国籍相同的船舶之间发生的海难

救助,适用共同的船旗国法"。

2010年中国国际私法学会《涉外民事关系法律适用法(建议稿)》规定:"除当事人另有约定外,在一国领海、内水发生的海难救助,适用救助作业地法律;在领海之外发生的海难救助,适用救助船舶的船旗国法律;同一国籍的船舶之间发生的海难救助,适用共同船旗国法律"。

2. 我国学者的观点与建议

关于海难救助的准据法问题,我国也有学者提出了一些建议,如大连海事大学修改《中华人民共和国海商法》课题组建议,在《海商法》第十四章"涉外关系的法律适用"中规定:"除当事人另有约定外,在一国领海、内水发生的海难救助,适用救助作业地法律;在公海上发生的海难救助,适用救助船舶的船旗国法,或者救助作业不在救助船舶上进行的,适用救助人所在地法;同一国籍的船舶之间发生的海难救助,适用船旗国法。救助方与其受雇人之间报酬的分配,适用救助船舶的船旗国法;救助作业不在救助船舶上进行的,适用救助方与其受雇人之间所订合同的准据法。"①

有学者认为:"合同救助可以适用《中华人民共和国海商法》关于合同法律适用的规定,但这不能解决非合同形式下海难救助法律关系的法律冲突,纯救助形式下海难救助的法律冲突问题如何解决,立法上仍是空白,而未签订救助合同而实施和接受救助的情形在现实中仍占一定比例。在我国冲突法立法上针对海难救助法律关系制定专门的冲突规范很有必要。"②

有学者认为:"海上救助依意思自治或最密切联系原则,适用当事人自主选择的法律或行为地法、船旗国法或法院地法。"③

有学者认为:"除当事人另有约定外,发生在领水内的海难救助,适用救助行为地法律。发生在公海上的海难救助适用的救助船舶的船旗国法。"④

---

① 司玉琢、胡正良主编:《中华人民共和国海商法修改建议稿条文、参考立法例、说明》,大连海事大学出版社2003年版,第638页。
② 禹华英:《海难救助的性质与法律适用》,载《西南政法大学学报》2010年8月,第53页。
③ 王国华:《海事关系的法律适用原则及我国的立法建议》,中国国际私法学会2004年年会论文集,第82页。
④ 毕道俊:《中国海事冲突法的立法研究》,安徽大学法学院2007年硕士论文,第45页;肖永平:《论〈中华人民共和国国际民商事关系法律适用法〉的立法体系》,中国国际私法学会2004年年会论文集,第151页。

3. 笔者的建议

我国《海商法》第十四章没有专门规定海难救助的法律适用问题。《海商法》第269条规定:"合同当事人可以选择合同适用的法律,法律另有规定的除外。合同当事人没有选择的,适用与合同有最密切联系的国家的法律。"该条规定也应该可以适用于海难救助合同。

我国已参加1989年《救助公约》。1989年《救助公约》公约第2条规定"本公约适用于在某一缔约国提起的有关公约所辖事项的诉讼或仲裁"。但该公约第6条第1款又规定:"除合同另有明示或默示的规定外,本公约适用于任何救助作业。"根据公约的规定,在合同救助的情况下,首先应适用当事人选择的准据法(包括合同救助当事人选择的法律及非合同救助当事人救助中或者救助后选择的法律)。其次是按照公约的要求,在合同救助但当事人没有选择法律或者在非合同救助不存在当事人选择法律的情况下,根据1989年《救助公约》"本公约适用于任何救助作业"的适用条件和适用要求,适用公约的规定(包括合同救助与非合同救助)。再次,按照《海商法》第269条规定:"合同当事人没有选择的,适用与合同有最密切联系的国家的法律。"这里规定的是合同当事人(包括救助合同当事人)没有选择法律的情形。笔者认为也应该包括非合同当事人没有选择法律的情形(因为非合同救助当事人也可能达成一致选择适用的法律,如达成一致形成意思自治,也是优先适用的)。非合同当事人没有选择法律时,也应适用与案件有最密切联系国家的法律。最后,合同救助或者非合同救助,不存在当事人选择的法律时,也不符合适用公约的条件时,可以参考其他海事关系法律适用的规定与考虑因素,进行法律适用的选择,如果是具有相同国籍的船舶在公海上发生的救助,应适用其共同本国法。具有不同国籍的船舶在公海上发生的救助应适用救助船舶的船旗国法,对在一国领海发生的救助,应适用该领海所属国的法律,但当双方船舶具有相同国籍时,也可以适用其共同本国法。

结语:关于海难救助制度具体的立法建议为:

"1. 有约定的海难救助,适用当事人约定的法律。

2. 当事人没有约定法律的海难救助,发生在公海上的,适用救助船舶的船旗国法;发生在一国领海的,适用救助作业地法;救助作业不在船舶上的适用救助人所在地法。

3. 前条的救助如是具有相同国籍船舶间的救助,适用其共同本国法。"

说明:1. 本建议与其他建议案不同的地方是,笔者没有分合同救助和非合同救助，而以当事人之间是否存在协议为准。因为各国合同救助中不一定在合同里有法律适用条款，非合同救助也可以达成法律选择的一致。另外，对相同国籍的救助进行了规定。2. 有约定的海难救助适用其约定的法律，没有约定的，考虑最密切联系地、保护弱者等因素，进行法律选择。如救助人通常处于弱者地位（实施了救助但报酬未解决），所以建议规定适用救助人相关的法律，即形式上是救助人比较熟悉的法律，体现对弱者的关心。

第二节　共同海损

所谓海损是指在海上运输或者其他海上活动中，因船舶、货物或海上设施等海上财产遭遇海上危险或发生海上事故，而造成的上述财产或其他海上财产的灭失或者损坏，或产生的费用及其他经济损失，以及造成的人身伤亡。就财产性质而言，又可以分为单独海损和共同海损。并分别适用不同的损害负担原则。①

我国学者关于共同海损的定义几近雷同。如有学者认为："所谓共同海损（General Average）是指在同一航程中，当船舶、货物和其他财产遭遇共同危险时，为了共同安全，有意而合理地采取措施所直接造成的特殊牺牲、支付的特殊费用，由各受益方按比例分摊的法律制度。"②

有学者认为："共同海损是指同一航程中，船舶、货物和其他财产遭遇共同危险时，为了共同安全，有意地、合理地采取措施所直接造成的特殊牺牲、支付的特殊费用，由各受益方按比例分摊的法律制度。"③下面的定义完全照搬了该定义："共同海损是指同一海上航程中，当船舶、货物和其他财产遭遇共同危险时，为了共同安全，有意而合理地采取措施所直接造成的特殊牺牲、支付的特殊费用，由各受益方按比例分摊的法律制度。"④

---

① 凡是因自然灾害、意外事故、战争、恐怖活动、其他不可抗力以及不法行为等原因造成的损失，是单独海损，原则上受害人先独自承担损失，但如果按照合同约定或按照所适用的法律规定，损失应由其他人承担责任的，受害人可以要求该人承担责任。
② 司玉琢主编：《海商法》，法律出版社2011年版，第303页。
③ 冯辉：《论船舶优先权》，对外经济贸易大学法学院2006年博士学位论文，第10页。
④ 关阳：《废除共同海损制度的可行性研究》，大连海事大学法学院2007年硕士学位论文，第1页。

共同海损是海商法的一项古老而特有的制度。在同一海上航程中,船舶、货物及其他财产遭受共同危险,为了共同安全,有意而合理地采取措施所直接造成的特殊牺牲,支付的特殊费用,就是共同海损(General Average)。① 共同海损最终应由各受益方按分摊价值比例分摊。这一制度的存在,不仅对各利益方必不可少,而且对海上货物运输的顺利进行及航运业的发展起到了重要作用。②

共同海损制度的基本要求,是一方遭受的共同海损损失应由各受益方按照各自受益财产的价值比例进行分摊。这种在受损方和受益方之间产生的一方享有请求他方分摊其损失的权利,另一方有分摊他方损失的义务的法律关系,符合民法上债的要件,因而是一种债,可称为共同海损分摊之债或者共同海损之债。③

一、共同海损的法律冲突

(一)共同海损的理论分歧方面

关于共同海损的损失认识问题,形成了"共同安全派"和"共同利益派"两大派别。以英国、日本等为代表的"共同安全派"认为,共同海损行为的目的是解除船舶和货物所面临的共同危险,一旦这些共同危险解除,共同海损行为即告终止,其后发生的损失及费用不得作为共同海损进行分摊。以美国、法国等为代表的"共同利益派"认为,在共同危险解除后,为使船舶能够继续安全完成航程而支付的额外费用,因是为船舶和货物的"共同利益"而支付。因此同样可以作为共同海损,直至船舶恢复适航条件时为止。④

---

① 也有学者认为,共同海损有广义和狭义之分,广义的共同海损指共同海损法律制度,包括共同海损行为、共同海损损失、共同海损理算、共同海损分摊等内容构成的损害负担的法律制度。狭义的共同海损指海损的一种,包括共同海损措施或共同海损行为。参见胡正良主编《海事法》,北京大学出版社2012年修订版,第244页。
② 值得注意的是,对于共同海损制度的存废之争论,学者之间已经争论了百年之久。以海上保险制度替代共同海损制度的构想,也有不少学者论证过。特别是《联合国全程或部分海上国际货物运输公约》(鹿特丹规则)已经第63届联合国大会审议通过,并于2009年9月在荷兰鹿特丹开放签字。该公约取消了航海过失免责,航海过失造成的损失将不能要求货方进行分摊。由于航海过失在造成共同海损事故原因中占很大比例,取消它使得共同海损的范围大大缩小,甚至动摇了共同海损的基础。不过目前共同海损制度还没有被废除,其法律适用问题仍然需要进行研究,需要法律做出明确的规定。
③ 参见胡正良主编《海事法》,北京大学出版社2012年修订版,第353页。
④ 美国法院在"The Star of Hope"案中,认为共同海损的损失分为两大类:(1)为使整个航程免于毁灭而有意做出的船舶或者货物的部分牺牲;(2)为了船舶、货物的共同利益而支付的额外费用。参见胡正良主编《海事法》,北京大学出版社2012年修订版,第254页。

(二)共同海损的定义方面

关于共同海损的定义,国际上没有统一的认识。1877 年《约克—安特卫普规则》及 1890 年《约克—安特卫普规则》都没有涉及共同海损的定义。以后修订的《约克—安特卫普规则》亦仍未真正形成对共同海损定义的统一认识。

(三)共同海损的成立方面

共同海损产生的原因多种多样,包括自然灾害、意外事故等。当事方的过失能否产生共同海损,国际上的认识并不一致。

(四)共同海损的性质方面

共同海损的性质有"不当得利""危险共同体说""船货共同代理说""紧急避险说""合同说"等不同认识。

(五)共同海损的范围方面

关于哪些损失和费用属于共同海损,各国海商法的规定明显不同。有的国家规定必须是共同海损行为直接造成的损失或费用,才能作为共同海损,不包括滞期损失、行市损失以及其他间接损失。有的国家规定给船舶和货物造成的所有损失,以及因此而带来的其他损失和支出之费用属于共同海损。有的国家规定仅就船舶或货物进行处分而产生的损失或费用属于共同海损等等。

(六)共同海损牺牲金额的确定方面

共同海损牺牲金额,是指因共同海损措施而造成的财产损失和支付的共同海损费用的总和。如何确定此财产损失和支付的特殊的费用,各国规定很不相同。

(七)共同海损担保方面

各国法律及《约克—安特卫普规则》等都规定了共同海损担保制度,但是关于提供担保方式的规定并不相同。"有的国家如中国规定了具体的提供担保的形式,有的国家如德国、希腊、挪威等没有规定提供担保的具体形式"[①]。

(八)共同海损过失责任方面

通常各国规定过失不影响共同海损的成立与理算,因为海上货物运输的法律与共同海损法律制度虽然相互独立但又相互影响,海上货物运输法律允许承运人过失的免责领域,则在共同海损情况下也是一样的,因此承运人有权要求他方分摊共同海损。但美国则与之相反。

---

① 张忠晔主编:《各国和地区海商法比较》,人民交通出版社 1994 年版,第 236 页。

(九)理算的地点方面

有的国家如瑞典、挪威规定,在当事人没有选择时,共同海损理算应在船方所在国或者在船方指定的地点进行;另一些国家如荷兰、希腊规定,在当事人没有选择时,共同海损理算应在航程终止地或者在航程中断的地点进行。

(十)诉讼时效方面

各国规定的共同海损分摊法定时效并不相同,如英国规定为6年,我国、日本规定为1年,美国各州规定不一,一般为3—10年。①

(十一)共同海损的形式方面

通常共同海损的形式包括共同海损牺牲和共同海损费用。但具体形式具有多样性,各国规定不尽一致。如下表(表5-5)所示:

表5-5 共同海损的形式

共同海损牺牲	1. 抛弃造成的损失(关于甲板货是否列入的问题规定不同)。
	2. 扑灭船上火灾(对于船上已经着火的财产,如其后又因采取灭火措施而遭受的损失;烟熏和热烤所造成的损失都曾存在争论)。
	3. 切除船舶部件(在切除之前船舶部件因其他原因已损坏,是否可以列入存在争论,各国有不同的看法。大陆法系国家持肯定态度、英美法系则相反)。
	4. 有意搁浅(对于搁浅期间发生的船员工资、伙食费、燃油等是否可以列入,各国做法不同,美国、日本持肯定态度、德国持否定态度)。
	5. 货物、燃料、物料在搬移、卸载过程中的损失。各《约克—安特卫普规则》之间规定也不一致。
	6. 当作燃料消耗的货物、材料、物料,各国规定不一。
	7. 起浮搁浅船舶造成的损失(包括抛弃造成的牺牲、为脱浅而过度使用机器等造成的损坏;强行脱浅造成的船体、货物等的损坏;减载搁浅船舶载重造成的损坏)。如减载搁浅船舶载重造成的损坏,一种观点认为货物在卸载到驳船上后被其他货物砸坏等情况是共同海损行为直接造成的,可以作为共同海损;非因共同海损行为造成,不得作为共同海损。如货物在卸载到驳船上后驳船因大风等原因沉没,导致货物灭失。另一种观点认为以上情况都可以作为共同海损。
	8. 运费的牺牲,规定不一。

---

① 参见王恩韶等著《共同海损》,大连海事大学出版社1996年版,第127页。

续表

共同海损费用	1. 为了船舶、货物及其他财产共同安全而支付的费用的列入各国争议较小,在船舶、货物及其他财产安全后为了船舶完成航程而支付的费用的列入各国则争议较大。 2. 救助报酬。一般各国认为救助报酬是共同海损费用,但2004年《约克—安特卫普规则》将之排除在外。1906年《英国海上保险法》第65条第2款事实上将纯救助的救助报酬排除在共同海损之外。 3. 减载搁浅船舶产生的费用,规定不一。 4. 避难港产生的费用。各国对此争论较大,《约克—安特卫普规则》也一直在不断变化。2004年《约克—安特卫普规则》规定可以作为共同海损的避难港产生的费用包括:驶入和驶离避难港产生的费用;在避难港产生的货物、燃料、物料等的操作费用;驶入和驶离避难港及在避难港引起的航程延长期间产生的船员工资、燃料、物料等的消耗;支付的港口费用;防治环境损害方面的费用。 5. 船舶临时修理费,规定不一。 6. 代替费用。常见的代替费用包括:船舶临时修理费;船舶拖带费;驳船雇佣费;货物转运费;船舶带货入坞修理增加的费用;修船人工加班费等。《约克—安特卫普规则》一直承认代替费用作为共同海损,但英国、美国等普通法国家都不认同。我国承认代替费用作为共同海损。① 7. 杂项费用。包括共同海损利息、垫付手续费、船舶或者货物检验费、共同海损理算费、共同海损费用保险费等。如在共同海损损失的利息方面,1994年《约克—安特卫普规则》规定对于共同海损费用等的项目,应给予年利率7%的利息。2004年《约克—安特卫普规则》规定采用浮动利率。 8. 支付的赎金。值得注意的是,在海上航行中,船东经常遭受海盗赎金的损失。② 关于海盗赎金的性质,理论上认识不一,有人认为:"海盗赎金符合海难救助的构成要件,也符合共同海损的构成要件。"③ 有人认为:"海盗赎金应作为共同海损。"④ 争论的问题还有:在将船舶所有人支付的海盗赎金作为共同海损时,是否应将为解救船员而支付的赎金从中扣除?

---

① 我国《海商法》第195条规定:"为代替可以列为共同海损的特殊费用而支付的额外费用,可以作为代替费用列入共同海损;但是,列入共同海损的代替费用的金额,不得超过被代替的共同海损的特殊费用。"
② 根据Lloyd's List报道,2010年索马里海盗获得的赎金就高达2.38亿美元。
③ 石丹:《从海盗赎金的双重性看船东与货方的博弈》,载《中国海商法年刊》2009年第1-2期,第73页。
④ 方奇:《海盗赎金法律性质分析》,载《法制与经济》2012年第4期,第52页。

二、共同海损的法律适用

在共同海损法律适用方面,从各国立法、学说及司法实践看,一般有以下几种方法:

(一)适用统一的国际立法与规则

在共同海损领域的国际统一立法与规则方面,《约克—安特卫普规则》影响最大。第一部《约克—安特卫普规则》于1877年制定,到1879年几乎所有海运国家的运输提单、海上保险合同都同意采用该规则。① 《约克—安特卫普规则》至今已经经历了6次重大修改,其制定与修改具体情况如下表(表5-6)所示:

表5-6 《约克—安特卫普规则》的制定与修改

名称	内容
Glasgow Resolutions 格拉斯哥决议	1860年英国全国社会科学促进会邀请各国代表在格拉斯哥召开会议,就共同海损问题形成了11条规定。
约克规则	1864年在英国约克召开会议对格拉斯哥决议进行修订,形成11条共同理算规则。
York – Antwerp Rules,1877年《约克—安特卫普规则》	1877年8月30日,86名代表在比利时安特卫普召开会议,通过了对1864年约克规则的12条修正案,形成《约克—安特卫普规则》。
York – Antwerp Rules,1890年《约克—安特卫普规则》	各国法律改革及编纂协会在英国利物浦召开会议,修订形成1890年《约克—安特卫普规则》。②
York – Antwerp Rules,1924年《约克—安特卫普规则》	1924年9月,国际法协会第33届大会在瑞典斯德哥尔摩召开,形成1924年《约克—安特卫普规则》30条。
York – Antwerp Rules,1950年《约克—安特卫普规则》	1949年国际海事委员会的修改方案在荷兰阿姆斯特丹会议上获得通过,即1950年《约克—安特卫普规则》。
York – Antwerp Rules,1974年《约克—安特卫普规则》	1974年在德国汉堡国际海事委员会年会上通过了该规则。该修订接受了共同安全派的主张,从共同海损的范围内删除了一些避难港费用。对于货物的分摊价值和共同海损补偿,可以使用发票价值作为计算的基础等。

---

① 参见王恩韶等著《共同海损》,大连海事大学出版社1996年版,第34页。
② 1890年《约克—安特卫普规则》也普遍受到欢迎,在"世界范围内几无例外地被采取"。参见 Lowndes and Rudolf, *The Law of General Average and the York – Antwerp Rules*, 13th Edition, Sweet&Maxwell Limited 2008, p. 51.

续表

名称	内容
York – Antwerp Rules, 1994 年《约克—安特卫普规则》	1990 年 6 月国际海事委员会通过了对 1974 年《约克—安特卫普规则》的修正案,对救助报酬部分进行了修改。1994 年在澳大利亚悉尼召开的会议上,通过了 1994 年《约克—安特卫普规则》。增加了一条首要规则;增加了有关拖轮和拖带的规定;增加了与环境损害有关的规定;增加了举证时效的规定等。
York – Antwerp Rules, 2004 年《约克—安特卫普规则》	2004 年加拿大温哥华国际海事委员会会议通过。修改的内容有:将大部分救助报酬排除在共同海损之外;船舶在避难港停留期间的船员工资和给养排除在共同海损之外;取消了共同海损费用的手续费;采用了浮动利率制;增加了分摊请求权时效的规定等。

(二)适用当事人意思自治原则

共同海损一般是在海上货物运输过程中发生的,与海上货物运输合同关系密切,因此各国通常都承认在该领域的意思自治。如 1999 年《俄罗斯商船航运法典》第 419 条第 1 款规定:"如果当事人未就适用的法律达成协议,共同海损关系适用引起共同海损的事件发生后,船舶的航程终止港所在国的法律。如果所有当事方具有相同的国籍,则适用该国法律。"

(三)当事人没有选择法律时共同海损准据法的确定

在没有当事人选择的法律时,各国采用的方法不尽相同,如下表(表 5 – 7)所示:

表 5 – 7 当事人没有选择法律时准据法的确定情况

采用的法律	采用的国家
航程终止港所在国的法律、共同国籍国法	俄罗斯
船旗国法	阿根廷、德国
法院地法	意大利
理算地法	前捷克
海损发生在领海的,适用领海所属国法律、发生在公海的分别情况适用航程终止港法或船旗国法	日本

三、我国共同海损准据法的确定

(一)我国现行立法关于共同海损法律适用的规定

我国《海商法》有两处规定涉及共同海损法律适用问题。第一处是《海商法》第十章第 203 条规定:"共同海损理算,适用合同约定的理算规则;合同未约定的,适用本章的规定。"该条允许当事人在运输合同中约定理算规则;合同未约定的,适用我国《海商法》第十章的规定。这说明《海商法》第十章是任意性的规定,是可以被排除适用的。不过该条规定不是针对涉外案件设计的。但也有学者认为:"从实质上看,第 203 条也是一条法律适用条款,是一条冲突规范。从体系来讲,把第 203 条规定放入第十章关于共同海损的实体规定中是不妥当的。"①

第二处是《海商法》第十四章第 274 条规定:"共同海损理算,适用理算地法律。"第 274 条规定在"涉外关系的法律适用"一章,但没有规定可以"适用合同约定的理算规则",这与《海商法》第十章第 203 条规定不同。难道涉外案件中的共同海损理算,不允许"合同约定理算规则",只能"适用理算地法律"吗?这是不可理解的。由于第 274 条规定在"涉外关系的法律适用"一章中,我国法院在审理共同海损案件,根据该条的规定只能通过"理算地"确定"应适用的法律"。如果"应适用的法律"为我国法律时,又可根据《海商法》第十章第 203 条规定,"合同中有约定的,即适用约定的理算规则"。这又造成涉外案件可以"适用约定理算规则"的情形出现了。

由于《海商法》在两处(第 203、274 条)规定了共同海损的法律适用问题,不仅在体系上欠妥,而且适用时必会发生混乱。故有学者建议将第 203 条、274 条加以合并,规定在第十四章。②

(二)我国有关立法草案、立法建议案的规定

2000 年中国国际私法学会《中华人民共和国国际私法示范法》规定:"共同海损理算,适用当事人约定的理算规则。没有约定的,适用理算地法。"

2002 年我国《民法(草案)》第九编有两条不完全一致的规定。第 54 条规定:"共同海损理算,适用当事人约定的理算规则。当事人没有约定的,适用理算地法。"第 84 条第 3 款规定:"共同海损理算,适用理算地法律。"

---

① 韩立新编著:《海事国际私法》,大连海事大学出版社 2001 年版,第 246 页。
② 参见韩立新编著《海事国际私法》,大连海事大学出版社 2001 年版,第 246 页。

2010年中国国际私法学会《涉外民事关系法律适用(建议稿)》规定:"共同海损理算,适用当事人约定的理算地的理算规则或法律;当事人没有约定理算地的,适用有关的运输合同的准据法。"

(三)理论上学者的观点与看法

关于共同海损的准据法问题,我国学者也提出了一些建议,如大连海事大学修改《中华人民共和国海商法》课题组建议,在《海商法》第十四章"涉外关系的法律适用"中规定:"共同海损,适用当事人约定的理算规则或法律;当事人没有约定的,适用当事人约定的理算地的理算规则。当事人没有约定理算地的,适用有关的运输合同的准据法。"

有学者认为,对共同海损法律关系采用分割的办法,针对共同海损关系的不同方面,分别规定相应的法律适用规则,具体为:1. 共同海损当事人可以约定共同海损理算的准据法;当事人未约定时,根据最密切联系原则,适用共同海损理算地法或分摊地法或法院地法。2. 共同海损的构成条件、共同海损牺牲和共同海损费用的确定适用船旗国法,共同海损举证责任适用理算地法或法院地法。3. 其他未尽事宜适用最密切联系地法。①

有学者认为:共同海损适用船旗国的法律。共同海损理算,适用当事人约定的理算规则和法律;没有约定的,适用理算地法律。②

(四)笔者的立法建议

从以上对共同海损几种准据法的研究中,我们可以看出,有些国家对共同海损采取了分割确定准据法的办法。如阿根廷对共同海损是否成立、应履行的手续和分摊义务方面适用船旗国法;而对共同海损理算适用理算地法。德国亦采取此办法。我国《海商法》第203、274条中仅用了"共同海损理算"一词,是否意味着共同海损行为是否成立,共同海损的范围、应履行的手续、理算程序、分摊义务等所

---

① 参见王国华《海事国际私法专题研究》,辽宁大学出版社2012年版,第244-245页。但该建议者在另外一篇文章中提出的观点与此处的提法是完全不同的。其建议:"共同海损适用意思自治原则或依最密切联系原则,适用当事人自主选择的法律、船旗国法、侵权行为地法或理算地法"。不仅没有主张分割制,而且适用的法律也不相同。参见王国华:《海事关系的法律适用原则及我国的立法建议》,中国国际私法学会2004年年会论文集第82页。

② 参见毕道俊:《中国海事冲突法的立法研究》,安徽大学法学院2007年硕士论文,第45页;肖永平:《论〈中华人民共和国国际民商事关系法律适用法〉的立法体系》,中国国际私法学会2004年年会论文集,第151页。

有事项一概适用理算地法律？笔者认为,这一问题的解决取决于"共同海损理算"一词的具体含义。在目前我国有关海商法的著作中,一般将"共同海损理算"解释为"国家认可的具有一定资格的专业机构或人员,按照理算规则,对共同海损的损失和费用、各受益方的分摊价值,以及各方应分摊共同海损的数额所进行的审理和计算工作"①。理算依据的理算规则中对共同海损成立的条件、共同海损的范围以及分摊标准等均有规定,可以说,理算业务几乎包括了有关共同海损的所有问题。因此,对我国《海商法》第203、274条中"共同海损理算"一词应做广义解释,其准据法应适用于共同海损的各个方面,而不是仅仅限于理算程序。只有这样,才能保证共同海损的统一不可分性以及理算工作的顺利进行。当然,为了更加细化及明确具体,我国立法还可以增加一些内容。

结语:关于共同海损制度具体的立法建议为:

"1. 海损是个别海损还是共同海损,适用船旗国法确定。

2. 共同海损理算,适用合同约定的理算规则;合同未约定的,根据最密切联系原则,从船旗国法、侵权行为地法或者理算地法中选择适用的法律。"

说明:笔者的立法建议增加了对海损区分的法律适用问题。还引入了有限的最密切联系原则。

---

① 司玉琢等编:《新编海商法学》,大连海事大学出版社1999年版,第388页。

第六章

涉外海事赔偿责任限制之研究

船舶所有人责任限制的设立最初是为了促进航运的发展。现在,它的社会必要性和其价值已受到质疑。①

——[加]威廉·泰特雷

第一节 法律冲突

责任限制不言自明地构成了分割损失的一种机制,被告所引起的损失被分为可赔偿部分和不可赔偿部分,但是在大多数国家的一般侵权法中它们相当少见,因为它们主要限于严格责任领域②。

海事赔偿责任限制(Limitation of liability for maritime claims)也是一项非常特殊的海事法律制度。海事赔偿责任限制是什么,各国海事立法、海事国际公约都没有给出一个定义。我国学界一般认为:海事赔偿责任限制是指在发生重大海损事故时,责任人根据法律的规定,将自己的赔偿责任限制在一定范围内的法律制度。③

---

① [加]威廉·泰特雷著:《国际冲突法——普通法、大陆法及海事法》,刘兴莉译,法律出版社2003年版,第332页。
② [奥]肯·奥利芬特主编:《损害的合并与分割》,周学峰、王玉花译,中国法制出版社2012年版,第600页。
③ 参见司玉琢主编《海商法专论》,中国人民大学出版社2011年版,第323页。

我国学者对海事赔偿责任限制概念的表述基本一致,但也存在细微差别。有学者认为:"海事赔偿责任限制制度是指发生重大海损事故后,除某些特定类型的索赔外,责任人对事故所致各种索赔的赔偿责任,可以限制在一定金额内的法律制度。"① 有学者认为:"海事赔偿责任限制是指发生重大海损事故时,作为责任人的船舶所有人、承租人、经营人、管理人、救助人及其受雇人和责任保险人等,根据法律的规定,将自己的赔偿责任限制在一定范围内的法律制度。"② 有学者认为:"海事赔偿责任限制是指作为责任人的船舶所有人、经营人、承租人等,在发生重大海损事故后,可依据法律的规定,将自己的赔偿责任限制在一定的限额内的一种法律制度。"③ 有学者认为:"海事赔偿责任限制制度指船舶发生海损事故时,对事故负有责任的责任主体对海事赔偿请求人的赔偿请求依法申请限制在一定的范围内的法律制度。海事赔偿责任限制制度有广、狭义之分,广义的海事赔偿责任限制制度不仅包括'综合责任限制制度',还包括提单法中承运人所享有的对每件或每单位的货物的'单位责任限制'以及在其他法律法规中规定的责任限制制度,如油污损害责任限制制度、核损害限制制度等。狭义上的海事赔偿责任限制制度仅指1976年《海事赔偿责任限制公约》所指的船舶所有人、经营人、租船人等责任主体在一般海难事故中对该事故所引起的各类赔偿总额的限制制度。"④

海事赔偿责任限制制度初期仅是为了保护船舶所有人的利益而设立的"船舶所有人责任限制"或"船东责任限制"(limitation of liability of ship owners),随后船舶经营人、承租人、救助人、船舶所有人的雇佣人员(如船长、船员及其他受雇人)、责任保险人也渐渐被纳入保护的范围,演变成现在的"海事赔偿责任限制"。"尽管现在它的社会必要性和价值已受到质疑,但是,它是不可能完全被废除的"⑤。

一、海事赔偿责任限制的性质

在海事纠纷中,可限制责任的案件的性质及海事请求的类型是多种多样的。

---

① 邬先江:《海事赔偿责任限制制度研究》,大连海事大学法学院2010年博士学位论文,第7页。
② 胡正良等:《中国加入〈海事赔偿责任限制公约〉问题研究》,载《海大法律评论》2008年,第302页。
③ 傅旭梅主编:《中华人民共和国海商法诠释》,人民法院出版社1995年版,第375页。
④ 唐燕飞:《海事赔偿责任限制研究》,上海海事大学法学院2007年硕士学位论文,第1页。
⑤ [加]威廉·泰特雷著:《国际冲突法——普通法、大陆法及海事法》,刘兴莉译,法律出版社2003年版,第332页。

海事商事纠纷受案的多少,在某种程度上也是各国经济交往的一张晴雨表。海上经济贸易交往少纠纷少,交往多纠纷也多。"中国受理海事海商案件的数量都是最多的,远超日、韩、澳、加、美、英等国。世界其他国家海事司法的受案范围一般局限在海损、救助、拖带、碰撞、船舶维修和海上运输合同纠纷方面,而中国海事法院受案范围还包括货代合同纠纷、港口作业纠纷、海洋开发利用等,案件类型达60余种"①。由于我国海事商事案件数量多,所以涉及海事赔偿责任限制案件的数量就会较多,涉及海事赔偿责任限制案件的性质及类型也会是多种多样的。但从海事赔偿责任限制的自身性质来看,主要有以下几点:

(1)海事赔偿责任限制是一种相对的赔偿责任。因为海事赔偿责任限制的赔偿不是完全的赔偿,那些依法被申请的债权即使没能得到完全赔偿,超出限制的部分债权也因为法律的规定不能再获赔偿,债权归于消灭,海事赔偿请求权人不得再行申请仲裁或起诉。

(2)海事赔偿责任限制是一种特殊的责任。海事赔偿责任限制既不同于民法上的赔偿责任,也不同于海上货物运输中的单位责任限制。海事赔偿责任限制是将责任人的赔偿按照船舶吨位或船价对每次事故或航次所引起的债务进行综合性的限制,使之在一定限额之内受赔偿;一般民事赔偿责任,要充分弥补受害人的所有损失,采用的是完全赔偿责任原则;单位责任限制是对提单项下的每一件或每一单位货物提供赔偿责任限制。比较而言,海事赔偿责任限制是一种特殊的责任。

(3)海事赔偿责任限制是一种法定的权利。海事赔偿责任限制的内容如哪些船舶可以适用赔偿责任限制,哪些责任人在何种情况下针对哪些债权享受责任限制及其程度,都由法律规定,不能依据当事人双方的约定而存在。但当事人可以事先约定某些事项的发生将不适用责任限制条款。值得注意的是,如果责任人故意造成或明知会造成损失却轻率地作为或不作为,将会丧失责任限制的权利。

(4)海事赔偿责任限制是一种优先的权利。"海事赔偿责任限制在外部的关系上体现了优先适用原则,即船舶优先权、船舶抵押权、船舶碰撞、船舶扣押等制度都不影响海事赔偿责任限制的优先适用。海事赔偿责任限制在内部关系上也体现了优先适用原则,即其他责任限制制度,要么受制于海事赔偿责任限制,要么

---

① 万鄂湘:《中国受理海事海商案件数量类型均具世界首位》,http://www.chinahigway.com/news/2006/159783.php,2013年6月28日访问。

共享海事赔偿责任限制的限额。当然,在同一事故中可能存在多个海事赔偿责任限制制度,海事赔偿责任限额、油污损害赔偿的限额、有毒有害物质赔偿的限额等等,这些是并行的海事赔偿责任限制制度,互相独立、互不影响,不存在优先适用的问题"①。

二、海事赔偿责任限制法律冲突的具体表现

海事赔偿责任限制的法律冲突主要表现在以下几个方面:

(一)适用责任限制的主体方面

海事赔偿责任限制主体,是指责任事故发生后承担责任事故并享受责任限制利益的人。关于这一问题,各国规定是不相同的,如下表(表6-1)所示:

表6-1　适用责任限制的主体

国际条约的规定	外国国家的规定	我国的规定
1924年《关于统一海运船舶所有人责任限制若干法律规定的国际公约》第2条、第3条规定的主体是船舶所有人,只有船舶所有人才可以享受责任限制。	英国:英国是1976年《海事赔偿责任限制公约》的参加国,1979年《英国商船航运法》规定的责任主体范围与1976年《海事赔偿责任限制公约》基本一致。另外,根据《英国皇家诉讼法》的规定,英国政府部门也可以享有责任限制的权利。②	我国《海商法》第204条规定:"船舶所有人、救助人,对本法第207条所列海事赔偿请求,可以依照本章规定限制赔偿责任。前款所指船舶所有人,包括船舶承租人和船舶经营人。"《海商法》第205条规定:"本法第207条所列海事赔偿请求,不是向船舶所有人、救助人本人提出,而是向他们对其行为、过失负有责任的人员提出的,这些人员可以依照本章规定限制赔偿责任。"《海商法》第206条规定:"被保险人依照本章规定可以限制赔偿责任的,对该海事赔偿请求承担保险责任的保险人,有权依照本章规定享受相同的赔偿责任限制。"

---

① 司玉琢:《海事赔偿责任限制优先适用原则研究》,载《中国海商法年刊》2011年第2期,第1页。
② 在The Admiralty v. The Divina一案中,英国海军委员会就是以船舶所有人的身份参加诉讼的。英国一些成文法还规定,引水员和港口、运河、码头当局也有权享受责任限制,王室可以就其王室船舶享受责任限制。参见[加]威廉·台特雷著《国际海商法》,张永坚译,法律出版社2005年版,第232页。

续表

国际条约的规定	外国国家的规定	我国的规定
1957年《船舶所有人责任限制公约》扩大了主体的范围。根据1957年《船舶所有人责任限制公约》第6条的规定，主体范围具体包括两类人：第一类为船舶所有人、承租人、经理人和经营人；第二类为船长、船员及为船舶所有人、承租人、经理人和经营人服务的其他受雇人。	美国：美国规定责任主体范围仅限于船舶所有人和光船租船人。①	
1976年《海事赔偿责任限制公约》第1条进一步扩大了主体的范围，包括四类主体：（1）船舶所有人、承租人、经理人和经营人；（2）救助人；（3）由上两类主体对其行为、疏忽或过失负有责任的任何人；（4）责任保险人。	《荷兰海商法》第704A条第2款和第3款规定，享有赔偿责任限制权利的为船舶所有人、租用人、经理人或经营人、船长、船员、其他雇佣人员。	
	前联邦德国《商法典》第486条和487条规定："责任限制的主体除船舶所有人外，还包括租船人、船长、船员及船舶所有人、航运公司或租船人的其他雇员。"	

---

① 根据美国1851年《船舶所有人责任限制法》，有权享受责任限制的船舶所有人通常是对船舶有合法所有权的人。在美国，租船人只有当他事实上"为船舶配备船员，贮藏事物，并指挥船舶航行时"，他才可以如同一个船舶所有人那样限制责任。满足这一限定的租船人被认为只有光船租船人。

(二)适用责任限制的船舶方面

责任限制适用的船舶,指海难事故发生后其所有人、经营人等责任主体有可能依法享有责任限制的船舶。各国的不同规定见下表(表6-2)所示:

表6-2 适用责任限制的船舶

国际条约的规定	外国国家的规定	我国的规定
1924年《关于统一海运船舶所有人责任限制若干法律规定的国际公约》第12条第1款、第13条规定,本公约适用的船舶授权各缔约国以内国法定义,但不适用军舰和专用公务的船舶。公约的议定书另授权缔约国就非用于运送人员且未满300吨的船舶的人身伤亡是否适用责任限制做出保留。	英国:英国的规定参照了1976年公约,但其船舶的范围比1976年公约宽。1981年《英国商船航运法》规定,适用责任限制的船舶是指1894年、1921年、1958年商船法中所指的船舶,其范围包括了任何结构,不论是否完工、是否下水、是否已用于预定的航程、是否进行了登记的船舶和外国船舶。1979年的《英国气垫船法》规定,责任限制也适用于气垫船。	我国《海商法》规定,适用海事赔偿责任限制的船舶仅限于海船和其他海上移动式装置(用于军事的、政府公务的船舶和20吨以下的小型船艇除外),而且必须是300吨以上的船舶,对于300吨以下的船舶、从事中华人民共和国港口之间的运输的船舶以及从事沿海作业的船舶的责任限额,则由交通主管部门另行规定,而不适用海商法的规定。
1957年公约第1条第1款规定,该公约所适用的船舶为"海船",不适用于内河船舶及公务船。同时,公约允许各缔约国保留确定某种其他类型船舶得与海船同样适用本公约的权利。	美国:1851年《美国船舶所有人责任限制法》规定适用船舶的范围包括海船和用于湖泊、河流以及内陆水域航行的船舶,具体包括运河船、长途驳船和用于港口过驳作业的驳船。法院甚至认为娱乐性船舶(例如摩托艇和游船),也可以限制责任。但当涉及人身伤亡的赔偿请求时,却对可限制责任的船舶界定了严格的标准,这时适用责任限制的海船不包括游艇、拖轮、拖船、拖带船组、油轮、渔船或其供应船、自行推进的驳船和无类别的自行推进船舶。①	

---

① 参见屈广清主编《海事国际私法新编》,法律出版社2005年版,第155页。

续表

国际条约的规定	外国国家的规定	我国的规定
1976年公约虽然没有明确规定所适用的船舶,但是在公约第2条第2款规定船舶所有人是指海船的所有人、承租人、管理人和经营人。可以推断,公约所适用的船舶是海船。同时公约第15条第5款明确规定不适用于气垫船及用于勘探和开采海底自然资源及其底土的浮动平台。公约第15条第2款还规定对意欲在内陆水域航行的船舶及小于300吨的船舶,允许缔约国通过国内法加以特别调整。这个规定实际上是对1957年公约"允许保留"条款的进一步说明。对于为钻探而建造或改建的,并从事钻探作业的船舶,如果缔约国已在国内法中规定了高于该公约的责任限额或该国已加入有关这类船舶责任限制的国际公约,应优先适用这些法律的规定,而不适用该公约。①		

(三)海事赔偿责任限制的条件方面

海事赔偿责任限制的条件指责任限制主体享有责任限制权利的前提。各国都规定了一定情况下,当事人将不享有责任限制的权利。但是,对这些不享有责任限制的权利的情况的规定及表述并不完全相同。

1.1924年《关于统一海运船舶所有人责任限制若干法律规定的国际公约》第2条第1款规定,对于由于船舶所有人的"行为或过失"产生的责任将不适用船舶

---

① 如某国既是1976年《海事赔偿责任限制公约》的缔约国,同时又是1969年《国际油污损害民事责任公约》的缔约国,由于1969年《国际油污损害民事责任公约》对油污损害的赔偿责任限额已有规定,则该国在油污损害赔偿方面就可以不适用1976年《海事赔偿责任限制公约》。参见1976年《海事赔偿责任限制公约》第15条第4款。

所有人责任限制。

2. 1957年《船舶所有人责任限制公约》第1条第1款规定:"船舶所有人对由于下列事故所引起的请求,除引起请求的事故是出于船舶所有人的实际过失或知情以外,都可以根据本规则第3条限制其责任……"因此,1957年《船舶所有人责任限制公约》要求船舶所有人在主观上无"actual fault or privity"即"实际过失或私谋"(或"知情""知情放任""参与")的情况下,才可以享受责任限制的权利。如"玛利翁"(Marion)案(英国)。① 1977年,"玛利翁"号轮在起锚时,勾断了海底输油管道,造成严重损失。该案在英国初审法院审理中,船东申请责任限制,其理由是船长在航行时使用了未按新情况修正的海图,属于疏忽。初审法院判决船东在此行为中没有"实际过失或参与",有权享受责任限制。原告对此判决不服。上诉法院驳回船东提出的责任限制申请。船东又将此案上诉至上议院。上议院维持了上诉法院的判决,其理由是:第一,船长必须具备可供使用的最新版本的相应海图;第二,不能用的过期的海图必须销毁,或起码要与现行海图分别放置以免混淆;第三,现用海图必须随时修正,以保持最新状态,或者至少事先把特定航次中可能要使用的海图做好修正。因此,"玛利翁"号轮船东没有确保由其本人或其管理人员就最新状态的海图对船长进行充分的监督,属于事实过失行为,无权享受责任限制。

3. 1976年《海事赔偿责任限制公约》第4条中规定,"如经证明,损失是由于责任人本人故意造成该损失,或者知道很可能发生该损失而轻率地采取的作为或不作为所造成,该责任人便无权限制其责任。"

4. 1995年《英国商船航运法》规定:"损失是由于责任人本身故意作为或不作为造成,或者明知可能造成这一损失而轻率作为或不作为所引起。"

5. 法国是1957年《船舶所有人责任限制公约》的缔约国,并于1967年1月3日颁布有关责任限制的法令。根据该法令,以船舶所有人没有"实际过失或私谋"作为责任限制的先决条件。

6. 1851年《美国船舶所有人责任限制法》第183条规定,船舶所有人只有在"未私谋或不知情"的情况下才享受责任限制权利。

7. 韩国规定,因船舶所有人的故意或过失而产生的债务不适用责任限制。②

---

① 参见孟庆开《浅析海事索赔责任限制的条件》,载《海事审判》1996年第3期。
② 参见张忠晔主编《各国和地区海商法比较》,人民交通出版社1994年版,第244页。

8. 我国《海商法》第 209 条规定:"经证明,引起赔偿请求的损失是由于责任人的故意或者明知可能造成损失而轻率地作为或者不作为造成的,责任人无权依照本章规定限制赔偿责任。"根据我国《海商法》第 205 条规定,如果限制性债权的海事赔偿请求,不是向船舶所有人、救助人本人提出,而是向他们对其行为、过失负有责任的人员提出的,这些人可依照本章的规定限制赔偿责任。

9. 我国台湾地区规定,本于船舶所有人之行为或者过失所生之债不适用责任限制之规定。①

(四)海事赔偿责任限制的方法方面

海事赔偿责任限制方式主要有委付制、执行制、船价制、金额制、并用制和选择制,如下表(表 6-3)所示:

表 6-3 各种不同的海事赔偿责任限制的方法

限制方式	基本内容	采用国家
委付制度(法国制度)	委付制度是指船舶所有人的责任限制,以委付本航次船舶及运费来免负其责,但不委付就负无限责任。委付制度以航次为基础,在同一航次中,不论事故发生的次数多少,均以航次结束时的船舶加以委付。因此,责任主体的赔偿限额取决于船舶的价值。委付制度并不是将船舶所有权转移给受害人,受害人只是取得变卖委付船舶,优先受偿的权利。当变卖委付船舶所得价款高于索赔额时,超过部分仍应返还给船舶所有人。但这一制度也可能不利于保护受害人的合理利益,可能因船舶全损而得不到任何赔偿。	罗马尼亚、墨西哥、阿根廷、秘鲁、巴西等
执行制度(德国制度)	执行制度是指船舶所有人的责任限制以海上财产为限。因船舶发生的债务,债权人只限于对船舶所有人的该项海上财产(如该航次船舶和运费)强制执行,不足清偿的部分,船舶所有人不再负责。如果在航次中船舶发生海难降低了价值,受害人也只能以此为限。	斯堪的纳维亚国家等

---

① 参见张忠晔主编《各国和地区海商法比较》,人民交通出版社 1994 年版,第 244 页。

续表

限制方式	基本内容	采用国家
船价制度（美国制度）	船价制度是指船舶所有人对因船舶产生的债务,其赔偿责任限制于船舶发生海损事故的航次终了时肇事船舶的价值及运费的范围。船价制度以航次为标准,不论该航次发生几次责任事故,均以船舶的价值及运费为限。在船价制度下,船舶所有人只要将与船舶和运费等值的金钱交给债权人,就可免除其责任。但是,航程终了时的船价受船舶损坏程度、新旧等因素的影响,使债权人的受偿额变得不确定,如果一次航程中发生数次事故,债权人所得到的赔偿额将会大打折扣。	美国等
金额制度（英国制度）	金额制度是指对船舶一次事故的债务,按照发生事故的船舶登记的净吨数乘以每一吨的限制赔偿额来计算责任主体承担赔偿责任的最高赔偿额。金额制以事故次数为标准,如果同一航次发生数次事故,就需要按事故的次数承担责任,故又称作"事故制度"。	英国等
选择制度	选择制度指船舶所有人可以在几种不同的责任限制制度中选择一种进行适用。	比利时等
并用制度	并用制度即船价与金额并用,指船舶所有人所负的责任以船价为限,以规定的每吨限额乘以船舶吨位产生的金额来承担赔偿责任。如果船舶价值高于每吨限额乘以船舶吨位的金额,以金额承担责任;如果船舶价值低于该金额,则以船价为限;如果发生船舶全损的事故,船舶所有人则不负赔偿责任。	韩国等

（五）海事赔偿责任限制的范围方面

船舶所有人享受责任限制的范围是指,船舶所有人依据相关法律的规定,对哪些海事赔偿请求可以享受责任限制。海事赔偿请求的范围包括限制性债权和非限制性债权。

限制性债权指责任主体可根据海事赔偿责任限制的法律,限制其赔偿责任的海事请求。非限制性债权,是指责任主体不能依法进行限制其赔偿责任的海事请求。① 关于这些问题,国际公约及各国的规定并不一致。

1. 1924年《关于统一海运船舶所有人责任限制若干法律规定的国际公约》的规定。1924年公约规定的限制性债权有:(1)因船长、船员、引航员或其他服务于船舶的人员之行为或过失所导致陆上或水上对于第三人的损害赔偿;(2)船上所载货物或在船上其他财产物品的损害赔偿;(3)因提单所产生的债务;(4)在履行运输合同中所产生的航行过失的损害赔偿;(5)清除残骸所产生的义务或责任及其从属之义务或责任;(6)救助报酬;(7)共同海损中船舶所有人应负担的部分;(8)船长在船籍国外,因保存船舶或继续航行之必要,于职权范围内所订契约或所为行为所产生的债务,但以其必要的非由于开航时配备不足而产生的为限。

1924年公约规定了三种非限制性债权:(1)船舶所有人行为或过错所导致的责任;(2)船长在其职权范围内订立合同或其他交易所导致的责任,如果船舶不在其船籍港并且船长的该行为对于船舶的保存或航程的继续是必需的;(3)与船员或其他人在船舶服务方面的雇佣有关的责任。

2. 1957年《船舶所有人责任限制公约》的规定。1957年公约第1条规定了三类限制性债权,并允许缔约国对第三类做出保留。一类是船上所载的人员的死亡或人身伤害,以及船上财产的灭失或损害。二类是由于船舶所有人所负责的人员所引起的人员的死亡或人身伤害,以及财产的灭失或损害。在这一类中只有当船舶所有人所负责的人员是在驾驶船舶或管理船舶,或在货物装船、运输或卸船,以及在旅客上船、运输或离船时发生的才有权限制其责任。三类是由于沉船起浮、清除或拆毁发生任何义务或责任,以及由于沉船对港口工程、港池或航道所造成的损害而引起的义务和责任。1957年公约排除了救助报酬的索赔和共同海损分摊的索赔;船长、船员、在船上的船舶所有人的雇佣人员以及与他们有关人员,例如继承人等提出的索赔。

3. 1976年《海事赔偿责任限制公约》的规定。1976年公约第2条规定的限制性债权主要有:(1)有关在船上发生或与船舶营运或救助作业直接相关的人身伤亡或财产的灭失或损害(包括对港口工程、港池、航道和助航设施的损害),以及由此引起的相应损失的索赔;(2)有关海上货物、旅客或者其行李运输的延迟所引起的损失的索赔;(3)有关与船舶营运或救助作业直接相关的侵害除契约权利之外

---

① 参见司玉琢著《海商法专论》,中国人民大学出版社2011年版,第234—235页。

的权利引起的其他损失的索赔;(4)有关沉没、遇难、搁浅或被弃船舶(包括船上的任何物件)的起浮、清除、毁坏或使之变为无害的索赔;(5)有关船上货物的清除、毁坏或使之变为无害的索赔;(6)有关责任人以外的任何人,为避免或减少责任人按本公约规定可限制其责任的损失所采取的措施,以及由此措施而引起的进一步损失的索赔。

1976年公约第3条规定了非限制性债权。主要包括:(1)有关救助或共同海损分摊的索赔;(2)有关1969年《国际油污损害民事责任公约》的规定,或实施中的该公约的修正案或议定书中所载油污损害的索赔;(3)根据管辖或禁止核能损害责任限制的任何国际公约或国内法提出的索赔;(4)对核能船舶所有人提出的核能损害索赔;(5)所任职务与船舶或救助作业有关的船舶所有人或救助人的雇佣人员,包括他们的继承人、亲属或有权提出索赔要求的其他人员提出的索赔,如果按照船舶所有人或救助人同雇佣人之间的服务合同所适用的法律,船舶所有人或救助人无权在此类索赔方面限制其责任,或者根据此项法律,仅允许将其责任限制在较本公约第6条规定的限额为高时。

4. 美国的规定。1984年修订的《美国责任限制法》第189条把责任限制范围扩大到船舶的"一切债务和责任"(all debts and liabilities)。法院在实践中也通常把非契约性的海难、救助索赔列入其中。但美国也规定,责任限制法不适用以下责任或债务:(1)不应得的预付运费(除非租船或运货合同中规定,货物出运后就被视为应得的);(2)擅自绕航造成损失;(3)船员的薪水、供养费和医疗费;(4)船东的个人合同即合同义务由船东个人履行;(5)美国政府消除沉船的费用。

5. 韩国的规定。韩国规定的限制性债权为:(1)船长、海员、引航员及其他船舶雇佣人员在执行职务时,因故意或过失对第三人造成损害的赔偿;(2)交由船长运输的货物及船上其他物品损害的赔偿,以及因提单所产生的债务;(3)在履行运送合同的过程中,因航行过失而造成损害的赔偿,以及清除沉船残骸义务及与之有关的债务;(4)海难救助和捞救船舶的报酬,以及船舶所有人分担共同海损的债务;(5)船长在船籍港外,依其法定权限保存船舶,或为继续航行之实际需要而订立的合同或因其处分行为所产生的债务。这种实际需要,不应是因其开航准备不充分而造成的装备不足,或者补给品的不足或其缺陷造成。① 韩国规定的非限制性债权为:(1)因船舶所有人的故意或过失而产生的债务;(2)经船舶所有人允诺

---

① 参见张忠晔主编《各国和地区海商法比较》,人民交通出版社1994年版,第239-240页。

或追认的,依有关规定和行为所产生的债务;(3)因与船长、海员及其他船舶雇佣人员所签订的雇佣合同而产生的债务。①

6. 日本的规定。《日本船舶所有人等责任限制的法律》第3条规定的限制性债权主要有:对于船舶所有人或其受雇人而言,限制性债权包括:(1)在船上或者与船舶营运直接相关发生的人的生命或身体受伤害的损失或者该船舶以外的物件灭失或损坏的损失引起的债权;(2)货物、旅客或行李运送迟延的损失引起的债权;(3)与船舶营运直接相关发生的侵犯权利的损失引起的债权(因船舶灭失或损坏的损失引起的债权以及因不履行合同债务的损失引起的债权除外)等。对于救助人或其受雇人而言,限制性债权包括:(1)与救助活动直接相关发生的人的生命或身体受伤害的损失或者因救助人所用救助船舶以外的物件灭失或损坏的损失引起的债权;(2)与救助活动直接相关发生的侵犯权利的损失引起的(因救助所用救助船舶的灭失或损坏的损失引起的债权以及因不履行合同债务的损失引起的债权除外)等。

《日本船舶所有人等责任限制的法律》规定的非限制性债权包括:(1)船舶所有人等、救助人或者受雇人等,由于其本人故意或者是其本人虽然认识到有发生损失的危险,却因不考虑后果的鲁莽行为所造成的损失;(2)只在本国港口航行的日本船舶的所有人等或其受雇人等,在其船舶上被运送的人生命或身体受伤害的损失引起的债权等。

7. 挪威的规定。挪威规定船舶所有人对由于下列事故而引起的请求可以限制其责任:(1)船上所乘载的任何人的伤亡等人身伤害,以及船上任何财产的灭失或损害;(2)由于船上任何人的行为引起的任何人的死亡或人身伤害,以及任何财产的灭失或损害等。

8. 我国《海商法》的规定。我国《海商法》第207条规定的限制性债权包括:(1)在船上发生的或者与船舶营运、救助作业直接相关的人身伤亡或者财产的灭失、损坏,包括对港口工程、港池、航道和助航设施造成的损坏,以及由此引起的相应损失的赔偿请求;(2)海上货物运输因迟延交付或者旅客及其行李运输因迟延到达造成损失的赔偿请求;(3)与船舶营运或者救助作业直接相关的,侵犯非合同权利的行为造成其他损失的赔偿请求;(4)责任人以外的其他人,为避免或者减少责任人依照本章规定可以限制赔偿责任的损失而采取措施的赔偿请求,以及因此

---

① 参见张忠晔主编《各国和地区海商法比较》,人民交通出版社1994年版,第249页。

项措施造成进一步损失的赔偿请求。

《海商法》第208条规定的非限制性债权有五项：(1)对救助款项或者共同海损分摊的请求；(2)中华人民共和国参加的国际油污损害民事责任公约规定的油污损害的赔偿请求；(3)中华人民共和国参加的国际核能损害责任限制公约规定的核能损害的赔偿请求；(4)核动力船舶造成的核能损害的赔偿请求；(5)船舶所有人或者救助人的受雇人提出的赔偿请求，根据调整劳务合同的法律，船舶所有人或者救助人对该类赔偿请求无权限制赔偿责任，或者该项法律作了高于本章规定的赔偿限额的规定。

9. 我国台湾地区的规定。台湾地区规定的船舶所有人限制责任的例外有：(1)本于船舶所有人之行为或过失所生之债务；(2)债务经船舶所有人之允许者；(3)本于船长、海员及其他服务船舶之人员之雇佣契约所生之债务；(4)船长在船籍港外，以其职权因保存船舶或者继续航行之实在需要所为行为，或契约所生之债务等等。①

(六)海事赔偿责任限制的限额方面

责任限额是指责任主体依法对限制性债权的最高赔偿额。各国关于海事赔偿责任限制的限额方面规定不一。

我国《海商法》对于海事赔偿责任限额采用的是金额制，适用于特定场合发生的事故所引起的人身伤亡和财产损失的请求，而不适用于其他场合发生的事故所引起的请求，即一次事故，一个限额。在计算责任限额时，具体情况如下：

1. 总吨位300吨以上的船舶海事赔偿责任限额的规定

对于总吨位300吨以上的船舶，适用《海商法》第210条、211条、212条规定的责任限额。对于单纯的人身伤亡的赔偿请求，300至500吨的船舶，赔偿限额为333000SDR；单纯的非人身伤亡的赔偿请求，300至500吨的船舶，赔偿限额为167000SDR。500吨以上的船舶，其500吨以下部分适用上述规定，而500吨以上部分则分级增加数额：

单纯人身伤亡的赔偿限额，501至3000吨部分，每吨增加500SDR；3001至30000吨部分，每吨增加333SDR；30001至70000吨部分，每吨增加250SDR；70000吨以上部分，每吨增加167SDR。

单纯非人身伤亡赔偿限额，501至30000吨部分，每吨增加167SDR；30001至

---

① 参见张忠晔主编《各国和地区海商法比较》，人民交通出版社1994年版，第243页。

70000吨部分,每吨增加125SDR;70000吨以上部分,每吨增加83SDR。

值得注意的是,在同一事故中产生的人身伤亡和非人身伤亡赔偿请求,如果依人身伤亡的赔偿限额不足以支付全部人身伤亡请求的,差额应当与非人身伤亡的赔偿请求并列,从非人身伤亡的赔偿数额中按比例受偿。在不影响人身伤亡赔偿请求的情况下,就港口、港池、航道和助航设施损害提出的赔偿请求,应当优先于其他赔偿请求受偿。

2. 总吨位不满300吨的船舶及沿海作业、沿海运输海事赔偿责任限额的规定

总吨位不满300吨的船舶及从事沿海作业、沿海运输的,依1994年交通部《关于不满300总吨船舶及沿海运输、沿海作业船舶海事赔偿限额的规定》计算赔偿限额。该规定仅适用于超过20总吨,不满300吨的船舶和300吨以上的从事我国港口间运输和沿海作业的船舶。

3. 海上旅客运输人身伤亡赔偿责任限额的规定

我国《海商法》第211条规定了海上旅客运输的赔偿限额问题。海上旅客运输的人身伤亡赔偿责任限额,按照46666SDR乘以船舶证书规定的载客定额计算赔偿限额,但最高不超过25000000SDR。

4. 我国港口之间海上旅客运输责任限额的规定

我国港口之间海上旅客运输责任限额,按照我国交通部的《中华人民共和国港口间海上旅客运输赔偿责任限额规定》的规定执行。

5. 救助人的赔偿限额

我国《海商法》第210条规定对于不以船舶进行救助作业或者在被救助船舶上进行救助作业的救助人,其责任限额按照总吨位为1500吨的船舶来计算。以自己所有或租赁、经营的船舶进行救助的,按救助船舶的吨位来计算责任限额。

(七)责任基金的分配方面

责任基金指责任主体要求限制责任的申请一经法院审查认可,就须向法院提交一笔与责任限额等值的款,作为分配给所有选择性债权的基金。设立责任基金的目的在于避免责任人的其他财产遭到扣押或查封,保证受害人能得到及时的应得赔偿,从而快速解决索赔问题。

关于责任基金的分配及优先受偿项目的规定方面,各国存在差异。

我国《海商法》第213条规定:"责任人要求依照本法规定限制赔偿责任的,可以在有管辖权的法院设立责任限制基金。基金数额分别为本法第210条、第211条规定的限额,加上自责任产生之日起至基金设立之日止的利息。"第214条规

定:"责任人设立责任限制基金后,向责任人提出请求的任何人,不得对责任人的任何财产行使任何权利;已设立责任限制基金的责任人的船舶或者其他财产,已经被扣押,或者基金设立人已提交抵押物的,法院应当及时下令释放或责令退还。"但是,如果在一次航行中有数次事故发生的,责任人只就其中的一次事故在法院设立了有效的责任限制基金,那么受损害人仍可以基于另外的事故原因,向责任人请求赔偿、提交财产或担保。

关于基金的分配问题,一般是按人身伤亡基金和财产损害基金来分配的,分别专门用于人身伤亡的索赔和财产损害的索赔。当人身伤亡基金不足以清偿时,不足部分可以与财产损害索赔一起从财产损害基金中按索赔数额的比例分配。同时,因码头、港口工程设施受损而索赔的,应当较其他财产索赔优先受偿。

(八)相互索赔的冲抵方面

相互索赔的冲抵涉及的是在当事人双方互为责任人和索赔人的情况下,责任限额分别适用于各自的索赔额还是仅适用于双方的索赔的差额问题。对这一问题,各国规定不一。

(九)海事赔偿责任限制的程序方面

海事赔偿责任限制程序制度是关于船舶所有人、救助人就海事债权人的索赔援用海商法及有关责任限制公约进行抗辩的程序规范的总称。

国际公约在具体程序方面规定甚少,各国根据自己本国的不同情况,制定适合本国的程序性规则。因此,"大多数航运国家都在其海商法或者海事诉讼法中规定了专门的海事赔偿责任限制程序制度,如德国、比利时、丹麦、挪威、荷兰、芬兰、西班牙、法国、希腊、克罗地亚、日本、巴拿马、英国、美国、加拿大、澳大利亚、爱尔兰、南非、巴哈马、巴巴多斯、中国香港等国家和地区。由于各国或地区之间法律文化传统不同,导致了对援用责任限制的适用程序的不同的立法结构,使海事赔偿责任限制程序的性质存在一定差异"[1]。

我国《海商法》第十一章对海事赔偿责任限制制度做了规定,《海诉法》第九章和第十章中对设立海事赔偿责任限制基金的程序做了规定,但没有明确规定完整的海事赔偿责任限制程序。英美法系国家当事人申请责任限制是作为单独的诉来对待的,申请人向法院提起责任限制的诉或反诉,法院适用特别程序;大陆法系各国如德国、日本、挪威等,海事赔偿责任限制程序是作为海事索赔案件的附

---

[1] 屈广清主编:《海事国际私法新编》,法律出版社2005年版,第164页。

属,不是单独的诉。有学者主张我国也应该将申请海事赔偿责任限制作为诉来对待,除了对债权人的索赔起诉因责任限制提出抗辩外,可以通过特别程序首先提起责任限制的诉讼。也有人认为,海事赔偿责任限制是针对海事赔偿这种请求权的抗辩权,不能无因有果。①

(十)海事赔偿责任限制的权利丧失方面

将责任主体对限制性海事请求的赔偿责任限制在一定范围,是海事国际公约和国内立法赋予船舶所有人等责任主体的权利。但是,责任主体并非在任何情况下都可以主张此项权利,海事国际公约和国内立法都规定了不得限制责任的情形。一旦责任主体丧失了海事赔偿责任限制的权利,责任主体必须按照实际损失承担全部赔偿责任。因此,该问题十分重要,但国际社会的规定并不一致。例如海事国际条约关于责任限制丧失的规定按条件宽严,可分为新、旧两种立法体例。

(十一)海事赔偿责任限制的适用方法方面

有关海事赔偿责任限制的法律适用的学说与立法是不完善的,不统一的。如美国在船舶所有人责任限制法律适用方面不明确;法国坚持赔偿责任限制所涉及的问题都受调整事故责任的法律的约束;英国规定了多边原则和例外原则。学者期望"最好是,在每一个案件中,采用法律适用的统一方法确定责任限制权利和责任限制基金的准据法"②。

综上,"有关海事赔偿责任限制制度的内容很多,且各国的法律及有关国际公约规定不尽相同。海事赔偿责任限制的法律冲突在所难免"③。

第二节 法律适用

由于各国海商法对海事赔偿责任限制制度的规定存在很大差别,不同国家的法院在解决海事赔偿责任限制纠纷,会遇到如何适用法律的问题。解决这些问题的方法主要有:

---

① 参见屈广清主编《海商法》,东北财经大学出版社 2009 年版,第 153 页。
② [加]威廉·泰特雷著:《国际冲突法——普通法、大陆法及海事法》,刘兴莉译,法律出版社 2003 年版,第 346 页。
③ 王国华著:《海事国际私法研究》,法律出版社 1999 年版,第 204 页。

一、适用国际统一实体法

由于各国对海事赔偿责任限制的制度和限额各不相同,船舶所有人的责任也因为国家不同而不同,给国际海运业带来很大麻烦。因此,一直以来,国际上都在尽力统一有关海事责任限制的规定。到目前为止,共制定了三个国际公约。其中,1924 年《关于统一船舶所有人责任限制若干规定的国际公约》因没有获得英、美、德、日等海运大国的接受,未达到生效条件而一直没能生效。另外两部重要的国际公约为:

(一)1957 年《船舶所有人责任限制国际公约》

1957 年《船舶所有人责任限制国际公约》(The International Convention Relating to the Limitation of the Liability of Owners of Seagoing Ships, 1957)由国际海事委员会于 1957 年 10 月 10 日在布鲁塞尔第十届海洋法外交会议上通过,于 1968 年 5 月 31 日生效,该公约是第一个生效的关于船东责任限制的国际公约,统一了船舶所有人的责任限制制度。1957 年《船舶所有人责任限制国际公约》,目前约有 50 个参加国,我国没有参加该公约。1957 年《船舶所有人责任限制国际公约》生效以后,国际海事委员会还于 1979 年 12 月 21 日通过了 1957 年公约的议定书,提高了责任限额,并将计算单位改为特别提款权,但是该议定书还没有生效。

1957 年《船舶所有人责任限制国际公约》采取按每一次事故确定责任限额的金额制度,计算单位为金法郎。该公约明确规定了适用的船舶、责任主体、责任限制条件、限制性债权、非限制性债权、责任限额、责任限制基金等,主要内容如下表(表 6-4)所示:

表 6-4　1957 年《船舶所有人责任限制国际公约》

适用的船舶	海船
责任主体	(1)船舶所有人、承租人、管理人、经营人 (2)船长、船员及其他雇员 (3)船舶
责任限制的条件	对不同主体规定了不同条件,船舶所有人、承租人、管理人、经营人实际过失或者参与所引起的事故,不能限制责任;其他人实际过失或者参与所引起的事故,可以限制责任。
限制性债权	船载人员的人身伤亡及财产的灭失损坏等。

续表

适用的船舶	海船
非限制性债权	因救助报酬及共同海损分摊提出的债权;根据调整雇佣合同的法律的规定,船舶所有人不得限制责任或虽然可以限制但限额高于本公约的。
责任限额及基金分配	单纯人身伤亡按照每吨3100金法郎设立,各个索赔人按比例分配该基金。 单纯财产损害按照每吨1000金法郎设立,各个索赔人按比例分配该基金。 混合情况(人身伤亡财产损害混合)按照每吨2100金法郎设立。 当人身伤亡基金不足清偿人身伤亡实际损失时,不足部分与实际发生的财产损害索赔按比例分配财产损害基金。
设置地点	在发生损害索赔事故的港口;发生在港口外的,以当事船第一到达港为准;旅客离船地或者卸货地港口。
准据法	程序问题适用设置地法。

(二)1976年《海事赔偿责任限制公约》

1957年《船舶所有人责任限制国际公约》生效以后,发挥了积极的作用,但是随着时代的发展,1957年公约逐渐有些不适应海运业的发展需要了,比如1957年公约规定的责任主体没有包括救助人,规定的计算单位也不太科学等,这些情况使得对1957年公约进行修改已成为必要。在这样的背景下,联合国海事组织于1976年11月在伦敦召开的外交会议上通过了1976年《海事赔偿责任限制公约》,并于1986年12月1日起生效。1976年《海事赔偿责任限制公约》目前有25个参加国,我国未加入该公约。但是,我国《海商法》关于海事赔偿责任限制的规定基本上是参照该公约制定的。

1976年公约在1957年公约的基础上做了很多修改,包括提高了责任限额,将计算单位改为特别提款权,将一般的过失责任限制条件升格为重大过失等,内容如下表(表6-5)所示:

表 6-5 1976 年《海事赔偿责任限制公约》

适用的船舶	海船
责任主体	(1)船舶所有人、承租人、管理人、经营人、救助人、责任保险人 (2)船舶
责任限制的条件责任人故意或者明知可能造成但是采取漫不经心的行为或不为的,不得限制责任。	
限制性债权	船载人员的人身伤亡及财产的灭失损坏等。
非限制性债权	因救助报酬及共同海损分摊提出的债权等。
责任限额及基金分配	一般按照吨位计算,500 吨以下按 500 吨计算,人身伤亡的赔偿以 333000SDR 为基数,财产的赔偿以 167000SDR 为基数,按照每吨 3100 金法郎设立,各个索赔人按比例分配该基金。501-3000 吨的,人身伤亡的赔偿每吨位增加 500SDR,财产的赔偿每吨位增加 167SDR。3001-30000 吨的,人身伤亡的赔偿每吨位增加 333SDR,财产的赔偿每吨位增加 167SDR。30001-70000 吨的,人身伤亡的赔偿每吨位增加 250SDR,财产的赔偿每吨位增加 125SDR。70000 吨以上的,人身伤亡的赔偿每吨位增加 167SDR,财产的赔偿每吨位增加 83SDR。 对于非船救助方及在被救船上进行救助作业的救助方造成的损害,一律按 1500 总吨计算。 对旅客人身伤亡的赔偿按照船舶的客定员乘以 46666SDR,但不得超过 25000000SDR。
设置地点	在发生损害索赔事故的港口;发生在港口外的,以当事船第一到达港为准;伤亡人员离船港或者货物卸货地港口,实施扣押的国家。
准据法	程序问题适用设置地法。

(三)1976 年《海事赔偿责任限制公约 1996 年议定书》

1976 年《海事赔偿责任限制公约》生效以后,为提高责任限额,1996 年 4 月,联合国海事组织又通过了 1976 年《海事赔偿责任限制公约 1996 年议定书》,对 1976 年《海事赔偿责任限制公约》的内容进行了改变,内容如下表(表 6-6)所示:

表6-6　1976年《海事赔偿责任限制公约1996年议定书》

船舶总吨位	人身伤亡的赔偿请求（SDR）	其他赔偿请求（SDR）
不超过2000	2000000	1000000
2001－3000	2000000，每增加一吨增加800	1000000，每增加一吨增加400
3001－70000	2000000，每增加一吨增加600	1000000，每增加一吨增加300
70000以上	2000000，每增加一吨增加400	1000000，每增加一吨增加200

二、适用调整海事赔偿责任限制的冲突规范

各国通过制定冲突规范的方式来解决法律冲突问题，是比较可行的做法。但是各国规定的冲突规范不尽一致，也会产生新的矛盾与问题。各国的不同规定如下表（表6－7）所示：

表6－7　调整海事赔偿责任限制的冲突规范

采用"同一制"的法律适用方法（主张海事赔偿责任限制统一适用一个法律）	1.《比利时民法典》第3条规定："侵权行为一般适用侵权行为地法。侵权行为地法不仅适用于确定过失的问题、举证责任、因果关系和损害赔偿的确定，而且也适用于责任限制。" 2.《克罗地亚海事法典》第999条规定，船舶所有人责任限制适用船旗国法，该条第2款规定，如果《海事法典》规定的责任限制比船旗国法的规定更严格，《海事法典》适用于外国籍船舶。① 3.《丹麦海事法》第243条规定："如果船舶所有人想要在丹麦法院提出责任限制请求，关于船舶所有人责任限制，适用丹麦法。" 4.《意大利航海法》第7条规定："船舶所有人责任限制适用船旗国法。" 5. 我国《海商法》第275条规定："海事赔偿责任限制，适用受理案件的法院所在地法。"

---

① 参见[加]威廉·泰特雷著《国际冲突法——普通法、大陆法及海事法》，刘兴莉译，法律出版社2003年版，第604－605页。

续表

采用"分割制"的法律适用方法（主张海事赔偿责任限制可以分为几个问题，分别适用不同的法律）	1. 1957年《船舶所有人责任限制国际公约》第1条第6款、第4条和第5条第5款确立了责任限制的法律适用原则。公约第1条第6款规定，应依照法院地法确定谁负有举证责任证明是否由于船舶所有人的"实际过失或私谋"引起赔偿请求。公约第4条规定，关于设立和分配责任限制基金的规则，以及一切程序规则，应受设立基金所在地国家的法律约束。公约第5条第5款规定，程序和时效问题应适用诉讼所在缔约国的法律。
	2. 1976年《海事赔偿责任限制公约1996年议定书》第10条第3款和第14条涉及法律适用问题。公约第10条第3款规定，若责任限制基金尚未设立，有关责任限制的程序应适用诉讼所在缔约国的法律。公约第14条规定，责任限制基金的设立及分配，以及任何相关程序(与责任限制基金设立及分配有关)应受基金设立所在国法律约束。

值得注意的是，各国无论是采用"同一制"，还是采用"分割制"，其适用的法律都不外乎有下列几种：

（一）法院地法

采用法院地法的国家有法国、澳大利亚、巴西、利比里亚、中国等国家。

（二）船旗国法

采用船旗国法的国家有克罗地亚、意大利、阿根廷、保加利亚、斯洛文尼亚等国家。国外也有学者主张："船舶所有人责任限制适用船旗国法，有利于保护船舶所有人的利益及适应一国航运事业发展的需要。"[①]

（三）侵权行为地法

采用侵权行为地法的国家有比利时等国家。

（四）最密切联系地法

最密切联系地法这种法律选择方法目前在冲突法领域中得到了广泛运用，甚至有人把最密切联系原则作为判断有关冲突法是不是"现代化"了的一项重要标准。[②]

---

① [日]北协敏一著：《国际私法——国际关系法Ⅱ》，姚梅镇译，法律出版社1989年10月版，第231页。

② 参见李双元著《国际私法（冲突法篇）》，武汉大学出版社2001年版，第334-336页。

(五)按政府利益分析确定准据法

政府利益分析的方法在美国司法实践中较有影响。

三、我国海事赔偿责任限制法律适用法的立法与完善

(一)借鉴外国法及国际条约的相关规定

外国法及国际条约的相关规定较多,可资借鉴。如1976年《海事赔偿责任限制公约》第10条第3款规定:"涉及设立基金的程序将由受理案件的缔约国法律决定"。1957年《船舶所有人责任限制公约》第5条第5款规定:"受理案件的缔约国法律将支配程序和时效的问题"。1894年《英国商船航运法》第265条规定:"除法律另有规定外,所有关于船舶或船员的事件,概适用船舶登记港的法律"。

(二)参考国外相关的判例

国外相关的判例较多,如美国1984年M/V SWIBON申请海事赔偿责任限制案①。该案由美国ALASKA地区法院审理。该案申请人是M/V SWIBON的船东,M/V SWIBON船和M/V PAN NOVA船在公海上发生碰撞,两艘均为韩国船,在碰撞发生后,向美国法院申请责任限制,法院必须依据法律选择规则决定哪国的实体法应该运用到本案。如果外国责任限制法是外国实体法的一部分,法院在适用外国实体法的同时,也应该适用该外国的关于赔偿限制的法律。本案中,由于两艘船悬挂韩国旗,由韩国人所有和经营,双方在签订合同时预见的是适用韩国法,而且韩国在适用韩国责任限制法上有重大利益。本案关于船舶碰撞应该适用韩国的实体法。《韩国商事法典》第六章中规定了船舶碰撞,第843条规定了在公海上碰撞的船舶享有责任限制的权利。但是在韩国,船东不能在诉前主动申请责任限制,而只能在诉讼过程中,作为抗辩提出责任限制,所以韩国法律并未规定有关实现该责任限制权利的程序规则。因此,韩国关于责任限制权利的法律不是"程序法"而是"实体法",是韩国实体法的一部分,美国ALASKAF地区法院决定关于赔偿责任限制权利,包括赔偿责任限制金额的法律应适用韩国法。"该案中,美国法院突破了关于海事赔偿责任限制基金识别为程序法的传统做法和严格适用法院地法的一贯做法,避免了当事人为获得对自己有利的判决而选择法院(fo-

---

① 参见596F. Supp. 1268,1985AMC722(D. Alas. 1984)。

rum shopping)的现象出现"①。

值得注意的是,美国的观点是发展变化的,在 1912 年 4 月 15 日"泰坦尼克"号诉讼案中②,美国法院认为,有关责任限制的问题应该适用法院地法,结果适用美国法进行了处理,没有适用任何其他国家的法律。但在稍后的 The Norwak Victory 案、The Arctic Expbrer 案中,美国法院都适用了最密切联系国家的法律。在 The Norwak Victory 案中,美国联邦法院认为,如果外国的实体法与外国有关责任限制的成文法之间有整体的联系,美国法院在责任限制问题上应该适用外国法。在 The Arctic Expbrer 案中,美国得克萨斯地区法院认为,由于本案与美国没有实际联系,加拿大法律应适用于此案的责任限制问题,加拿大法比美国法具有更强的利益。③

(三)我国现行立法的规定

我国《海商法》第 275 条规定:"海事赔偿责任限制,适用受理案件的法院所在地法律。"即有关责任限制的权利、基金的数额等都应由法院地法确定。在我国的司法实践中,经常会遇到海事赔偿责任限制的案件,如申请人广州海运局提出海事赔偿责任限制案④:申请人广州海运局所属"大庆 245"号油轮于 1986 年 10 月 18 日 12 时 45 分靠妥青岛油码头西泊位,准备装油,19 时 05 分前部突然起火,后沉没于码头附近。本次事故造成青岛港务局码头受损、当时停泊在该码头东泊位的日籍"海燕"轮损害和该日籍船上人员伤害等损失,并产生了清除打捞"大庆 245"号轮残骸的费用。被申请人日本国燕洋海运株式会社因遭受事故损失而向申请人索赔。鉴于此,申请人向海事法院提出海事赔偿责任限制。

海事法院经调查认为,申请人所属轮船处于适航状态,申请人对该责任的产生没有故意或重大过失,申请人对被申请人和其他相关人员的赔偿成立。申请人申请海事赔偿责任限制应适用受理案件的法院所在地法即中国法。海事法院裁定:准予申请人责任限制的申请,申请人自收到裁定书之日起 10 日内向该院提交

---

① 刘旭:《海事赔偿责任限制的法律适用新论》,http://www.ccmt.org.cn/showexplore.php?id=788,2013 年 4 月 27 日访问。

② "泰坦尼克"号汽轮在英国注册,由英国南安普敦出发前往美国纽约,与冰山相撞后沉没,导致大量具有美国、英国、欧洲等国国籍的旅客和成员死亡。事故发生后,具有不同国籍的海事请求人在美国法院向船舶所有人提出了赔偿请求。

③ 参见 William Tetley,*Shipowners' Limitation of Liability and Conflict of Law*,Journal of Maritime Law and Commerce,vol23. No4. p. 600 – 601(1992)。

④ 参见《中华人民共和国海商法诠释》,人民法院出版社 1995 年版,第 500 页。

责任限制基金,被申请人自收到裁定书之日起 60 天内向法院办理限制性债权登记。

但是,在责任限制问题上,一概适用法院地法会变相地鼓励当事人择地诉讼。加拿大学者威廉·泰特雷教授也认为:"《中华人民共和国海商法》第 275 条规定是非常遗憾的规定,容易导致择地诉讼。"①在我国的司法实践中有许多海事赔偿责任限制适用法院地法的实例。我国在"大庆油轮船"起火案②、"香港启通 6 号"轮集装箱落水案③等的判决中,都采用了法院地法。但这一冲突规范太简单了,不太符合国际航运的发展趋势。④ 我国《海商法》从 1993 年实施至今,已达 20 年,目前学界正在研究《海商法》的修改问题,但在实体法修改的同时,海事赔偿责任限制的法律适用问题也有待完善。

(四)我国相关立法草案、建议案对海事赔偿责任限制的规定

我国《民法(草案)》第九编第 84 条第 4 款规定:"海事赔偿责任限制,适用受理案件的法院所在地法律。"该规定与《海商法》第 275 条的规定一致。但《民法(草案)》第九编将海事赔偿责任限制与船舶碰撞、共同海损理算规定在同一条中,是不合理的。因为海事赔偿责任限制制度不仅适用于船舶碰撞,而且还适用于海事合同,海难救助和除船舶碰撞以外的侵权等各个方面。

《中华人民共和国国际私法示范法》第 128 条规定:"赔偿责任的免除和限制,

---

① [加]威廉·泰特雷著:《国际冲突法——普通法、大陆法及海事法》刘兴莉译,法律出版社 2003 年版,第 720 页。
② 参见傅旭梅主编《中华人民共和国海商法诠释》,人民法院出版社 1995 年版,第 500 页。
③ 参见杜伯强、詹卫全《香港启通船务有限公司申请海事赔偿限制案》,载《珠江水运》1997 年第 7 期,第 25 页。
④ 我国也有学者认为,海事事故发生后,责任人是否享有责任限制权利、享有责任限制的基金金额以及是否应该赔偿经济损失等问题都将直接影响到当事人的经济利益,与责任人的责任限制权利能否实现密切相关。如果将其识别为程序问题,统一适用法院地法,必然会导致当事人选择法院的现象出现。实践中,受害人倾向于向责任限制金额高的国家的法院提起诉讼,责任人则倾向于向责任限制金额低的国家的法院提起诉讼。无论向哪个法院提起诉讼,都必将损害其中一方当事人对法律的预期利益。因此,将海事赔偿责任限制统一适用法院地法或将责任限制识别为程序问题适用法院地法的立法实践都显得不太合时宜。因此,在海事赔偿责任限制的法律适用领域体现出两个发展趋势:其一是"分割制"在法律选择中的适用;其二是除了申请责任限制的程序之外,将其他问题包括赔偿责任限制权利的依据、责任限制基金金额和责任限制基金分配顺序等识别为实体问题,并且适用各自的准据法。参见刘旭《海事赔偿责任限制的法律适用新论》,http://www.ccmt.org.cn/showexplore.php? id=788,2013 年 4 月 27 日访问。

除适用支配侵权行为的法律外,同时适用受理案件的法院地法。"该规定与《海商法》相比,增加了同时适用的条款。但是前已述及,海事赔偿责任限制制度不仅适用于侵权,而且还适用于海事合同,为何只重叠适用"侵权行为的法律与受理案件的法院地法"呢?况且重叠适用在国际上非常少见,如何与国际接近与接轨?重叠适用的责任限制是就高还是就低呢,恐怕都没有充足的理由去说明。另外,"赔偿责任的免除和限制"只是"海事赔偿责任限制"的内容之一,不能代表"海事赔偿责任限制",不如直接替换为"海事赔偿责任限制"为妥。"适用受理案件的法院地法"不如替换为"法院地法"为妥。

2010年中国国际私法学会《涉外民事关系法律适用法(建议稿)》第70条规定:"责任的限制或免除,同时适用支配侵权行为的法律和法院地法。"该规定与《中华人民共和国国际私法示范法》的规定完全一致。

(五)理论上学者的观点与立法建议

我国理论上学者的观点与立法建议较多,主要分歧表现在分割制(将海事赔偿责任限制问题分割成不同的方面分别适用准据法)和单一制(将海事赔偿责任限制问题视为一个整体统一适用准据法)两种不同的主张方面。分割制强调法律适用的精细化,单一制强调法律适用的一致性。① 在两种不同的主张之中,各种具体观点也有一些差别,如下表(表6-8)所示:

---

① 反对分割制的理由为:一是国际公约方面实际上是"单一制"。1957年公约和1976年公约虽对海事赔偿责任限制问题进行划分,分别适用法院地法和基金设立国法,但在国际实践中,大多数情况下仍只适用法院地法。因为基金设立国通常就是扣船地,在发生重大海难事故时,受害方就地扣船的情况居多,为了尽快解除扣船,责任限制申请方往往向扣船地法院申请责任限制并设立限制基金,而程序问题适用法院地法是各国普遍的做法,由此基金设立国法多数情况下就是法院地法,所以海事赔偿责任限制案件适用同一准据法(即法院地法)的情况比较多见。二是多数国家是采用"单一制"。如法国、英国等。在1969年《美国第二部冲突法重述》所确立的"分割制"原则在司法实践中并没有被接受,反而在大多数案件中,美国法院任何情况下总是设法适用美国法,即法院地法。三是海事赔偿责任限制问题不好分割。如法律问题可分为实体问题和程序问题,国际上关于海事赔偿责任限制问题是实体法范畴还是程序法范畴,责任限制的权利是实体法上的权利还是程序法上的权利历来存在争议。而关于反诉、推定、举证责任、举证规则、证据规则、时效等事项是否区别于实体、程序问题也有不同意见。所以要对海事赔偿责任限制问题进行分割事实上是不容易的。四是"分割制"不好应用。"分割制"技术含量较高,适用起来比较烦琐,会使法官的工作量加大,而且要求法官要具备较高的专业素质。

表6-8 学者的观点与立法建议

分割制	学者1. 认为:"海事赔偿责任限制的程序性方面适用法院地法,实体方面适用船旗国法,但是其他场所与海事赔偿责任限制有更密切联系时,可适用其他地方的法律。"①
	学者2. 认为:"对责任限制申请人是否存在实际过失、是否知情等问题的举证责任以及其他程序问题,适用法院地法,其他问题,适用与案件有最密切联系国家的法律。"②
	学者3. 认为:"责任限制的程序部分、附带部分适用法院地法,实体部分适用船旗国法,如其他国家有更密切联系的,适用其他国家的法律为准据法。"③
	学者4. 认为:"对责任限制的每一问题,包括程序规则、附带问题,均应依最密切联系原则,分别选择各自适用的法律。"④
	学者5. 认为:"应采用分割制,海事赔偿责任限制的设立程序、分配规则等程序性问题适用法院地法;责任限制的主体范围、限制性债权和非限制性债权等实体性问题适用侵权行为地法、船旗国法以及法院地法等与案件有最密切联系的国家或地区的法律。"⑤但该学者在具体的修改建议中又提出:"海事赔偿责任限制,适用受理案件的法院所在地法或与其有最密切联系的国家的法律。"⑥该表述又不是分割制,主张之间产生矛盾。
单一制	修改《中华人民共和国海商法》建议稿第379条规定:"海事赔偿责任限制,适用受理案件的法院所在地法律。"
	学者1. 认为:"海事赔偿责任限制依最密切联系地法原则,适用侵权行为地法或受理案件的法院地法。"⑦但该学者的观点是不断变化的,并没有一直坚持自己的主张。该学者在另外一篇文章中又提出:"海事赔偿责任限制,适用受理案件的法院所在地法或与其有最密切联系的国家的法律。"⑧

---

① 蔺捷:《试论海事赔偿责任限制的法律适用》,载《法律经纬》2008年第1期,第73页。
② 胡新刚:《海事赔偿责任限制的法律适用问题研究》,华东政法大学法学院2011年硕士学位论文,第23页。
③ 王亚楠:《海事赔偿责任限制的法律冲突与准据法》,大连海事大学法学院硕士学位论文,2012年,第20-21页。
④ 何立新、谢美山:《海事赔偿责任限制研究》,厦门大学出版社2008年版,第301页。
⑤ 黄晓花:《海事赔偿责任限制的法律适用问题研究——对我国海商法第275条规定的修改意见》,载《珠江水运》2008年第4期,第38页。
⑥ 黄晓花:《海事赔偿责任限制的法律适用问题研究——对我国海商法第275条规定的修改意见》,载《珠江水运》2008年第4期,第41页。
⑦ 王国华:《我国海事法律适用法立法研究》,载《海大法律评论》,上海社会科学出版社2007年版,第200页。
⑧ 王国华:《"泰坦尼克"号案与海事赔偿责任限制的法律适用》,载《现代法学》2005年第4期,第193页。

学者2.	认为:"海事赔偿责任限制,适用受理案件的法院所在地法律。"①
学者3.	认为:"海事赔偿责任限制适用船旗国法,如果海事赔偿责任限制与其他国家的法律有更密切联系的适用该其他国家的法律。"②
学者4.	认为:"根据情况分别适用船旗国法或者法院地法。"③

(六)笔者的建议

综上所述,采用"单一制"与采用"分割制"各有优劣。我国《海商法》第275条规定是采"单一制"的典型代表,但目前我国学界也有不少学者主张对海事赔偿责任限制的法律适用采用"分割制"。笔者主张吸收"单一制"与"分割制"各自的长处,吸收最密切联系原则等系属公式的长处,妥善解决我国海事赔偿责任限制的法律适用问题。

结语:笔者关于该章内容的立法建议条款为:"海事赔偿责任限制,适用侵权行为地法、船旗国法或法院地法中与案件有最密切联系的国家的法律。"

说明:在司法实践中,各国关于海事赔偿责任限制的准据法,侵权行为地法、船旗国法或者受理案件的法院所在地法律都有采用的,但多是单一适用。笔者建议根据最密切联系原则,在这三个最基本的系属公式中进行选择,可以避免单一适用带来的遗憾。笔者的建议是有限的最密切联系原则,即在侵权行为地法、船旗国法或者法院地法中选择一个最密切联系的法律。

杨·斯卡采尔(Jan Skacel)说道:

诗人并不创造诗

诗在背后的某个地方

很久以来它就在那里

---

① 毕道俊:《中国海事冲突法的立法研究》,安徽大学法学院2007年硕士论文,第46页;肖永平《论〈中华人民共和国国际民商事关系法律适用法〉的立法体系》,中国国际私法学会2004年年会论文集,第151页。
② 周后春等:《海事赔偿责任限制的法律适用》,载《世界海运》2006年第2期,第40页。
③ 赵伟:《海事赔偿责任限制程序和法律适用研究》,上海海事大学法学院2005年硕士学位论文,第58页。

诗人只是将它发现①

这番表白很能够反映笔者的心境。也许发现了"诗",这不是功劳,它本来就在那里。如果发现的不是"诗",笔者将会继续努力下去。这"诗",即涉外海事关系法律适用法的法律规则和制度。

---

① 参见[美]玛丽安·康斯特布尔著:《正义的沉默——现代法律的局限和可能性》,曲广娣译,北京大学出版社2011年版,第133页。

第七章

《民事法律适用法》后我国海事国际私法的实践、问题与对策

第一节 《民事法律适用法》后我国海事国际私法的实践

《中华人民共和国涉外民事关系法律适用法》2010年10月28日由第十一届全国人民代表大会常务委员会第十七次会议通过,2011年4月1日正式施行。

2012年12月10日最高人民法院审判委员会第1563次会议通过了《关于适用〈中华人民共和国涉外民事关系法律适用法〉若干问题的解释(一)》,2013年1月7日施行。该解释第3条规定:"涉外民事关系法律适用法与其他法律对同一涉外民事关系法律适用规定不一致的,适用涉外民事关系法律适用法的规定,但《中华人民共和国票据法》《中华人民共和国海商法》《中华人民共和国航空法》等商事领域法律的特别规定以及知识产权领域法律的特别规定除外。"该条规定承认了《中华人民共和国海商法》等关于法律适用问题的规定是特别法的地位,在特别法没有规定时,而其他法有规定时,可以适用其他法。其他法没有规定,或者规定适用于涉外海事关系过于牵强的,也不能适用于涉外海事案件。

毋庸置疑,《中华人民共和国涉外民事关系法律适用法》的施行肯定会产生相应的影响。2011—2013年是《中华人民共和国涉外民事关系法律适用法》实施后完整的年段,海事国际私法是否会因为自身规定的内容的单薄或者其他原因而适用《民事法律适用法》,该适用是否可以替代海事国际私法立法的完善,这些问题直接关系到海事国际私法的立法必要性问题,需要进行研究。2011—2013年我国

法院受案量是非常大的。如2011年,全国法院新收涉外、涉港、澳、台一审、二审和执行案件37215件,同比上升11.65%。其中涉外案件18901件,同比上升11.05%;涉港案件11277件,同比上升1.91%;涉澳案件710件,同比上升19.53%;涉台案件6327件,同比上升35.98%。①

2012年,全国法院新收涉外、涉港、澳、台一审、二审和执行案件40191件,同比上升8.00%。其中涉外案件19979件,同比上升5.70%;涉港案件10599件,同比下降6.01%;涉澳案件987件,同比上升39.01%;涉台案件8626件,同比上升36.34%。②

笔者收集的法院判例来自于北大法宝及中国涉外商事海事审判网公布的司法判决。由于国内海事判例还没有做到全部上网,而且由于海事判例数量巨大,为了避免随机的不可靠性,笔者将这两个国内最主要的海事审判判例公布网站的判例全部收集。③ 然后根据网站发布的顺序选取60宗判例(2011年20宗、2012年20宗、2013年20宗),对这些案例进行分析,以为完善我国涉外海事关系法律适用法寻找对策。

一、2011－2013年我国涉外海事国际私法司法实践现状

(一)2011年的20宗海事国际私法判例

1. 原告中国人民财产保险股份有限公司大连市分公司诉被告塔苏斯海运公司(Tarsus Shipping Ltd)海运货物保险合同代位求偿纠纷。案号为(2011)青海法海商初字第273号。法院认为本案在审理过程中,原、被告均同意适用中华人民共和国法律审理本案。根据《中华人民共和国海商法》第269条的规定,本案适用中华人民共和国法律。

---

① 《2011年全国法院司法统计公报》,《中华人民共和国最高法院公报》2012年第4期,第36页。
② 《2012年全国法院司法统计公报》,《中华人民共和国最高法院公报》2013年第4期,第29页。
③ 笔者在2014年5月通过北大法律信息网 http://vip.chinalawinfo.com 查询的案例。/北大法宝→司法案例→海事海商纠纷得到6623宗判例结果,在该结果中将近三年涉外海事判例选出。为了了解适用涉外民事关系法律适用法的海事判例情况,笔者在6623宗判例结果中输入涉外民事关系法律适用法,得到36宗判例结果。通过对中国涉外商事海事审判网 http://www.ccmt.org.cn/,在裁判文书部分,得到7913个判例。在对这些案例中将近三年涉外海事审判案例一一进行挑出。这些案例是按照发布的顺序组织的,不含人为因素。

2. 原告 YWN 木薯粉有限公司诉被告建和船务有限公司等三被告提单欺诈纠纷。案号为(2011)青海法海商初字第 307 号。法院认为根据《中华人民共和国涉外法律关系适用法》的有关规定,中华人民共和国内地法律系是与本案有最密切联系的法律,本案适用中华人民共和国法律。

3. 原告马来西亚国家航运有限公司(MISC BERHAD)诉被告山东莱钢永峰钢铁有限公司海上货物运输合同纠纷。案号为(2011)青海法海商初字第 85 号。法院认为本案双方当事人均同意适用中华人民共和国法律审理本案,本案适用中华人民共和国法律。

4. 原告某某海运公司诉被告某某船舶有限公司、某某巴拿马公司船舶碰撞损害责任纠纷。案号为(2011)广海法初字 509 号。法院认为因碰撞事故发生地在中国,根据《中华人民共和国海商法》第 273 条第 1 款的规定,本案适用中华人民共和国法律。

5. 原告 A. P. 穆勒—马××有限公司与被告广东××盈经贸发展有限公司海上货物运输合同纠纷。案号为(2011)广海法初字第 747 号。法院认为本案双方当事人均援引中华人民共和国内地法律,且未提出法律适用异议,根据《最高人民法院关于审理涉外民事或商事合同纠纷案件法律适用若干问题的规定》第 4 条规定,本案适用中华人民共和国法律。

6. 原告中国人民财产保险股份有限公司××市分公司与被告××国际有限公司海上货物运输合同纠纷案。案号为(2011)广海法初字第 253 号。法院认为原被告对本案所适用的法律没有明示选择,但在诉讼过程中均援引中华人民共和国内地法律且未提出异议,根据《最高人民法院关于审理涉外民事或商事合同纠纷案件法律适用若干问题的规定》第 4 条第 2 款的规定,本案适用中华人民共和国法律。

7. 原告北京××世科技有限公司与被告××海运有限公司、××海运(日本)有限公司、广州××物流服务有限公司海上货物运输合同纠纷案。案号为(2011)广海法初字第 483 号。法院认为本案各方当事人均援引中华人民共和国内地法律,且未提出法律适用异议,根据《最高人民法院关于审理涉外民事或商事合同纠纷案件法律适用若干问题的规定》第 4 条规定,本案适用中华人民共和国法律。

8. 广州某某机械设备有限公司诉某某航运有限公司船舶物料和备品供应合同纠纷案。案号为(2011)甬海法商初字第 263 号。法院适用中国法没有说明理由。

9. 原告×玛企业国际有限公司与被告深圳联合×达国际货运有限公司、德飞兹××海运公司海上货物运输合同纠纷案。案号为(2011)广海法初字第203号。法院认为各方当事人在诉讼中均明确选择适用中华人民共和国法律,根据《最高人民法院关于审理涉外民事或商事合同纠纷案件法律适用若干问题的规定》的第4条第1款的规定,本案适用中华人民共和国法律。

10. 广州市花都区狮岭×龙皮件厂诉被告×丰国际有限公司、深圳市×倡货运有限公司海上货物运输合同纠纷案。案号为(2011)广海法初字第85号。法院认为各方当事人在诉讼中均明确选择适用中华人民共和国法律,根据《最高人民法院关于审理涉外民事或商事合同纠纷案件法律适用若干问题的规定》的第4条第1款的规定,本案适用中华人民共和国法律。

11. 某某中成药保健品进出口公司诉某某某航运有限公司、某某某航运公司马达加斯加公司、某某某航运(香港)有限公司、广东某某国际船舶代理有限公司海上货物运输合同纠纷案。案号为2011广海法初字362号。法院认为涉案合同与中华人民共和国有最密切联系,依照《中华人民共和国海商法》第269条的规定,本案适用中华人民共和国法律。

12. 义乌市某某进出口有限公司诉某某新加坡私人有限公司海上货物运输合同纠纷案。案号为(2011)甬海法商初字第280号。法院认为双方当事人均同意适用中国法律,本案适用中华人民共和国法律。

13. 货运代理合同纠纷案。案号为(2011)广海法初字第600号。法院认为原、被告在庭审中一致同意适用中华人民共和国法律,根据《中华人民共和国合同法》第126条第1款规定,本案适用中华人民共和国法律。

14. 深圳市××国际货运代理有限公司诉××航运代理有限公司、××综合航运有限公司、××迅航有限公司、××华晖国际货运代理有限公司、××货运联营有限公司、××港航企业集团有限公司多式联运合同纠纷案。案号为(2011)广海法初字第632号。法院认为各方当事人在庭审中均选择适用中华人民共和国法律,根据《中华人民共和国涉外民事关系法律适用法》第3条的规定,本案适用中华人民共和国法律。

15. 地中海×××公司诉妙卡×××公司海上货物运输合同纠纷案。案号为(2011)广海法初字第259号。法院认为原、被告双方均选择适用中华人民共和国法律解决本案实体争议,依照《中华人民共和国海商法》第269条的规定,本案适用中华人民共和国法律。

16. 深圳市鑫铭威××有限公司诉万胜××物流(香港)有限公司、上海骏鹏××国际货物运输代理有限公司、上海骏鹏××国际货物运输代理有限公司深圳分公司海上货物运输合同纠纷案。案号为(2011)广海法初字第149号。法院认为与本案争议具有最密切联系的法律应为中华人民共和国法律。依照《中华人民共和国海商法》第269条的规定,本案适用中华人民共和国法律。

17. 深圳市海格×××公司诉阿尔拔×××公司海上货物运输合同纠纷案。案号为(2011)广海法初字第637号。法院认为原、被告双方在其达成的海上货物运输合同中已选择适用中华人民共和国法律,依照《中华人民共和国海商法》第269条的规定,本案适用中华人民共和国法律。

18. 上诉人上海洋捷国际货物运输代理有限公司(SUMMIT INTERNATIONAL LOGISTICS LTD.)与被上诉人KS资源有限公司(KS RESOURCES LIMITED)多式联运合同纠纷案。案号为(2011)津高民四终字第0038-0111号。原审法院认为,诉讼中KS公司和洋捷公司提出主张和抗辩均引用中国法律,故本案适用《中华人民共和国海商法》和其他相关法律规定进行审理。二审法院认同。

19. 上诉人阳春海运有限公司与被上诉人JIUZHOU SHIPPING LIMITED(九洲船务有限公司)航次租船合同纠纷一案。案号为(2011)闽民终字第546号。原审法院认为,当事人双方一致选择中华人民共和国法律作为纠纷处理的准据法,因此本案纠纷依照我国相关法律进行裁判。二审法院适用中国法没有说明理由。

20. 上诉人CMA CGM S. A.(法国达飞轮船有限公司)与被上诉人浙江鑫鸿拉链有限公司、原审被告宁波华港国际船舶代理有限公司海上货物运输合同无单放货纠纷案。案号为(2011)浙海终字第70号。原审法院审理认为:鑫鸿公司与达飞公司在庭审中均同意适用我国法律,故本案适用我国法律。二审法院适用中国法没有说明理由。

(二)2012年的20宗海事国际私法判例

1. 原告中国人民财产保险股份有限公司深圳分公司与被告广州市恒天利船务有限公司、被告万海航运私人有限公司多式联运合同纠纷案。案号为(2012)广海法初字第270号。法院认为各方当事人均选择适用中华人民共和国法律,根据《中华人民共和国海商法》第269条的规定,本案适用中华人民共和国法律。

2. 福州天恒船务有限公司诉宁波中盟钢铁有限公司、远大物产集团有限公司海上货物运输合同和海事担保纠纷案。案号为(2012)甬海法商初字第40号。法院认为各方当事人在庭审中均主张适用中国法处理,本案适用中华人民共和国法律。

3. 深圳市××包装设备有限公司诉深圳市××国际物流有限公司海上货物运输合同纠纷案。案号为(2012)广海法初字第239号。法院认为原、被告在庭审中均选择适用中华人民共和国法律处理本案纠纷,依照《中华人民共和国海商法》第269条的规定,本案适用中华人民共和国法律。

4. 广东××塑胶有限公司诉上海××国际物流有限公司深圳分公司、上海××国际物流有限公司海上货物运输合同纠纷案。案号为(2012)广海法初字第182号。法院认为原、被告在庭审中均选择适用中华人民共和国法律处理本案纠纷,依照《中华人民共和国海商法》第269条的规定,本案适用中华人民共和国法律。

5. 舟山某某船厂有限公司诉某某航运有限公司船舶修理合同纠纷案。(2012)甬海法商初字第208号。法院认为涉案相关合同及协议的签订地、合同履行地均在中国舟山,原告及第三人在诉讼中也主张本案应适用中华人民共和国大陆法律,本案适用中华人民共和国大陆法律。

6. 中国某某外轮代理有限公司诉新加坡某某船务私人有限公司、香港某某国有限公司海事债权确权纠纷案。(2012)甬海法温权字第40号。法院认为当事人未协议选择合同适用的法律,原告在庭审中要求适用我国内地法律。本案代理行为地发生在我国内地,原告主张船舶优先权,根据《中华人民共和国涉外民事法律关系适用法》第16条第1款和《中华人民共和国海商法》第272条的规定,本案适用中华人民共和国法律。

7. 英忠有限公司与庆达海运有限公司船舶物料和备品供应合同纠纷案。(2012)广海法初字第277号。法院认为原、被告约定合同适用的法律为台湾地区法律和台湾地区《仲裁法》,根据《中华人民共和国涉外民事关系法律适用法》第41条的规定,本案适用台湾地区法律和台湾地区《仲裁法》。

8. 原告中国平安财产保险股份有限公司厦门分公司与被告欣生资源有限公司海上货物运输合同纠纷案。(2012)广海法初字第212号。法院认为原、被告在庭审中均选择适用中华人民共和国法律,根据《中华人民共和国海商法》第269条的规定,本案适用中华人民共和国法律。

9. 南宁奥×××技术开发有限公司诉上海亚××物流有限公司广州分公司、上海亚××物流有限公司海上货运代理合同纠纷案。(2012)广海法初字第513号。法院适用中国法没有说明理由。

10. 中国某银行诉大连某海运有限公司、某船务有限公司金融借款合同纠纷案。(2012)大海商外初字第4号。法院适用中国法没有说明理由。

11. ××电器有限公司诉深圳海x国际货运代理有限公司、××船务(中国)有限公司宁波分公司海上货物运输合同纠纷案。(2012)广海法初字第149号。法院认为原告和两被告在诉讼中根据《中华人民共和国海商法》第269条的规定选择适用中国法律,本案适用中国法律。

12. 某某基有限公司诉福建宁德某某食品有限公司、厦门某某进出口有限公司、宁波××国际贸易联运×有限公司、厦门某某物流有限公司海上货物运输合同纠纷案。(2012)甬海法商初字第30号。法院认为本案四被告系在我国登记注册的法人,各方当事人亦主张适用中国法律,本案适用中国法律。

13. 新加坡石油(香港)有限公司与庆达海运有限公司海事债权确权纠纷案。(2012)广海法终字第111号。法院认为《中华人民共和国涉外民事法律关系适用法》第41条规定:"当事人可以协议选择合同适用的法律。当事人没有选择的,适用履行义务最能体现该合同特征的一方当事人经常居所地法律或者其他与该合同有最密切联系的法律。"出卖人履行交货义务最能体现买卖合同特征,本案出卖人的住所地在香港特别行政区,本案审理适用香港特别行政区法律。同法第10条规定:"涉外民事关系适用的外国法律,由人民法院、仲裁机构或者行政机关查明。当事人选择适用外国法律的,应当提供该国法律。不能查明外国法律或者该国法律没有规定的,适用中华人民共和国法律。"原告未提供香港特别行政区的法律,也没有申请本院依职权查明香港特别行政区法律。本院通过其他途径不能查明香港特别行政区法律。因此,本案审适用中华人民共和国法律。

14. 韩国东部高科有限公司(DONGBU HITEK CO. LTD.)海事保函上诉案。案号为(2012)鄂民四终字第00130号。在当事人未提交有效的英国法律或判例的情况下,原审法院未能通过其他途径查明英国法律,根据中国冲突规范的规定,本案适用中国法律。二审法院认为,原审判决认定事实清楚,审判程序合法,适用法律因未能查明英国法律而适用中华人民共和国法律确有不当,但没有影响到对本案实体的正确处理。驳回上诉,维持原判。

15. 上诉人某甲公司(Singapore)与被上诉人某乙公司海上货物运输合同纠纷案。案号为(2012)浙海终字第157号。原审法院审理认为：本案双方当事人庭审中明确同意适用中国法律，故本案应适用中国法律。二审法院认为：太某某公司和某乙公司均为外国法人，双方当事人对于适用中华人民共和国法律审理本案均无异议，本院予以确认。

16. 海上打捞合同。(2012)鲁民四终字第152号。原审法院认为，涉案海上打捞合同明确约定适用中国法，该约定符合《中华人民共和国涉外民事关系法律适用法》第3条、《最高人民法院关于海事法院受理案件范围的若干规定》第26条的规定，本案适用中华人民共和国法律。二审认同。

17. 上诉人赛奥尔航运有限公司与被上诉人唐山港陆钢铁有限公司错误申请海事强制令损害赔偿纠纷案。(2012)津高民四终字第4号。原审法院认为，赛奥尔公司和港陆公司在诉讼过程中就涉外侵权的法律适用达成一致意见，即侵权责任是否构成适用中华人民共和国法律审查，留置权是否成立适用英国法审查。依据《中华人民共和国涉外民事关系法律适用法》第44条的规定，赛奥尔公司与港陆公司协议选择法律适用符合我国法律规定，原审法院予以认可。因此，本案适用中华人民共和国法律审查侵权责任是否构成，适用英国法审查留置权是否成立。二审法院认同。

18. 上诉人印度航运有限公司与被上诉人中华人民共和国东海区渔政局、原审被告康中明船舶污染损害赔偿纠纷案。(2012)浙海终字第19号。原审法院审理认为：根据《中华人民共和国民法通则》第146条的规定，因本案的侵权行为和结果发生地均位于我国温州外海，应适用我国法律进行审理。二审法院认同但没有说明适用法律的理由。

19. 上诉人福州天恒船务有限公司与被上诉人宁波中盟实业有限公司、远大国际(香港)有限公司、远大物产集团有限公司海上货物运输合同和海事担保纠纷案。(2012)浙海终字第67号。原审法院认为虽然涉案保函均约定保函根据英国法解释，但各方当事人在庭审中均主张本案适用中国法处理，因此本案适用中华人民共和国法律。二审法院认同但没有说明适用法律的理由。

20. 上诉人智利航运国际有限公司与被上诉人台州双林阀门制造有限公司海上货物运输合同纠纷案。(2012)浙海终字第54号。原审法院认为，依照《中华人民共和国民法通则》第146条关于"侵权行为的损害赔偿，适用侵权行为地法律"

的规定,本案适用中华人民共和国法律。二审法院认同。

(三)2013 年的 10 宗海事国际私法判例

1. 原告劳雷尔航运(毛里求斯)有限公司诉被告深圳市宏安达进出口有限公司海上货物运输合同纠纷案。(2013)广海法初字第 681 号。法院认为原、被告双方在庭审中一致同意适用中华人民共和国法律处理本案争议,根据《中华人民共和国海商法》第 269 条的规定,本案适用中华人民共和国法律。

2. 申请人巴西路易斯戴福司商品有限公司申请宣告提单无效案。(2013)广海法催字第 5 号。法院适用中国程序法没有说明理由,按照《最高人民法院关于适用〈中华人民共和国海事诉讼特别程序法〉若干问题的解释》第七十七条的规定处理。

3. 佛山市南海维朔丰金属家具有限公司诉上海环世捷运物流有限公司、上海环世捷运物流有限公司深圳分公司、比利时吉乐门货运代理有限公司、马士基(中国)航运有限公司深圳分公司海上货物运输合同纠纷案。(2013)广海法初字第 61 号。法院认为原告和四被告在诉讼中根据《中华人民共和国海商法》第 269 条规定选择适用中华人民共和国法律解决本案货物运输合同纠纷,因此,本案适用中华人民共和国法律。

4. 上诉人连云港明日国际海运有限公司与被上诉人纳塔斯有限公司、简威亨有限公司、埃姆林保险有限公司、埃克莎比利时有限公司、比戴姆保险人有限公司、和第戈林威克林有限公司、凯特林比利时有限公司、艾斯欧洲集团有限公司、阿威罗比利时保险有限公司、阿特兰提斯国际服务有限公司共同海损纠纷案。(2013)津高民四终字第 0054 号。一审法院认为各方当事人在庭审中均同意适用中华人民共和国法律,依照《中华人民共和国涉外民事关系法律适用法》第 3 条适用中国法律。二审法院认同。

5. 广州市泰州进出口贸易股份有限公司与 A. P. 穆勒－马士基有限公司(A. P. MOLLER － MAERSK A/S)等海上货物运输合同纠纷案。(2013)闽民终字第 1072 号。原审法院认为,根据《中华人民共和国民法通则》第 145 条及《中华人民共和国涉外民事关系法律适用法》第 41 条的规定,各方均明确选择适用中华人民共和国法律,故原审法院确定以中华人民共和国法律作为审理本案纠纷的准据法。二审法院认为,各方当事人均明确选择适用中华人民共和国法律,根据《中华人民共和国涉外民事关系法律适用法》第 41 条的规定,本案应以中华人民共和国法律为准据法。

6. 上诉人许荣彬、许博渊与被上诉人洋浦碧海船务有限公司、原审被告玺德（厦门）建材有限公司航次租船合同纠纷案。(2013)津高民四终字第13号。原审法院认为,在案件审理中,洋浦公司、玺德公司、许博渊、许荣彬均同意适用我国大陆法律,且均援引我国大陆法律陈述主张,因此本案适用我国大陆的法律。二审法院认为:依据《最高人民法院关于审理涉台民商事案件法律适用问题的规定》第1条第1款及《中华人民共和国涉外民事关系法律适用法》第3条的规定,因本案各方当事人在诉讼中明确表示选择适用我国大陆法律作为解决本案争议的准据法,故本案适用我国大陆法律,原审法院适用法律正确。

7. 上诉人某甲公司与被上诉人某乙公司船舶建造合同纠纷案。(2013)浙海终字第56号。原审法院认为:双方就涉案合同下的争议已订立了仲裁协议,根据《中华人民共和国民事诉讼法》的规定驳回某甲公司的起诉。二审法院认同。

8. 上诉人某甲公司与被上诉人MOH某某、原审被告某乙公司海上货物运输合同纠纷案(2013)浙海终字第28号。原审法院审理认为:本案各方庭审中明确同意适用中国法律,故本案处理应适用我国法律。二审法院认同。

9. 上诉人某甲公司与被上诉人某乙公司、某丙公司航次租船合同纠纷案。(2013)浙海终字第67号。原审法院审理认为:庭审中双方对适用中国法审理并未提出异议,故本案应适用我国相关法律审理。二审法院认同。

10. 上诉人某甲公司与被上诉人某乙公司海上货物运输合同纠纷案(2013)浙海终字第45号。原审法院审理认为:双方对适用中国法律未提出异议,故本案适用中国法律。二审法院认同。

11. 马士基船舶租赁买卖亚洲有限公司诉中通海运有限责任公司等航次租船居间合同纠纷案。(2013)津海法商初字第383号。法院认为,本案系涉港航次租船居间合同纠纷。关于本案的法律适用,原告选择适用我国内地法,被告未出庭,被告住所地在中国天津市,我国内地法为与涉案纠纷具有最密切联系的法律。故参照《中华人民共和国涉外民事关系法律适用法》第2条的规定,应适用我国内地法。

12. 中国太平洋财产保险股份有限公司宁波分公司诉海湾哈维拉特公司海上货物运输合同纠纷案。(2013)甬海法商初字第272号。法院认为:因原、被告双方明确同意本案适用中国法,按照《中华人民共和国涉外民事关系法律适用法》的规定,本案适用中国法。

13. 金远航运有限公司等与鲁丰航运有限公司海事海商纠纷上诉案。(2013)浙海终字第189号。原审法院审理认为:本案系涉外船舶沉没事故引起的海事海商纠纷,事故发生地为中国舟山,依照《中华人民共和国涉外民事关系法律适用法》第44条的规定,本案适用中国法律。二审法院认为:各方当事人对原审法院适用中国法律审理本案均无异议,本院予以确认。

14. 伟航集运(深圳)有限公司福州分公司诉福建华联通国际运输代理有限公司等海上货运代理合同纠纷案。(2013)厦海法商初字第86号。法院认为,本案原、被告住所地、货物起运港均位于中华人民共和国境内,根据《中华人民共和国涉外民事关系法律适用法》第41条的规定,本案适用中国法律。

15. 上海凯畅国际货物运输代理有限公司诉常州锦程国际货运代理有限公司海上货运代理合同纠纷案。(2013)沪海法商初字第1077号。法院认为在诉讼中,常州锦程及上海凯畅均选择适用中国法律。故适用中国法。

16. 海湾杰尔穆达公司与中国太平洋财产保险股份公司宁波分公司海上货物运输纠纷上诉案。(2013)浙海终字第115号。一审法院认为双方当事人同意适用中国法,根据《中华人民共和国涉外民事关系法律适用法》的规定,适用中国法。二审法院认同。

17. 涂泽生与健达国际公司船员劳务合同纠纷上诉案。(2013)闽终字第1202号。原审法院认为根据《中华人民共和国涉外民事关系法律适用法》第41条的规定,当事人选择中国法,故适用中国法。二审法院认同。

18. 永华油船公司(WINGWAHOILSHIPCO)诉江西星海航运有限公司等船舶物料和备品供应合同纠纷案。(2013)厦海法商初字第166号。法院认为原告主张适用香港法律,而被告星海公司则主张适用中华人民共和国法律,本案中,原告作为提供油料一方,其履行义务最能体现涉案合同特征,且加油地点即合同履行地位于香港南丫岛,香港系原告经常居所地及与案涉合同具备最密切联系之地,故根据《法律关系适用法》第41条规定,本案应适用香港法律。但因原告未予提供,本院亦无法查明;且在庭审中原告实际援引国内法主张权利,被告也据此主张抗辩,故本案适用中国法律。

19. 浙江绍兴太阳制衣有限公司诉上海平帆货运代理有限公司海上货运代理合同纠纷案。(2013)沪海法商初字第1065号。法院认为,在原、被告双方没有一致选择的情况下,中国法律作为损害结果发生地法律与合同具有最密切联系,故应适用中国法。

20. 牟某某诉许某某船舶委托投资合同纠纷案。(2013)厦海法商初字第353号。法院认为双方未约定关于本案争议所适用的法律,原告在庭审中选择适用中华人民共和国内地法律,被告虽未对法律的适用明确做出选择,但同意由法院根据案件的具体情况选择法律的适用,故法院根据《中华人民共和国涉外民事关系法律适用法》第41条的规定适用中国法。

二、2011—2013年涉外海事国际私法司法实践分析

(一)2011—2013年涉外海事国际私法判例涉及的类型

根据上述判例简单情况可见,以上统计的60宗判例涉及领域广泛,具体如下表(表7-1)所示:

表7-1 涉外海事国际私法判例涉及的类型

年度	类型	数量	比例
2011—2013年	海上运输合同	27	45%
	货代	8	13.33%
	船舶物料供应	3	5%
	航次租船	3	5%
	海事债权	2	3.33%
	船舶建造合同	2	3.33%
	多式联运	2	3.33%
	其他	13	21.67%
2011年	海上运输合同	10	50%
	货代	3	15%
	保险合同	1	5%
	船舶碰撞	1	5%
	多式联运合同	1	5%
	船舶物料供应	1	5%
	提单欺诈	1	5%
	航次租船	1	5%
	无单放货	1	5%

续表

年度	类型	数量	比例
2012年	海上运输合同	8	40%
	海事债权	2	10%
	货代	2	10%
	多式联运	1	5%
	海事担保	1	5%
	船舶修理合同	1	5%
	船舶物料供应	1	5%
	海事保函	1	5%
	海上打捞	1	5%
	损害赔偿	1	5%
	船舶污染	1	5%
2013年	海上运输合同	9	45%
	货代	3	15%
	船舶建造合同	2	10%
	航次租船合同	2	10%
	提单	1	5%
	共同海损	1	5%
	侵权	1	5%
	船舶物料供应	1	5%

以上统计可见,海上运输合同在每年的海事案件中都占将近50%的比例,是海事纠纷重点领域。货代、海事债权、船舶建造合同有一定数量,但它们与海上运输合同一样,也都属于海事合同领域的纠纷。在其他类纠纷中,不少是涉及合同问题的,如航次租船舶合同、保险合同等,因此,海事合同是非常重要的海事领域。

(二)2011—2013年涉外海事国际私法判例法律选择的方法

在上述统计的60宗判例中,适用法律的依据不尽相同,具体情况如下表(表7-2)所示:

表 7-2　涉外海事国际私法判例法律选择的方法

年度	法律适用的方法	数量	比例
2011—2013 年	当事人选择法律	39	65%
	适用最密切联系原则	8	13.33%
	侵权行为地法	4	6.67%
	无理由说明	3	5%
	其他	6	10%
2011 年	当事人选择法律	15	75%
	适用最密切联系原则	3	15%
	侵权行为地（碰撞地法律）	1	5%
	无理由说明	1	5%
2012 年	当事人选择法律	11	55%
	适用最密切联系原则	2	10%
	侵权行为地法	2	10%
	无理由说明	2	10%
	代理行为地法	1	5%
	未查明外国法适用它法	1	5%
	侵权行为地和留置地法	1	5%
2013 年	当事人选择法律	13	65%
	最密切联系原则	3	15%
	程序问题适用法院地法	1	5%
	无说明	1	5%
	侵权行为地法	1	5%
	仲裁条款审查适用法院地法	1	5%

以上统计可见，海事关系法律适用的方法主要是当事人选择法律，适用最密切联系原则、侵权行为地法等法律适用方法也有，但比例都不高。

(三)2011—2013 年涉外海事国际私法判例选择法律的依据

由于我国海事国际私法的规定主要反映在《中华人民共和国海商法》中，且只有 9 条，在这种情况下，涉外海事国际私法问题只适用海商法显然是不够的，涉外海事国际私法判例选择法律的依据主要情况如下表（表 7-3）所示：

表7-3 涉外海事国际私法判例选择法律的依据

年度	选择法律的依据	数量	比例
2011—2013年	无理由说明	21	35%
	《中华人民共和国涉外民事关系法律适用法》	15	25%
	《中华人民共和国海商法》	14	23.33%
	《最高人民法院关于审理涉外民事或商事合同纠纷案件法律适用若干问题的规定》	5	8.33%
	《中华人民共和国民法通则》	2	3.33%
	其他	3	5%
2011	《中华人民共和国海商法》	7	35%
	《最高人民法院关于审理涉外民事或商事合同纠纷案件法律适用若干问题的规定》	5	25%
	无理由说明	5	25%
	《中华人民共和国涉外民事关系法律适用法》	2	10%
	《中华人民共和国合同法》	1	5%
2012年	无理由说明	8	40%
	《中华人民共和国海商法》	5	25%
	《中华人民共和国涉外民事关系法律适用法》	4	20%
	《中华人民共和国民法通则》	2	10%
	《中华人民共和国涉外民事关系法律适用法》与《中华人民共和国海商法》	1	5%
2013年	《中华人民共和国涉外民事关系法律适用法》	9	45%
	无理由说明	8	40%
	《中华人民共和国海商法》	2	10%
	《最高人民法院关于审理涉台民商事案件法律适用问题的规定》与《中华人民共和国涉外民事关系法律适用法》	1	5%

以上统计可见,在选择法律的依据方面,无理由说明的占最大比例,其次是《中华人民共和国海商法》《中华人民共和国涉外民事关系法律适用法》《最高人民法院关于审理涉外民事或商事合同纠纷案件法律适用若干问题的规定》等的规

定。无理由说明这一现象,既可能说明法院对法律依据的重视不够,也可能说明是因为法律规定的缺失。

第二节 《民事法律适用法》后我国海事国际私法的问题与对策

一、2011—2013 年涉外海事国际私法判例存在的问题

(一)中外法律作为准据法的比例问题

在 2011—2013 年涉外海事国际私法的 60 宗判例中,只有三宗案件适用了域外法(其中一件还同时适用中国法)。适用中国法的比例占 94%,适用域外法的比例只占 6%。① 我国也有学者认为:"根据历年抽样统计数据,中国法院适用域外法及国际公约的比例相当低,绝大部分案件都适用中国法律"。② 在国际私法案件中,过多过度地适用中国法(法院地法),会导致挑选法院等情况出现,而且有违平等互利的原则。

在国际私法中,平等互利是一个重要的基本原则,平等互利的基本含义是:"第一,它要求各个国家在处理涉外民事关系时,应从有利于发展平等互利的经济交往关系出发,平等地对待各国民商法,在可以而且需要适用外国法时就应予适用,同时要求承认外国当事人平等的地位,他们的合法权益应受到同等的保护。第二,要求不同国家当事人之间进行民事活动时,亦应建立平等互利的关系。"③ 历史已经证明,对平等互利原则的漠视或违背,如大量采用单边冲突规范、不适当地扩大内国管辖权或法律适用等,这些做法都是不利于国际民商新秩序的建立的。

(二)网上发布的判例名称案由格式及表述不尽一致

在法院提供上网的判例时,通常是选择比较好的判决书提供给网上公开发

---

① 在三宗适用了域外法的案件中,法律适用问题运用得较好。而其他 57 宗适用中国法的案件中,存在一些问题:如冲突规范适用错误、外国法的查明方法运用不到位等。
② 黄进、傅攀峰、杜焕芳:《2011 年中国国际私法司法实践述评》,中国国际私法学会 2012 年年会论文集(上),第 1 页。
③ 李双元:《国际私法》,北京大学出版社 2011 年版,第 31 页。

布。但即便是这样,同一法院的判决书内容格式也存在不同程度的差别。如关于判决书的判例名称案由格式及表述上,有的表述为"英忠有限公司与庆达海运有限公司船舶物料和备品供应合同纠纷案",有的表述为"原告中国人民财产保险股份有限公司深圳分公司为与被告广州市恒天利船务有限公司、被告万海航运私人有限公司多式联运合同纠纷",有的表述为"福州天恒船务有限公司诉宁波中盟钢铁有限公司、远大物产集团有限公司海上货物运输合同和海事担保纠纷一案",有的表述为"深圳市××包装设备有限公司诉深圳市××国际物流有限公司海上货物运输合同纠纷"等等,不尽规范。比较而言,"××诉××案"的表述比较妥当,不同的表述应该尽量一致起来,以体现判决书的严谨性。

(三)海事司法判例在法律适用表述上的问题

法院在海事司法判例法律适用的具体表述方面,有"本案应适用中华人民共和国法律""应适用中华人民共和国法律处理本案实体争议""本院适用中华人民共和国法律审理本案""本院将依据中华人民共和国内地的有关法律解决本案的实体争议""中华人民共和国内地法律应作为处理本案运输合同争议所适用的法律""应适用我国海商法等相关法律的规定确认双方的关系及责任""本案适用中华人民共和国法律处理实体争议""本案适用中华人民共和国法律处理""本案争议应适用中华人民共和国法律解决""本案适用《中华人民共和国海商法》和我国其他相关法律进行审理""本案纠纷依照我国相关法律进行裁判""本案应适用中华人民共和国大陆法律""双方当事人对于适用中华人民共和国法律审理本案均无异议,本院予以确认"等等。这些表述存在或多或少的差异,如"本案应适用中华人民共和国法律"与"本案应适用中华人民共和国大陆法律"到底孰对孰错?如果"本案应适用中华人民共和国大陆法律"正确,"本案应适用中华人民共和国法律"就不对,因为它不光指"大陆法律"。如果"本案适用中华人民共和国法律处理实体争议"正确,"本案适用中华人民共和国法律处理"就不对,因为准据法只解决实体争议。比较而言,"本案适用中华人民共和国大陆实体法处理"的表述相对妥当。

(四)涉外海事国际私法判例选择法律的依据方面的问题

如前统计,在涉外海事关系法律适用依据方面,无理由说明的比例高达38%。在有理由的说明方面,有的依据《中华人民共和国海商法》,有的依据《中华人民共和国涉外民事关系法律适用法》,有的依据《最高人民法院关于审理涉外民事或商事合同纠纷案件法律适用若干问题的规定》,有的依据《中华人民共和国民法通则》,有的同时依据《中华人民共和国涉外民事关系法律适用法》与《中华人民共和国海商法》,这说明法院对冲突规范的适用顺序还不太清晰。根据我国法律的不同性质,在上述各个法律对合同的法律适用问题均有规定时,只能适用特别法《中华人民共和国海商法》的规定,不能适用其他法律的规定。《中华人民共和国海商法》没有规定的,才能适用《中华人民共和国涉外民事关系法律适用法》《中华人民共和国民法通则》《最高人民法院关于审理涉外民事或商事合同纠纷案件法律适用若干问题的规定》等。笔者统计的判例中,法院将《中华人民共和国海商法》与其他法律并列,随意选择适用,甚至同时适用,反映了法院适用法律的随意性、不科学性。

(五)对法律适用的主体表述方面的问题

关于法律适用的主体表述方面,有"合议庭成员一致认为""本院认为""本审判员认为""法院认为""原审法院审理认为""原审法院认为"等多种表述,反映出海事司法判决文书的标准性不够,比较而言,"合议庭成员一致认为"妥当一些,当然,如果合议庭成员有不同意见,应该在判决文书中说明,因为总是"合议庭成员一致认为"会使人觉得可信度不够。

(六)准据法的适用问题

1. 对适用中国法的理由表述不足

在"原告 YWN 木薯粉有限公司诉被告建和船务有限公司诉 TCL 经纪代理有限公司等三被告提单欺诈纠纷案"中,法院认为"原告及被告日照昆达选择适用中华人民共和国内地法律,被告建和船务及被告 TCL 公司未对本案的法律适用做出选择。根据《中华人民共和国涉外法律关系适用法》的有关规定,中华人民共和国内地法律系与本案有最密切联系的法律",该观点值得商榷。因为部分当事人选择中国法律与中国法律是最密切联系的法律两者不能等同。

2. 适用中国法没有说明理由

在"广州某某机械设备有限公司诉某某航运有限公司船舶物料和备品供应合同纠纷案";"南宁奥×××技术开发有限公司诉上海亚××物流有限公司广州分公司、上海亚××物流有限公司海上货运代理合同纠纷案"等中,适用中国法没有说明理由。如果不说明理由就适用中国法,是不合理的,因为存在适用外国法的可能性,一味地排除外国法的适用,会使得中国冲突法的规定形同虚设,特别是通过互联网对外公布裁判文书之后,会对我国司法裁判带来一定的不利影响。

3. 法院在法律适用的表述上存在一定的问题

如在"韩国东部高科有限公司(DONGBU HITEK CO. LTD.)海事保函上诉案"中,上诉法院认为:"综上所述,根据英国法律,韩农会社与被上诉人扬洋公司之间的保函关系已经成立并生效,上诉人东部高科、东部韩农作为韩农会社变更、分立形成的公司,根据《韩国商法典》第530-9第(1)款的规定,应受韩农会社保函的约束,对被上诉人扬洋公司因接受保函实施无单放货行为受到的损失承担连带赔偿责任。原审判决认定事实清楚,审判程序合法,适用法律因未能查明英国法律而适用中华人民共和国法律确有不当,但没有影响到对本案实体的正确处理。驳回上诉,维持原判。"该上诉法院的表述提到适用英国法、《韩国商法典》,认为未能查明英国法律而适用中华人民共和国法律确有不当,但没有影响到对本案实体的正确处理。适用法律不当,怎么会不影响到对本案实体的正确处理呢,明显的前后矛盾。

4. 对程序问题适用法院地法的理由没有说明

在"申请人巴西路易斯戴福司商品有限公司申请宣告提单无效案"中,法院认为,按照《最高人民法院关于适用〈中华人民共和国海事诉讼特别程序法〉若干问题的解释》第77条的规定处理。程序问题适用了中国法律,但这里的法律适用也需要说明一下理由。如说明"根据《最高人民法院关于适用〈中华人民共和国海事诉讼特别程序法〉若干问题的解释》第97条的规定,在中华人民共和国领域内进行海事诉讼,适用海事诉讼特别程序法的规定。海事诉讼特别程序法没有规定的,适用民事诉讼法的有关规定。因此,本案适用《最高人民法院关于适用〈中华人民共和国海事诉讼特别程序法〉若干问题的解释》第77条的规定处理。"或者:"根据《中华人民共和国海事诉讼特别程序法》第5条的规定,海事法院及其所在地的高级人民法院和最高人民法院审理海事案件的,适用本法。"这样效果会更好。

(七)适用准据法存在错误的问题

在"英忠有限公司与庆达海运有限公司船舶物料和备品供应合同纠纷案"中,原告以本案是抵押合同纠纷为由提起了诉讼,要求法院判令原告对被告的债权在"鼎浦"轮拍卖款分配中按照船舶抵押权优先受偿。在该案中,法院适用了域外法。法院认为这是因索赔和解协议产生的纠纷,不是抵押合同纠纷。事实情况是:2011年1月至10月,原告为被告所有的"鼎浦"(M/V TEAMPRO)轮、"国顺"(M/V GUO SHUN)轮供应油料,被告拖欠油款645,813.48美元。2011年10月27日,"国顺"轮于在台中港因解决被告尚未支付的"国顺"轮的燃料费用索赔被原告扣押。为处理上述索赔以及被告对"国顺"轮的船舶扣押诉讼,双方就解决索赔争议达成协议,规定由于本协议和与本协议有关的产生任何纠纷,向台北仲裁庭提交解决并适用台湾地区《仲裁法》和台湾地区法律。2011年11月1日,原、被告签订索赔和解协议,约定被告在签署协议时支付20万美元,余款445,813.48美元分六期支付。2011年11月1日,原、被告订立第二优先船舶抵押权合同。被告以其所属的"鼎浦"轮为上述债务(包括但不限于欠付油款及利息、追偿法律费用、行使抵押权费用等其他原告为追偿油款所支出的所有费用)设定抵押担保,担保金额为535,000美元。双方于2011年11月23日办理抵押登记。该合同约定:本合同受巴拿马共和国法律管辖并依其解释;抵押人同意抵押权人有权在其完全自主认为合适的国家或地方的法院行使其权利、救济等,由本合同引起的任何纠纷亦可交由抵押权人完全自主认为合适的国家或地方的法院解决;抵押人放弃其现在或者将来可能享有的管辖法院异议权,即使受诉法院为非方便法院地,同时抵押人同意不辩护或主张前述异议权。法院认为:本案是海事债权确权纠纷。根据《中华人民共和国涉外民事关系法律适用法》第41条的规定,由于原、被告约定合同适用的法律为台湾地区法律和台湾地区《仲裁法》。本案审查适用台湾地区法律和台湾地区《仲裁法》。台湾地区《仲裁法》第1条第4款规定:"当事人间之文书、证券、信函、电传、电报或其他类似方式之通讯,足认有仲裁合意者,视为仲裁协议成立。"原、被告关于仲裁条款的约定,是双方当事人协商一致的意思表示,该仲裁条款成立。同法第2条规定:"约定应付仲裁之协议,非关于一定之法律关系,及由该法律关系所生之争议而为者,不生效力。"双方约定的仲裁条款是关于索赔和解协议而订立的,该仲裁条款有效。

在该案中,法院适用的法律是针对仲裁程序问题的,根据台湾地区《仲裁法》仲裁协议成立;根据《中华人民共和国民事诉讼法》及相关司法解释,法院不能取得管辖权。法院最后认为本案是因索赔和解协议产生的纠纷,不是抵押合同纠纷。原告关于本案是抵押合同纠纷,本院具有管辖权的主张不成立。仲裁条款有效,被告经合法传唤未答辩应诉,不能据此认为其放弃仲裁并认定法院取得管辖权。原告仍坚持起诉,应驳回原告的起诉。

事实上,本案当事人提起的是抵押合同纠纷,应该按照抵押的准据法来适用。法院主动对索赔和解协议进行了审查及法律适用,是不合适的,因为当事人完全可以不提供该协议及仲裁管辖情况,只提供抵押协议情况,这样法院只能就抵押协议进行裁决。

(八)外国法查明上宽严标准掌握的问题

1. 严格型

在"新加坡石油(香港)有限公司与庆达海运有限公司海事债权确权纠纷案"中,法院认为,根据《中华人民共和国涉外民事法律关系适用法》第 41 条规定:"当事人可以协议选择合同适用的法律。当事人没有选择的,适用履行义务最能体现该合同特征的一方当事人经常居所地法律或者其他与该合同有最密切联系的法律。"本案中原、被告双方未协议选择处理合同争议所适用的法律,应按照最密切联系原则确定准据法。出卖人履行交货义务最能体现买卖合同特征,出卖人的住所地在香港特别行政区,审理应适用香港特别行政区法律。根据《中华人民共和国涉外民事法律关系适用法》的规定,涉外民事关系适用的外国法律,由人民法院、仲裁机构或者行政机关查明。法院认为:"本院通过其他途径不能查明香港特别行政区法律。因此,本案审理适用中华人民共和国法律。"根据我国法律的相关规定,原、被告以电子邮件形式订立船舶物料供应合同,没有违反法律、行政法规的强制性规定,该合同有效。

在该案中,法院通过准据法"中华人民共和国法律"的适用,目的是确定电子邮件形式订立合同的有效性问题。对于该问题的查明并不复杂,而且涉及的还是我国香港地区的法律,法院应该有能力查明,"本院通过其他途径不能查明香港特别行政区法律。因此,本案审理适用中华人民共和国法律"更像是外交辞令,法院应具体列举都通过什么方式如何没有查明等情形,以便服人。该案反映了法院对待外国(地区)法态度上比较严格的标准。

在"上诉人法国达飞轮船公司与被上诉人上海励志国际物流有限公司海上货物运输合同纠纷上诉案"中,关于承运人免责的巴西法律无法查明,一审法院适用中国法律处理争议。二审期间,法国达飞轮船公司提供了巴西卡尔金赛德法律事务所卡多佐律师出具的法律意见书,证明巴西法律规定承运人到达巴西目的港必须向当地海关和港口交付货物,承运人无法控制货物的情况。但法院认为文书及文书提供者身份无法查明而不予适用。"外国法查明一直是一个非常棘手的问题。实践中,少量的案件会涉及对外国法的适用,但法院大多经过较为简单草率的查明过程后就认定外国法无法查明。"[1]

---

[1] 黄进、周园、杜焕芳:《2012 中国国际私法司法实践述评》,中国国际私法学会 2013 年年会论文集(上),第 28 页。

2. 适当放宽型

由于立法的不完善和司法解释的语焉不详,司法实践中查明外国法的方法五花八门,我国相关制度亟待进一步完善。也有法院在积极探索合理的途径查明外国法,不克意回避外国法,取得了较好的效果。如在"上诉人月光之路企业有限公司、上诉人拉维尼亚公司与被上诉人远东海产品开放型控股公司、被上诉人天津天马拆船工程有限公司船舶抵押合同纠纷案"①中,法院认为当事人在合同中约定了适用俄罗斯联邦法律。各方当事人均未提交俄罗斯联邦法律,法院采用了黄道秀编译的《俄罗斯联邦民法典》(北京大学出版社 2007 年版)一书的内容,各方当事人对此表示认可。

在"上诉人赛奥尔航运有限公司与被上诉人唐山港陆钢铁有限公司错误申请海事强制令损害赔偿纠纷案"中,当事人约定侵权责任适用中华人民共和国法律,留置权问题适用英国法。法院针对船东在英国普通法下是否就滞期费享有留置权问题,通过网站获得了英国法律专家 John F. Wilson 教授的著作 Carriage of Goods By Sea, Longman 出版社出版等英国法律专家的著作,认为普通法下滞期费不享有留置权。唐山港陆钢铁有限公司认为法院查阅形式合法。赛奥尔航运有限公司认为学术著作不是判例,不能作为裁判依据,中华人民共和国法律也没有规定该方式为有效查明外国法的途径。但法院认为,上述著作均直接确定了英国普通法下船东对货物行使留置权的适用情形,可以作为英国法的相关内容,审查留置权是否成立。法院的观点有一定道理,对我国法院适用外国法是有裨益的。

(九)关于判决书的写作上

在涉外海事判决书上,判决书文字说明不太详细,字数也不太多。关于法律适用的理由说明大都比较简单,法官个人间通常没有争议,没有自己观点的表述。也有一些判决书相对较好,如在湖北省高级人民法院(2012)鄂民四终字第 00130 号民事判决书中,该判决书写作非常详细,有两万多字,值得推荐。该案涉及的是保函关系的法律适用问题。上诉人东部高科、东部韩农认为本案应适用英国法,而被上诉人扬洋公司主张适用中国法。扬洋公司据以起诉的是韩农会社出具的保函。该保函第 7 条明确约定本担保函应按英国法律解释。根据中国涉外民事关系法律适用法、中华人民共和国海商法等有关冲突规范的规定,涉外合同的当事人可以选择处理合同争议所适用的法律。从各方面看,涉案保函中有关法律适

---

① (2010)津高民四终字第 109 号民事判决书。

用的约定不违反我国法律的规定,为有效约定。扬洋公司以该保函起诉,则应受该保函准据法英国法的约束。原审法院在审理过程中,要求双方当事人提供相关英国法律。扬洋公司未提交,东部高科、东部韩农提交了齐礼律师事务所做出的两份法律意见。该两份法律意见从理论角度对英国法下本案的处理结果作了分析。但原审法院认为,该法律意见不能作为英国法律的查明结果,齐礼律师事务所本身能否作为法律专家,原审法院也不能确定。因此,原审法院认为当事人未提交有效的英国法律或判例,法院也未能通过其他途径查明英国法律,根据中国冲突规范的相关规定,本案应适用中国法律。

但二审法院认为,《中华人民共和国海商法》第269条规定,合同当事人可以选择合同适用的法律,法律另有规定的除外。由于涉案4份韩农会社保函第7条均约定受英国法律管辖和解释,而我国法律对保函关系的法律适用没有专门规定,因此,本案保函关系应适用英国法律。

根据《中华人民共和国涉外民事关系法律适用法》第10条第1款及《法律适用法解释(一)》第17条第2款的规定,二审法院指定了两个半月的时间供双方当事人查明英国法律。上诉人东部高科、东部韩农提交了齐礼律师事务所出具的两份法律意见,并附上了其中引用的英国保赔协会于2001年5月致其会员的通告(UK P&I CLUB Circular)及其所附无单放货保函标准格式(Int Group A: Standard form letter of indemnity to be given in return for delivering cargo without production of the original bill of lading)、3个案例和英国法学教材《CHITTY ON CONTRACTS》(THIRTIETH EDTION, Volume 1, GENERAL PRINCIPLES)的摘录文本;被上诉人扬洋公司提交了由英士律师事务所上海代表处提供的英国法学教材《CHITTY ON CONTRACTS》(THIRTY – FIRST EDTION, Volume 1, GENERAL PRINCIPLES)的摘录文本及其所涉19个案例、英国法学教材《THE LAW OF CONTRACT》(THIRTEENTH EDITION, By EDWIN PEEL)的摘录文本及其所涉及的一个案例,并提交了《THE LAW OF CONTRACT》(THIRTEENTH EDITION, By EDWIN PEEL)的原版书籍。

但是双方当事人针对英国法律在本案保函关系中的具体适用,得出了不同的结论:上诉人东部高科、东部韩农提交了齐礼律师事务所出具的法律意见,认为韩农会社出具的保函对韩农会社没有约束力。被上诉人扬洋公司认为,根据《法律适用法解释(一)》第2条的规定,本案的法律适用应依照《中华人民共和国民法通则》第145条及《中华人民共和国海商法》第269条的规定来确定,若涉案外国法无法查明,应当适用中国法,在此前提下,上诉人与被上诉人之间的保函关系合法有效,即使适用英国法,上诉人与被上诉人之间的保函关系也是合法有效的,因为当扬洋公司开始交付货物时,根据英国法,韩农会社的要约已被承诺,即韩农会社与扬洋公司之间具有约束力的保函合同关系成立。

二审法院采用了比较聪明的做法,认为对于上述双方均无异议的内容,法院予以确认。对于双方具体适用英国法律所产生的争议,法院结合案件事实,依据双方无争议的英国法律的内容及英国法院的判例来进行认定。最后,二审法院根据英国法律,认定韩农会社与被上诉人扬洋公司之间的保函关系已经成立并生效。在本案中,二审法院实事求是地适用英国法取得了较好的效果,比之一审法院适用中国法而言,虽然结果相同,但法律适用的意义和价值确存在天壤之别,二审法院是对冲突法价值和意义的忠诚坚守,值得肯定。

二、对策

(一)借鉴国外判决的一些做法

国外判例,特别是西方发达国家,非常注重对判例中国际私法问题的说明,说明理由非常详尽,将准据法与案件适用的关系说明非常透彻,令人信服。笔者曾在劳埃德法律报告中随机收集了39个英国海商、海事准据法适用方面的判例,并编辑成书①。这些案例除案(30)及案(34)外,均为英国法院审理的案件,笔者对该39个法律适用案例的法律适用情况进行一一分析统计,反映在海事法律领域影响最大的国家英国的法院适用法律的情况,以资为我所鉴,鉴于英国判例法律适用部分理由充足,篇幅太大,下面的判例的理由部分不再赘述。

1. Mayhew Foods Limited 诉 Overseas Containers Limited. (运输合同,适用公约)。

2. Hellenic Steel Co. and others 诉 Svolamar Shipping Co. Ltd. and others. (运输合同,英国法)。

3. THE"ACRUX". (船舶优先权,英国法)。

4. BARODA 诉 VYSYA. (信用证,公约)。

5. Mackender, Hill, Whief 诉 Feldla A. G. , Ch. Brachfeld, Sons. A. , Diamil

---

① 屈广清、赵劲松、韩立新等:《海事判决和仲裁裁决的执行——英国典型海事案例评析》大连海事大学出版社2006年版,第3-213页。

S. R. L.（合同,适用比利时法）。

6. Compania . aviera Micro S. A.

Shipley Tnternational Inc.（合同,判定美国管辖）。

7. THE "HEIDBERG".（合同,适用公约）。

8. MACMILLA. 诉 BISHOPSGATE.（债权,适用纽约州法）。

9. Samick Lines Co. Ltd. 诉 Owners of The Ship"Antonic P. Lemos".（合同,判定英国管辖。）

10. Marc Rich,Co. A. G 诉 Societa Italana Impiantp. A.（仲裁协议,适用公约）。

11. AMFDR 诉 HASHIM.（合同,适用阿拉伯联合酋长国阿布扎比法）。

12. Hills Dry Docks&Engineering Company Ltd. 诉 Colorado.（抵押权,适用法国法）。

13. PHRA. TZES 诉 ARGE. TI.（物权,适用英国法）。

14. COUPLA. D 诉 ARABIA. GULF OIL CO.（合同、侵权,适用英国法、利比亚法）。

15. J DALMEIDA ARAUJO LDA 诉 SIR FREDERICK BECHER &CO. LTD.（损害赔偿,适用葡萄牙法）。

16. TURKIYEIS BANKAS IA. S 诉 BANK OF CHINA.（银行反担保合同案,适用土耳其法。）

17. WAHDA BANK 诉 ARAB BANK PLC.（银行反担保合同案,适用利比亚法。）

18. THE. "JEGOS"案。（提单,适用英国法。法官为了证明英国法是合适的,进行了大量分析推理,还引用了四个案例）。

19. VITA 诉 U. . S.（运输货损,适用英国法）。

20. THE"ALWAHAB"案。（保险合同,适用科威特法）。

21. ARMAR 诉 CAD.（共同海损,一审法院适用英国法,上诉法院认定法律适用错误）。

22. Dubai Electricity Co. and Others 诉 Islamic Republic of Iran Shipping Lines.（运输合同,适用德国法）。

23. THE"STAR TEXAS"。（仲裁协议,适用中国法）。

24. THE"EVIA LUCK".（合同,适用瑞典法）。

25. WESTACRE 诉 YUGOSLAVIA.(仲裁协议,适用瑞士法)。

26. Aratra Potato Co. Ltd. and Another 诉 Egyptian . avigation Co.(法院管辖,认为英国为方便法院)。

27. Egon Oldendoff 诉 Libera Corporation.(租船合同,适用英国法)。

28. MILLER 诉 WHITWORTH.(合同,适用苏格兰法)。

29. Union of Indian 诉 McDonnell Douglas Corporation.(仲裁程序,适用英国法)。

30. Dunbee. Ltd 诉 Gilman&Co. Pty. Ltd.(澳大利亚新南威尔士最高法院上诉庭审理,合同,适用英国法)。

31. Credit Lyonnais 诉 New Hampshire Insurance Co.(保险合同,适用英国法)。

32. THE"ANGEL BELL".(船舶抵押,适用巴拿马法)。

33. Port Line Ltd. 诉 Ben Line Steamers Ltd.(租约,适用英国法)。

34. BABCOCK 诉 JAKSON.(纽约州上诉法院审理,侵权,适用加拿大安大略省法)。

35. THE"BSSO BRUSSELS".(船舶碰撞,适用比利时法)。

36. ANNA BIBOLINI 诉 MARITIMEHARMO. Y(公海碰撞,适用国际条约)。

37. A. TO. IO CARLOS 诉 BOVE. KERK.(海事管辖,适用英国法)。

38. OLYMPIC TORCH 诉 ORE CHIER.(相同国籍船舶碰撞,适用荷兰法)。

39. THE"WORLD HARMO. Y".(船舶碰撞,适用英国法)。

在以上 39 个判例中,适用外国法(国际条约)的有 24 例,约占 61.5%;适用法院地法(英国法及苏格兰法)的 15 例,约占 38.5%;与我国法律适用情况相比,的确是天壤之别。

(二)科学立法

针对海事冲突法立法不完善的地方,应予补充完善。我国涉外海事关系法律适用领域无法可依的情况表现为:

1. 没有规定船舶留置权的法律适用

船舶留置权是船舶物权的重要内容。我国法律只规定了船舶物权的部分内容,如船舶所有权、船舶抵押权、船舶优先权的法律适用问题,但没有规定船舶留置权的法律适用问题,造成船舶物权规定的半拉子工程。

2. 没有规定海难救助的法律适用

我国法律没有规定海难救助的法律适用问题。造成海事债权规定的半拉子工程。

3. 没有规定油污、海上人身伤亡的法律适用

我国法律没有规定油污、海上人身伤亡的法律适用问题,造成海事侵权规定的的半拉子工程。

以上领域是海事纠纷多发领域,我国法律对其法律适用问题没有明确规定,给法院的法律适用带来困惑:有的法院直接适用中国法不说明依据与理由;有的法院认为在庭审中当事人同意适用中国法,所以适用中国法,但无法律依据可引;有的法院根据最密切联系原则去适用法律,没有法律依据可引;有的法院采用其他方法,如将油污、海上人身伤亡的法律适用按照船舶碰撞侵权的法律适用规则处理,但无法说明法律依据等等。同样的海事法律关系,法律适用的方法却千差万别,造成法律适用的随意性。

应对建议:

1. 制定《中华人民共和国涉外海事关系法律适用法》

通过制定《中华人民共和国涉外海事关系法律适用法》完善我国涉外海事关系法律适用的方方面面,补充立法体例、立法目的、适用范围、反致、时效、附则及各种海事关系的冲突规则等内容,涉外海事关系的法律适用问题会迎刃而解。

但制定《中华人民共和国涉外海事关系法律适用法》需要纳入国家的立法计划,程序较复杂,时间较长,不能及时解决目前我国涉外海事关系无法可依的迫切问题。

2. 修订《中华人民共和国海商法》

由于船舶留置权、海难救助、油污、海上人身伤的法律适用问题无法适用《中华人民共和国涉外民事关系法律适用法》《中华人民共和国民法通则》等法律的规定,如果修订《中华人民共和国海商法》,将迫切需要解决的船舶留置权、海难救助、油污、海上人身伤亡这些领域的法律适用问题补充进去,就解决了涉外海事关系法律适用无法可依的问题。

但法律的修订与法律的制定一样,同样需要纳入国家立法部门的计划,由于目前国家立法部门尚无这方面的计划,修订《中华人民共和国海商法》虽然能够解决当前涉外海事法律关系无法可依的问题,但远水救不了近火。

3. 出台司法解释

针对涉外海事法律适用领域的问题,由最高人民法院出台《关于涉外海事关系法律适用若干问题的司法解释》是一项及时有效的措施。通过出台司法解释,

统一船舶留置权、海难救助、油污、海上人身伤亡的法律适用问题,给涉外海事关系的法律适用提供明确的依据,是有百利而无一害的事情。

(三)严谨司法

针对司法实践中法律适用方面的问题,最高人民法院可以通过统一涉外海事审判判决书文本的规范写作问题,解决实践中存在的问题。特别是对涉外法律适用的理由说明问题,鼓励法官自己独立的见解与看法,并明确在法官观点不一致时的处理规则。法官应尽可能将法律适用的理由表述充足,不能总是"庭审中当事人一致同意适用中国法律",似乎有当事人被说服、引导的嫌疑。即使是"庭审中当事人一致同意适用中国法律",也应有一些证据来说明,避免当事人不承认该情况时法院陷于被动。对适用法律没有说明理由的,更加格外引起注意。在司法实践中,这种现象还较为普遍地存在,原因是多种多样的,如有的没有说明理由是因为我国相关法律缺乏该冲突规范的规定,有的没有说明理由是因为法官的疏忽或者主观上对国际私法问题不重视等等,无论如何,没有理由说明就证明法律适用不当或者法律适用缺乏基础,尽管是冲突法的法律适用不当,也会引起实体结果的差异、会引起当事人的上诉,甚至会影响判决的承认与执行等,值得引起高度的注意。

综上,2011年4月1日《中华人民共和国涉外民事关系法律适用法》开始施行,但该法律适用法没有规定涉外海事关系的法律适用问题。《民事法律适用法》在海事审判中一定程度上弥补了《中华人民共和国海商法》对法律适用问题规定的不足。但客观上看,《民事法律适用法》不是针对涉外海事领域而制定,不宜全面适用于涉外海事案件。完善我国涉外海事关系的法律适用,仍然依赖于我国涉外海事法律适用法的制定或者《中华人民共和国海商法》中冲突规范的补充修订与完善,本书研究的目的也正在于此。

后　记

本书是笔者主持的国家社会科学基金重点项目《涉外海事关系法律适用法立法研究》的阶段性成果。该成果对我国海事法律冲突的解决提出了具体建议。英国法学家边沁曾说:"拿范围来说,就有关法律所表达的,可以是涉及某个或者某些特定国家的法律,或者是涉及一切国家的法律。在前一场合,该著作可以说是有关局部的法学,而在后一场合,则是有关普遍的法学。"①笔者的研究只能是边沁所说的局部的法学,但该"局部的法学"也是我国社会主义法律体系的重要组成部分。在我国社会主义法律体系构建完善之时,许多法律已经体系完善、内容充实且不断修订,而涉外海事关系法律适用法诸多领域的立法还属空白,这拖的不仅是国际私法的后腿,而且是中国整个法律体系的后腿,因此,研究该"局部的法学",意义绝非只是"局部的"。何况海商法是海上之王,海事国际私法是"王中之王"呢!

涉外海事关系法律适用法的不完善,有其自身特殊的原因,因为海事关系复杂、领域特殊、专业性强,立法、修改与完善有相当的难度,并需要有深厚的理论研究作为基础。笔者的课题研究就是为之努力的一种表现形式,具有积极的意义。不过,由于各方面的原因,研究可能还存在这样或者那样的问题,就像脆弱的芦苇,怎样能对抗一棵牢固、坚实的橡树呢?"这些玩具似的武器就像我们客厅里挂的刀剑一样,用来斗剑娱乐是可以的,但是丝毫不能损伤敌人。"②笔者的研究、建议或许是这样"玩具似的武器",但真的希望能够引出"真正的武器",为早日完善我国涉外海事关系法律适用法做出贡献。

作者
2015 年 1 月

---

① [英]边沁:《道德与立法原理导论》,时殷弘译,商务印书馆 2000 年版,第 362 页。
② [法]拉·梅特里:《人是机器》,顾寿观译,商务印书馆 1959 年版,第 74 页。